国家社科基金
GUOJIA SHEKE JIJIN HOUQI ZIZHU XIANGMU
后期资助项目

思想政治教育视域下志愿者精神研究

Research on Volunteer Spirit from the Perspective of Ideological and Political Education

潘 静 著

学习出版社

图书在版编目（CIP）数据

思想政治教育视域下志愿者精神研究 / 潘静著. --北京：学习出版社，2022.12

国家社科基金后期资助项目

ISBN 978-7-5147-1182-0

Ⅰ. ①思… Ⅱ. ①潘… Ⅲ. ①志愿者－社会服务－研究－中国 Ⅳ. ①D669.3

中国版本图书馆CIP数据核字（2022）第186365号

思想政治教育视域下志愿者精神研究

SIXIANG ZHENGZHI JIAOYU SHIYU XIA ZHIYUANZHE JINGSHEN YANJIU

潘静　著

责任编辑：翟晓波　寿英孜
技术编辑：刘　硕
封面设计：杨　洪

出版发行：学习出版社
北京市崇外大街11号新成文化大厦B座11层（100062）
010-66063020　010-66061634　010-66061646
网　　址：http：//www.xuexiph.cn
经　　销：新华书店
印　　刷：固安县铭成印刷有限公司

开　　本：710毫米×1000毫米　1/16
印　　张：16.25
字　　数：275千字
版次印次：2022年12月第1版　2022年12月第1次印刷

书　　号：ISBN 978-7-5147-1182-0
定　　价：36.00元

国家社科基金后期资助项目

出版说明

后期资助项目是国家社科基金设立的一类重要项目，旨在鼓励广大社科研究者潜心治学，支持基础研究多出优秀成果。它是经过严格评审，从接近完成的科研成果中遴选立项的。为扩大后期资助项目的影响，更好地推动学术发展，促进成果转化，全国哲学社会科学工作办公室按照“统一设计、统一标识、统一版式、形成系列”的总体要求，组织出版国家社科基金后期资助项目成果。

全国哲学社会科学工作办公室

序 一

志愿服务是社会文明进步的重要标志，是广大志愿者奉献爱心的重要渠道。志愿者精神是志愿者在志愿服务活动中体现的自愿且不求回报的精神，其核心内容是奉献、友爱、互助、进步。作为中国精神的重要构成，志愿者精神是人们喜爱和接受的精神时尚，彰显了现代社会个体对生命价值、社会责任的体认担当，体现了一种积极进取、团结互助、乐于奉献的人生态度。虽然志愿者、志愿服务这些概念是舶来品，但其内蕴的志愿者精神则具有深厚的中华优秀传统文化基因，是新中国成立后形成的雷锋精神的时代赓续。党的十八大以来，习近平总书记通过批示、回信、考察、座谈、讲话等方式，发表了一系列关于弘扬志愿者精神、推动志愿服务发展的重要论述。这些重要论述作为习近平新时代中国特色社会主义思想的组成部分，对培育践行社会主义核心价值观、加强社会主义精神文明建设、推进中国式现代化等方面具有重要的指导意义。

2008年被称作“中国志愿服务元年”。这一年，汶川大地震见证了国人志愿者精神的勃发，北京奥运会树立了当代中国志愿服务规范化、专业化的典范。此后，我国志愿服务进入了发展的快车道，同时越来越多的研究者持续关注志愿者精神的研究。潘静博士是我在中国人民大学马克思主义学院所带的学生，入学后她对志愿者精神产生了浓厚的兴趣，并以此为选题进行了博士论文的写作。新著《思想政治教育视域下志愿者精神研究》是她在博士论文的基础上修订完善，并申请获批了国家社科基金后期资助项目。该著作的出版是她对志愿者精神潜心研究、长期耕耘的成果，体现了她持之以恒关注基础理论问题的勇气和韧性。看到她的学术专著出版，我倍感欣慰，向她表示衷心的祝贺。

通观全书，该著作有以下几个鲜明特点：一是自觉的学科意识。自1984年思想政治教育专业成立以来，特别是2005年马克思主义理论一级学科设立以来，作为二级学科的思想政治教育的建设发展取得了长足进步。潘静博士作为本硕博皆是学习思想政治教育专业的青年学者，对思想政治教育学科的理论图景和实践要求较为熟悉。该专著名称上“思想政治教育视域”的限定以及内容上志愿者精神本质的界定和时代价值的阐释等内容，体现了作者自觉的学科意识，表明了作者对思想政治教育学科的关切、归属和认同。二是鲜明的问题意识。马克思指出：“主要的困难不是答案，而是问题。……问题却是公开的、无所顾忌的、支配一切个人的时代之声。问题是时代的格言，是表现时代自己内心状态的最实际的呼声”。习近平在党的二十大报告中强调：“问题是时代的声音，回答并指导解决问题是理论的根本任务。”问题是学术研究的逻辑起点，进行学术研究应树立问题意识。该专著坚持马克思主义立场、观点和方法，审视了志愿者精神面临的时代境遇，分析了志愿者精神的培育困境，在此基础上提出了具有针对性、实效性的弘扬与培育志愿者精神的基本原则和主要路径。三是突出的创新精神。习近平在同各界优秀青年代表座谈时指出：“创新是民族进步的灵魂，是一个国家兴旺发达的不竭源泉，也是中华民族最深沉的民族禀赋。”学术研究同样需要创新，创新是学术研究的生命。该专著对志愿者精神个体生成的探究、对中西志愿者精神的比较、对志愿者精神发展规律的探寻等内容含有独到之处，富有创新性。

客观说来，由于受作者理论思维和实践体验的双重限制，专著对志愿者精神的理论思考，还有不少可探究提升的空间，如：对志愿者精神本质的价值观探究不够深入，对志愿者精神与民族精神、时代精神之间关系总结得不够突出，对提出的具体路径与困境之间的契合度不够到位，等等。这些不完善之处，也许会引发理论界的进一步探究，进而产生更高质量的成果。希望作者在今后的研究中能够树立国际视野，践行大历史观，结合新时代党和国家的中心任务，积极参加志愿服务，持续关注志愿者精神并进行深耕细作，力争在本领域中作出更大的学术贡献。

付梓之际，欣然作序，予以鼓励！

清华大学文科资深教授　吴潜涛

2022 年 12 月 20 日于清华大学善斋

序 二

潘静撰写的学术著作《思想政治教育视域下志愿者精神研究》即将出版，很快就要与读者见面了，特在此向她表示祝贺！

潘静是勤奋的，也是优秀的。2006年，她以393分，超过录取线43分的优异成绩，从河南考入西南大学政治与公共管理学院思想政治教育专业，在我的指导下攻读硕士学位。说她勤奋，仅举她写硕士学位论文一例就足以说明问题。她论文题目是：思想政治教育说服教育法研究。在查阅大量资料的基础上，论文提纲就修改了8次，论文文稿大的修改就有4次。在攻读硕士学位期间，她每天学习、科研时间在10小时以上，节假日都很少休息。说她优秀，表现在两个方面：一是学习成绩优异，科研成果丰硕。专业课成绩绝大多数为优，科研能力提高大，在紧张的学习和考博复习的同时，她参与了由人民出版社出版的《大学生成才理论与实践》学术著作的撰写，发表学术论文3篇。二是在考博的激烈竞争中，以优异成绩考上了中国人民大学思想政治教育专业的博士研究生，师从著名学者吴潜涛教授深造。在吴潜涛教授的精心指导下，她的理论水平和科研能力上了一个新台阶。读博期间发表科研论文4篇，其中1篇被中国人民大学复印资料《思想政治教育》全文转载；参加北京大学首届未名论坛暨全国马克思主义理论及相关学科博士研究生高级研讨班。她圆满完成学业，获得博士学位。现已是河南科技大学马克思主义学院副教授、硕士生导师，主要从事爱国主义教育和志愿者精神研究。她主持完成国家社科基金一项、省部级项目、教育厅项目各一项，在研省级社科基金一项，在核心期刊发表论文十余篇，合著著作两部。先后被评为河南省教学标兵，河南省优秀思政课教师，多次获得河南科技大学理论教学奖，两次获得河南科技大学“我最喜爱的教师”荣誉称号。

志愿者在我国日益活跃，不仅在各种重大活动可以看到大量志愿者的身影，就是在城市的街头巷尾、农村的田间地头也能看到他们的活动轨迹。志愿者们用默默无闻和无偿的劳动，为社会、为他人奉献自己的智慧和力量。他们以自己的行为和业绩，传递爱心，传播文明，在促进社会治理和推进中国式现代化建设中发挥着独特的作用。据资料显示，到 2022 年 12 月 30 日，我国注册志愿者已逾 2.3 亿人。他们遍布全国各地，其作用和影响越来越大。在这样的背景下研究志愿者精神就凸显其理论价值和实践意义。

《思想政治教育视域下志愿者精神研究》一书立足于马克思主义立场、观点和方法，从思想政治教育学科的视角对志愿者精神进行了系统研究。其理论价值和实践意义体现在以下几个方面。

一是界定了志愿者、志愿者服务和志愿者精神的含义。科学研究离不开概念。只有依靠概念才能掌握理论，从事科研活动。概念如果没有理解清楚，研究的内容就很难得到准确论述，研究成果更难出新意。要研究思想政治教育视域下志愿者精神，就必须准确把握“志愿者”“志愿服务”和“志愿者精神”3 个概念的定义。作者以词源为起点，在评析国内外关于志愿者有代表性定义的基础上，对志愿者、志愿服务和志愿者精神下了定义并分析了三者的关系。作者认为：志愿者是志愿者精神的身份载体，志愿服务是志愿者精神的活动载体，志愿者精神则通过志愿者的志愿服务行为的实施过程体现出来，是志愿服务在意识层面上的体现。志愿者、志愿服务与志愿者精神三者相互联系、相互影响，有机组合成为一个整体。由于作者对 3 个概念的含义和关系作了比较准确的论述，这就为后面其他问题研究的展开奠定了坚实的理论基础。

二是总结了志愿者精神发展的经验。志愿服务活动开展已有时日，志愿者精神传播范围也较广。为了让志愿者精神得到更为广泛地传播，鼓励更多的人进入志愿者队伍为社会的发展和他人的利益服务，有必要对过去志愿服务活动及志愿者精神发扬进行经验的总结。作者在阅读大量资料和调研的基础上总结了志愿者精神发展的 4 条经验:（1）官方的重视与推动，（2）公民的自觉参与，（3）相应制度法规的保障，（4）大众传媒的充分利用。这些经验的总结是符合现实实际的，对将志愿服务活动推向深入大有益处。

三是探索了志愿者精神发展的规律。人们的实践活动要取得成功，就必须遵循规律。同样，志愿服务要提高服务质量，产生更大的社会效益，更好地弘扬志愿者精神，就必须遵循志愿者精神发展的规律。由于规律深藏于事物的内部，要认识它是很困难的。但作者知难而上，进行了大胆地探索，揭示出了志愿者精神发展的4条规律：与物质文明之间的适应超越律；与人的素质之间的辩证互动律；与民族精神之间的传承发展律；大众传媒的充分利用。以上规律的提出，为人们遵循规律和进一步研究规律提供了依据。希望作者不要停下探索的步伐，继续深入研究这一有难度但价值大课题，将志愿者精神发展的规律揭示得更准确。

四是明确了志愿者精神弘扬和培育的时代机遇和挑战。时代在发展，国内外形势在快速变化。在这样的背景下，弘扬和培育志愿者精神，必须了解新时代提供了什么机遇，出现了哪些挑战，这是本书要解决的问题。作者通过研究，从4个方面分析了志愿者精神弘扬和培育的时代机遇和挑战。一是经济全球化给志愿者精神带来的机遇和挑战，二是市场经济给志愿者精神带来的机遇和挑战，三是网络信息化给志愿者精神带来的机遇和挑战。作者对志愿者精神弘扬和培育的时代机遇和挑战的分析，能够帮助我们抓住机遇，明确挑战，更好地弘扬和培育志愿者精神，让志愿服务产生更大的效果。

五是总结了志愿者精神培育的困境与路径。由于主客观因素的影响，志愿者精神培育面临较大的困境。作者认为志愿者精神培育面临的困境有：整体认识浅层化、目标追求功利化、服务内容同质化、活动过程形式化、活动组织行政化等方面。在论述困境后，作者还探寻了造成困境的主观原因和客观原因。作者对志愿者精神培育的困境与原因的分析，找准了目前培育志愿者精神面临的困境与产生的原因，这为选择弘扬与培育志愿者精神的正确路径提供了依据。在此基础上作者提出了5条路径：坚持和加强党的领导，创造良好的舆论文化环境，加强社会志愿服务体系建设，坚持学校教育、家庭教育与社会教育相结合，推广先进典型、形成示范效应。这5条路径具有较强的针对性和可操作性。

以上的话，既是对《思想政治教育视域下志愿者精神研究》一书价值的肯定，也是对作者的鼓励。潘静是通过勤奋努力才优秀的，她以自己勤奋顽强拼搏，在学业上完成了从本科生向硕士、博士的华丽转身，在事业上已成为副教授和硕士生导师，希望她在今后攀登学术山峰的奋斗中以更勤奋的劳动去获取更丰硕的成果。

西南大学马克思主义学院教授、博士生导师　罗洪铁

2022年12月18日于西南大学学府小区

目 录

Contents

导　论

一、选题的缘起与意义

选择志愿者精神作为选题，我经历了一个从感性到理性的认识过程。有感而发、由情入手，或许更能够促进论题的深入研究。在之前的学习、生活和工作中，我对志愿者、志愿活动、志愿者精神并没有很多的关注，不管是大学生暑期“三下乡”活动还是义务支教活动，都没能给我很深的感触。然而2008年，正在重庆求学的我经历了那次悲恸人心的大地震。也正是在那次灾难中，志愿者、志愿活动和志愿者精神走进了我的视野，真正触动了我的心灵。那段时间，每天媒体报道的灾难情况和灾后救援情况都在敲打着我的神经。通过电视、网络、报刊等新闻媒体了解志愿者开展志愿活动的情况，想着他们忙碌的身影，我不由自主地考问：是一种什么样的力量在支持着他们这样无私地奉献？仅仅是对突发事件的应激反应？还是“一方有难，八方支援”互助精神的常态体现？这些疑问一直在我心底荡漾。随着鸟巢一代、海宝一代、Z世代渐渐进入人们的视野，特别是近两年来新冠肺炎疫情防控中涌现出一批批的志愿红，习近平总书记为志愿者点赞，“志愿服务”成为社会讨论的热点话题，我对志愿者关注也日益升温。在现实生活中，不仅在大型事件中有志愿者的身影，而且在日常生活中志愿者也随处可见，如社区便民服务人员、公交站台的志愿引导员、图书馆志愿讲解员、小学门口维持秩序的家长志愿者等。这样一种现在看来是常态的现象，究竟是如何产生的？它有着怎样的发展过程？体现在志愿者身上的志愿者精神有着怎样的含义和内容？与西方的志愿者精神相比，我们的志愿者精神有着什么样独特的内容？作为一种精神，志愿者精神与民族精神有着什么样的关系？这种精神的思想渊源和理论基础是什么？在全面建成小康社会后开启全面建设社会主义现代化国家的新征程中，在实现中华民族伟大复兴的历史征程中，我们该如何弘扬和培育志愿者精神？随着自身生活阅历的增加、文化知识素养的提高以及对志愿者了解的增多，这些问题更加明晰地展现在我的面前。问题的提出是基于对社会现实的关注，对社会现实的感性关注引发了对现实问题的理性追问与思考，而追问与思考的目的正是促进现实的发展并改造世界。对于一个从事理论研究的人来说，“他不仅必须使人们一般地了解他们的需求以及满足这些需求的手段，他尤其应当随时随地向他们指明在当前这个特定条件下出现的需求以及达到面临的目标的特定手段。”①综合看来，将志愿者精神作为选题，是笔者对现实生活中焦点问题的一种感性映照和理性反思。思想政治教育关注现实的责任感促使笔者加深对志愿者精神的认识与研究。作为高校思想政治理论课教师，不仅要对志愿者所反映的现象作出思考、分析，更重要的是要尝试着从理论上对凝聚在志愿者身上的志愿者精神进行诸如学科的定位、理论的概括、经验的总结、规律的探讨、价值的解读、缺失的分析与培育的探索等方面的学理性阐释。

进行志愿者精神研究有着重要而丰富的理论价值和实践意义。一是可以进一步促进志愿者精神的相关理论研究的丰富、完善。目前，伦理学、社会学、政治学和思想政治教育等学科都对志愿者精神进行了广泛的关注，但思想政治教育学科的关注还可以更加深入，有些内容还需要进一步深化。因为志愿者精神自其产生以来就属于思想政治教育内容，所以思想政治教育学科更要密切关注志愿者精神。从实践层面来讲，志愿者精神直接对应的就是志愿服务，志愿服务是社会实践的有效形式之一。在思想政治教育中，实践教育是思想政治教育的重要环节。2001 年颁布的《公民道德建设实施纲要》将志愿服务纳入群众性公民道德实践活动；2019 年颁布的《新时代公民道德建设实施纲要》把学雷锋志愿服务作为道德实践养成的重要方式。2004 年中共中央、国务院印发的《关于进一步加强和改进大学生思想政治教育的意见》明确指出：“要积极组织大学生参加社会调查、生产劳动、志愿服务、公益活动、科技发明和勤工助学等社会实践活动。”②2016 年中共中央、国务院出台的《关于加强和改进新形势下高

① ［德］费希特：《论学者的使命　人的使命》，梁志学等译，北京，商务印书馆 1984 年版，第 43 页。

② 教育部思想政治工作司组编：《加强和改进大学生思想政治教育重要文献选编（1978—2008）》，北京，中国人民大学出版社 2008 年版，第 379 页。

校思想政治工作的意见》明确规定："建立健全学雷锋志愿服务制度，广泛开展社会公益活动，把志愿服务纳入学分。"① 从理论层面来讲，志愿者精神是思想政治教育的重要内容。中宣部原部长刘云山曾在"迎奥运讲文明树新风"志愿服务座谈会上强调："要把志愿服务精神作为未成年人思想道德建设和大学生思想政治教育的重要内容。"②2014 年的儿童节前夕，习近平总书记在北京市海淀区民族小学调研时就如何培育践行社会主义核心价值观强调，小学生要向青年志愿者学习，在学习榜样的过程中"养成好的思想品德追求"③。党的十八大报告在谈到公民道德素质和思想政治工作时提出要广泛开展志愿服务，党的十九大报告在谈到加强思想道德建设时提出要使志愿服务制度化。可见，从微观理论来看，志愿者精神属于思想道德建设的重要内容。因此，从思想政治教育学科角度对志愿者精神进行研究是实践发展的需要，也是学科发展的需要。从笔者目前所掌握的资料来看，思想政治教育学科对志愿者精神的理论研究相对较少，这些研究涉及内涵界定、历史溯源、价值意义与培育等，而对其学理阐释、发生渊源、个体发生、发展轨迹、本国特色、时代境遇等研究略微欠缺。所以，将志愿者精神作为选题，不仅可以实现本学科领域对该研究的完善，而且可以为其他学科的研究提供新视角。二是可以促进志愿服务实践的参与度和制度化。从实践上来看，把志愿者精神作为选题是促进志愿服务有效进行和制度化的需要。目前的志愿服务在形式上丰富多样，而且随着大型志愿服务的发展，志愿服务的相关立法、制度日益完善。但在实践中，我们也可以看到志愿服务的效果还不是那么令人满意。究其原因，志愿者精神的培育不足是一个重要的方面。其中，对志愿者精神的不科学认识是导致志愿服务效能不高的一个重要原因。当谈起志愿者精神的时候，有些人认为西方的志愿服务如何有序、高涨，有些人会说公民社会中的公民意识如何增强，还有些人甚至认为中国"大政府"挤压了志愿服务的公共空间，等等。这些都是错误的观点。虽然西方志愿服务开展的时间和立法较早，在一些方面确实有值得我们学习借鉴的地方，虽然志愿者精神的蓬勃发展与公民社会息息相关，但我们要看到：在我国，志愿者精神的发展、志愿服务的开展，有着我们自己独特的文化积淀、历史传统和时代际遇。因

① 《十八大以来重要文献选编》(下)，北京，中央文献出版社 2018 年版，第 489 页。

② 刘云山：《大力弘扬志愿精神　广泛开展志愿服务》，《人民日报》2008 年 9 月 9 日。

③ 习近平：《从小积极培育和践行社会主义核心价值观——在北京市海淀区民族小学主持召开座谈会时的讲话》，《人民日报》2014 年 5 月 31 日。

此，对志愿者精神的研究可以借鉴西方发达国家的实践经验，但更要结合本国的具体实际，对志愿者精神作本土化探究。只有这样，才能有效增强志愿服务的影响力，扩大志愿服务的覆盖面，满足志愿服务的实际需要。

二、研究对象和研究范围的界定

研究课题涉及的研究对象是志愿者精神。志愿者精神是思想政治教育的时代性内容，它是指体现在志愿者身上的自愿且不求回报地为他人、社会以及人类的发展进步承担责任的意识、乐于奉献的价值观念以及积极进取的心理状态的总和。它是中华民族精神的时代表征和中国特色社会主义文化的重要内容。关于志愿者精神的研究，涉及志愿者精神的概念与内容、思想渊源与理论基础、个体生成、历史演进及中西志愿者精神的比较分析、发展过程中的经验总结与规律探索、时代价值与时代境遇、缺失与培育等。

三、研究现状

随着我国改革开放的深入发展，志愿服务在本土化的学雷锋活动与外来文化的结合中得到催生，并且日益规范和完善，当然也存在一些问题。实践的发展必然要求理论作出回应。蕴涵在志愿活动中并在实践中凝练而成的志愿者精神理所当然地成为理论界关注的时代性话题。要研究志愿者精神，势必要对目前的研究现状进行清晰的把握。那么，目前学术界关于志愿精神的研究如何？取得哪些成果？存在什么问题？这需要在进一步研究志愿者精神之前作出回答。通过对目前所掌握的文献资料进行分析和思考，对国内外关于志愿者精神的研究可作如下综述：

（一）志愿者精神相关问题研究溯源及文献考察

1. 志愿者精神相关问题研究溯源。志愿者精神的萌芽出现比较早，它通常与一个国家或民族的传统文化联系在一起，如西方的宗教文化与中国的传统文化。在早期关于志愿者精神的研究中，主要是从伦理学的视角对其进行定位，涉及人们日常的道德行为。随着研究的扩展，志愿者精神逐渐步入社会学、政治学、心理学、思想政治教育学等领域。

最早提到志愿者精神的是被称为“志愿者理论”创立者的西塞罗。西塞罗的志愿者思想主要体现在公元前44年所写的书信体《论责任》一书中。在论述服务作为青年表达善意责任的一种方式时，西塞罗提出：“如果人们在服务——即尽自己的能力，努力为他人提供帮助——方面表现出慷慨和仁慈，那就会产生各种各样的好处。”[①] 并且书中所涉及的善行和个人服务大都指的是律师所提供的自愿、无偿的辩护服务。西塞罗虽然未用“志愿者精神是什么”的定义句式，但是他已经赋予志愿者精神以自愿、慷慨和仁慈的内涵。此后，志愿者精神相关论述散见于宗教文化关于慈善事业的著作当中。中国的传统文化中也有关于志愿者精神的相关论述，如儒家文化中的仁爱精神、墨家的兼爱思想、佛家的博爱思想。作为近现代意义上的志愿者精神的出场则是与公民精神、公民意识相联系的。托克维尔在《论美国的民主》一书中对此作了交代。在谈到美国自由的乡镇精神时，托克维尔认为“地方性自由可使大多数公民重视邻里和亲友的情谊，所以它会抵制那种使人们相互隔离的本能，而不断地导致人们恢复彼此协力的本性，并迫使他们互助”，而且他“曾一再看到美国人为公共事业做出巨大的和真诚的牺牲，并且多次发现他们在必要的时候几乎都能忠实地互助”。[②] 每个人为同胞服务的同时也是在主张自己的权利，因为“在民主国家里，全体公民都是独立的，但又是软弱无力的。他们几乎不能单独凭自己的力量去做一番事业，其中任何人都不能强迫他人来帮助自己。因此，他们如学不会自动地互助，就将全都陷入无能为力的状态”[③]。此时，美国人互助的一般方式就是结社、组成社团。弗里奇（1949）在《志愿行动》一书中写道：“通过志愿行动，人类社会将成为一个充满友谊的社会，一种彼此容纳的秩序……公民彼此贡献金钱，付出时间。”[④] 国外对于志愿者精神的研究侧重于社会治理的实践层面，在理论上更倾向于将志愿者精神与公共精神、公民精神紧密联系在一起。联合国志愿者网将志愿者精神的核心价值界定为自愿、承诺、参与和团结。我国对志愿者精神的精确表述可以追溯到2000年1月江泽民对杰出青年志愿者来信所作的

---

① ［古罗马］西塞罗：《论责任》，徐奕春译，北京，商务印书馆1998年版，第190页。

② ［法］托克维尔：《论美国的民主》，董果良译，北京，商务印书馆2009年版，第632~633页。

③ ［法］托克维尔：《论美国的民主》，董果良译，北京，商务印书馆2009年版，第635~636页。

④ 李亚平、于海编选：《第三域的兴起——西方志愿工作及志愿组织理论文选》，上海，复旦大学出版社1998年版，第219页。

批示，其中指出："青年志愿者行动，是当代社会主义中国一项十分高尚的事业，体现了中华民族助人为乐和扶贫济困的传统美德，是大有希望的事业。努力进行好这项事业，有利于在全社会树立奉献、友爱、互助、进步的时代新风。"①也正是根据这个批示内容，我国始终把"奉献、友爱、互助、进步"作为志愿者精神的核心价值理念。

从笔者目前收集的资料看，我国文献中最早提到志愿者精神相关内容的是载于1992年1月23日《北京青年报》上的《青年志愿者如是说……》一文。文中记录青年志愿者发言时指出：青年志愿活动的"宗旨是要发扬中华民族的传统道德精神，结合现代文明的价值观念，提倡人与人之间的友爱、善良、平等、互助"②。1994年中国青年志愿者标志发布时所提倡的主题就是热心献社会、真情暖人心。臧乐源在1995年提出我国青年志愿者活动是雷锋精神的继承与弘扬③，这是国内研究中首次将志愿者精神与雷锋精神联系起来。此后李漪在1997年将雷锋精神、志愿者活动与中华民族精神结合起来。但这些研究都没有直接讲清楚什么是志愿者精神以及志愿者精神的内涵。2000年江泽民对杰出青年志愿者来信作出批示后，理论界开始掀起志愿者精神研究的热潮。国内最早明确提出志愿者精神的是丁元竹（1999），他认为志愿者精神是指"一种志愿的、不为报酬和收入而参与推动人类发展、促进社会进步和完善社区工作的精神，是公众参与社会生活的一种非常重要的方式"④,这个概念借鉴的是联合国志愿者网关于志愿者精神的界定。此后，学术界关于志愿者精神的研究日益丰富。

2. 志愿者精神相关问题研究的文献考察。国外对于这个问题的研究较早。在CNKI期刊数据库中以"志愿精神""志愿者精神"等为题名、以1979~2021年为时间限制跨库检索文献，一共搜索到852条结果。从时间上来看，时间最早可以追溯到20世纪70年代，1997年、2009年、2013年、2016年、2020年分别出现研究数量增多的现象，这与当时各个国家发生的重大社会事件或灾难有关。从学科范围来看，研究涉及学科有教育学、经济学、社会学、政治学、管理学、心理学等，其中从教育学

---

① 《江泽民文选》（第2卷），北京，人民出版社2006年版，第508页。

② 《青年志愿者如是说……》,《社科信息文荟》1994年第4期。

③ 臧乐源:《学习雷锋与开展青年志愿者活动》,《青少年研究——山东省团校学报》1995年第1期。

④ 丁元竹:《志愿精神在中国》，北京，联合国志愿人员组织——联合国开发计划署（中国办事处）1999年版，第9页。

（195篇）、经济学（107篇）、社会学（88篇）研究该问题的成果最多。从研究内容来看，这些研究侧重于对不同行业或不同年龄段志愿者行为进行数据分析，如医学志愿者、教育志愿者、社区志愿者和老年志愿者、学生志愿者。也有一些研究成果从政治学、社会学、伦理学的角度来分析。政治学方面的主要观点有：Robert Warren（1987）提出志愿行为的目标是从政府那里分权以维持公共服务水平、稀释政府的作用；James Petras（1997）认为志愿精神只是充当了转移公众关注政治争论的思想武器，其实是在否认社会问题的结构性与资本主义制度有关，从而掩饰最根本的阶级矛盾；Wanda Vrasti（2014）认为志愿精神不是自发的德行，而是精心设计的政府技能，目的是使个人在新自由主义中平衡市场理性和社会责任。社会学方面的主要观点有：Mary Carlo（1981）将志愿服务与合作精神联系起来；Louis A.Penner（2002）从社会互动的视角研究了志愿者的亲社会行为；Thomas Emma（2005）认为社会认同能激发志愿者的信念和情感；Mohd Ramlan（2014）认为社会交往是青年志愿服务的重要内容；Chau-kiu Cheung.T（2015）认为社会责任感对志愿行为有正向推动作用。伦理学方面的主要观点有：Harry J. Hogan（1981）认为志愿主义与19世纪自由主义衰落的危机有关，人们需要重建新的社会价值才能更好地活着，这就需要对个体的社会责任和政治国家之外的道德责任体系进行审慎思考；Donald C. Story（1992）认为志愿精神是人类重要的精神活动，它体现为人类精神的“自我”与“他人”，这是从人的两种基本倾向发展而来：人的自我创造性和利他性；Susan Eckstein（2001）分析了志愿精神的集体主义根源，她认为这与个人主义志愿精神有着不同的社会基础，集体主义志愿精神产生于个人对其所属组织的认同，组织对个体的认可和激励能增强集体中的互惠、团结和尊重；Smith Megan K（2012）研究了志愿主义背景下道德规范与描述性规范的互动；Ian I.Llenares（2020）认为具备志愿精神的人更懂得感恩，更容易感到幸福。还有一些研究侧重志愿服务对人的价值影响，如Nancy E.Sherman（2011）认为志愿行为能够提升个人的价值观和自我效能感，Angellar Manguvo（2013）认为志愿服务对美国中西部非洲学生的社会融合和适应有着重要作用，Michael Miller（2014）认为志愿行为能够使人获得知识、发展新技能、建立社交网络。综上，国外关于志愿者精神的研究更倾向于实证研究，基础理论研究相对较少。即使是理论研究，国外研究侧重于对公民社会责任、社会合作与互动、道德利他性、社会认同等方面内容，基本不涉及基本概念辨析、理论渊源、发生过程等的研究。

从国内研究来看，志愿服务的实践研究对我国来说不是纯粹的新鲜事物。但是，关于志愿者精神的相关研究的确是近些年才开始兴起的。从20世纪90年代开始志愿者精神逐渐进入理论视野，对志愿者精神的研究承接的是20世纪80年代关于雷锋精神的研究热潮。在CNKI期刊数据库中以“志愿精神”“志愿者精神”等为题名、以1979~2021年为时间限制跨库检索文献，一共检索出552篇论文。可以看到，国内社科研究领域对志愿者精神的关注是从20世纪90年代末逐渐开始的。

志愿者精神相关研究文献数量情况（检索时间：2021-12-20）

年度	1999—2006	2007—2012	2013—2021
篇数	27	206	319

从表中的数据可看出，志愿者精神研究开始于20世纪90年代末，进入21世纪，该研究得到蓬勃发展，特别是中国特色社会主义进入新时代以来，关于志愿者精神的研究如火如荼。究其原因，一是与志愿活动的广泛开展有关，志愿者精神在抗震救灾、北京奥运会残奥会、上海世博会、广州亚运会、第十二届全运会、青奥会等活动上得到充分体现。二是党的十八大以来，党中央对志愿者精神弘扬与培育的领导更加有力，支持力度更大，制定了一系列的法律法规和文件等来推进志愿服务的制度化、体系化，同时积极推动志愿服务的理论研究，如将该选题纳入国家社科基金。在所检索到的文献当中可以看出有关志愿者精神的研究是多学科视角的，目前所涉及的学科有行政管理政治类（223篇）、高等教育心理类（170篇）、思想政治教育（59篇）、社会学（48篇）、伦理学（12篇）。其中与思想政治教育直接相关或相关度较高的文献有59篇，党的十八大以后的成果展到一半以上，硕士学位论文2篇，博士学位论文1篇。这些文献主要是集中在公民社会与公共精神、志愿者精神与雷锋精神的关系、价值研究和培育、中国共产党党员志愿者精神等问题的研究上。除期刊论文外，学术专著类有38部，这些专著主要是研究志愿活动的相关内容。专著类主要是从社会学角度进行研究，最早的一本关于志愿活动的专著是徐中振主编的《志愿服务与社区发展》。专著类渐增是在奥运会前后和党的十八大以后。这些专著包括北京大学公共服务与社会管理中心的丁元竹

等主编的《志愿活动研究：类型、评价与管理》与《中国志愿服务研究》，以及北京志愿者协会编写的《志愿者读本丛书》、中国志愿服务联合会编著的《中国志愿服务发展报告》等。关于志愿精神的研究散见于这些志愿活动的专著当中。直接以“志愿精神”为名的专著有4部，分别是陶倩的《当代中国志愿精神的培养研究》(2013)、张洪彬的《思想政治教育中志愿精神问题研究》(2013)、郑朝静的《大学生志愿精神培育》(2013)、卓高生的《大学生志愿精神作用机理及实证研究》(2016)。这4部专著皆是在党的十八大以后出版的，这与论文研究数量高峰期的时间节点是一致的。这说明党的领导和国家配套的一系列法律政策对于志愿者精神的理论研究具有显著的推动作用。

（二）志愿者精神研究的主要涉域与分析

通过对当前志愿者精神相关文献的阅读与分析可以看出，目前的研究所涉及的主要问题有志愿者精神的概念分析、特征与功能分析、理论基础分析、培育途径分析等。

1. 对于志愿者精神概念的研究。国外关于志愿者精神概念的研究相对较少。从目前所掌握的外文资料来看，国外研究很少对志愿者精神是什么进行界定，他们大都是对志愿活动进行实证调研。即使是作概念区分，国外研究通常将志愿者精神与公民社会、第三部门相联系，研究重点是非政府组织，而非志愿者精神。从国内研究来看，目前关于志愿者精神的定义大致有四种思路。第一种观点认为“志愿精神是指一种在自愿的、不计报酬或收入的条件下而参与推动人类发展、促进社会进步和完善社区工作的精神，是公众参与社会生活的一种重要的方式，是个人对生命价值、社会、人类和人生观的一种积极态度”①。第二种是偏向伦理学的解释，将志愿者精神界定为一种社会理念或精神形式。第三种是侧重于志愿服务动机的解释。第四种是从综合的视角出发来界定志愿者精神。除此之外，还有部分学者将志愿服务与志愿者精神的概念等同或是将志愿者精神的内容与志愿者精神等同。

从目前关于志愿者精神概念的研究可以看出，不同学者从不同的角度来界定志愿者精神，这给本研究提供了有益借鉴。但同时也有一定的不足。一方面，这些研究对志愿者精神的概念界定存在一定程度的混乱；另

① 沈杰主编：《志愿行动：中国社会的探索与践行》，北京，人民出版社2009年版，第22页。

一方面，不管是从伦理学或是综合的角度对志愿者精神作出的界定都存在着不完备之处。一是有些概念界定采用的是“志愿者精神是精神”句式，有同义反复之嫌。二是有些概念界定仅仅突出志愿者精神的社会价值，没有突出志愿者精神的个体价值。三是一些概念界定的学科性不甚鲜明，从作者对志愿者精神的界定中不太容易看出到底是哪个学科的研究。四是这些概念界定对于志愿者精神的承载者——志愿者精神的主体没有作出明确规定。本研究认为还是研究志愿者身上的志愿精神比较易于展开论述。在思想政治教育学科视野中，笔者将志愿者精神界定为：志愿者精神是指体现在志愿者身上的自愿且不求回报地为他人、社会以及人类发展进步承担责任的意识、积极进取的心理状态以及乐于奉献的价值观念的总和。它是中华民族精神的时代表征和中国特色社会主义文化的重要内容。这个界定的出发点是作为个体的志愿者本人，是从个体的角度对概念进行界定。其中，个体在社会发展过程中的主动担当意识，与志愿者精神中突出的自愿性相契合。积极进取的心理状态突出了志愿者精神是一种将个体与社会相统一的发展观，是一种积极进取的人生态度。乐于奉献的价值观念突出了人生价值的选择，是为人民服务的人生观。不管是责任意识、人生态度或是人生价值，本概念主要阐释了作为人生观、价值观的志愿者精神，而“三观”问题是思想政治教育研究的核心问题。

2. 对于志愿者精神的特征与功能研究。关于志愿者精神特征的研究不是很多。陶倩认为：志愿精神是合规律性与目的性的统一，是道德先进性与广泛性的统一，是时代性和继承性的统一。[①] 其他研究大都是在界定志愿者精神内涵时涉及特点分析。自愿、无偿、实践性是志愿者精神的显著特征。如沈杰认为志愿者精神的内涵特征表现为：一是自愿性或非强制性；二是非营利目的或公益性；三是亲身实践性或参与性[②]。还有的研究将助人为乐、高尚性作为志愿者精神的特征。这里对志愿者精神特征的概括存在一个误区，就是将志愿者精神内涵当成志愿者精神的特点。志愿者精神的特征是其作为一种精神形式所具有的属性或特性，而不是目前研究所概括的志愿者精神的内涵扩展，当然内涵扩展与能作为志愿者精神内在特点的征象有着密切联系。志愿者精神作为一种精神现象，其自身具有广泛的传播性与影响性、突出的实践性等特征。

① 陶倩：《当代中国志愿精神的培养研究》，上海，上海人民出版社 2013 年版，第 28~31 页。
② 沈杰主编：《志愿行动：中国社会的探索与践行》，北京，人民出版社 2009 年版，第 44 页。

关于志愿者精神功能的研究，学界的观点趋于一致。志愿者精神的功能是指志愿者精神作为一种社会意识形式对于社会发展所具有的功效与能力。从目前的研究来看，志愿者精神具有调节功能、整合功能、教育功能等。也有从志愿者精神具体作用来谈其功能的，谭玉龙在其硕士学位论文中提到志愿者精神是：减少社会矛盾的“缓冲器”，维护社会稳定的“安全阀”，促进社会发展与和谐的“推动器”[①]。类似观点的实质是将志愿者精神的功能等同于作用，作用是志愿者精神功能得到发挥和实现后在社会上所产生的社会影响以及实际效果，是功能在具体社会实践中的具体化。

3. 关于志愿者精神渊源与理论基础的研究。学界大都认为志愿者精神起源于西方宗教中的慈善观念、近现代的乡镇精神和中国传统文化中的慈善思想。关于志愿者精神的文化溯源方面，学界基本上达成共识，志愿者精神虽然是近现代的用词，但是它有着悠久的历史渊源。关于志愿者精神理论基础的研究，从目前来看还没有形成定论。关于这个问题的研究大致有 3 种视角：第一种观点是从社会学、社会心理学中来寻找理论基础，如有学者将“利他主义、亲社会行为理论、激励理论、社会资本、团体动力学”[②] 作为志愿服务的理论基础；第二种观点是从心理学、伦理学中来寻找理论支撑，如田军认为志愿服务的理论基础有自我实现论、社会互助论、和谐论；第三种观点是从多学科中来寻找理论依据，如谭玉龙提到志愿者精神的理论解释有自我实现论、社会资本论、公民社会论、第三次分配论，这里涉及心理学、社会学、政治学、经济学相关理论问题。从以上观点可以看出目前的研究内容有两个特点。一是将理论支撑与理论基础相等同。以上几种观点，论述的大都是志愿者精神的理论支撑、理论借鉴，而不是理论基础。理论基础是一种理论产生、发展的根本或起点。自我实现论、社会资本论等可以作为志愿者精神的理论渊源，但是无政府主义者克鲁泡特金的社会互助论、公民社会论是否可以看作志愿者精神的理论基础，还有待商榷。有一点可以肯定的是这些理论都可以为志愿者精神理论的发展提供借鉴。二是目前研究很少有从马克思主义经典作家那里为志愿者精神寻找理论根据。虽然志愿者、志愿者精神对我国来说是外来词汇和概念，但志愿者精神在我国实践中是有着实质性内容的，如以人物为载体的雷锋精神。志愿者精神在我国得到本土化滋养后，必然带有我们自己的

---

① 谭玉龙:《我国志愿精神培育中的政府责任研究》，广西民族大学硕士学位论文 2008 年。

② 上海青年志愿者协会编:《志愿服务与和谐社会——上海青年志愿者行动研究》，上海，中国福利会出版社 2009 年版，第 38 页。

特色，必然有与我们的指导思想相契合的内容，所以，从马克思主义理论当中来探寻志愿者精神的理论资源是一种应然的逻辑思路。人的全面发展理论、星期六义务劳动理论、为人民服务思想都能够为志愿者精神在当代的弘扬与培育提供深厚的理论依托。另外，马克思恩格斯关于人的二重性理论为志愿者精神个体发生提供了理论支撑。

4. 关于志愿者精神培育的具体对策研究。关于志愿者精神培育的具体措施研究处于不清晰的状态。目前的研究从不同的角度针对志愿者精神的弘扬提出一些建议，所提出的主要对策有：一是注重对志愿文化的营造，二是加强对志愿服务的宣传与普及，三是健全与志愿活动相关的法律法规，四是完善志愿服务机制，五是发挥政府的主导作用，六是借鉴西方经验。从所提出的对策来看，存在可操作性不强、逻辑性不清晰等问题。一些措施大而空，这是可操作性不强的一个重要原因；一些研究中的举措，没有研究问题的逻辑思路，所提出的措施也是想到哪说到哪，找不到问题点，这也是可操作性不强的一个原因；还有一些研究将指导原则和理论当成实践中的具体举措，将抽象的理论混同于具体的实践，可操作性自然不强。陶倩在实证研究中提出的“三阶段六步骤模式”是目前研究中非常有参考价值的，这种模式为志愿者精神的培育提供重要参考意义。找出影响志愿者精神的相关因素，针对因素深挖实施路径，是一个较好的思路。当然，志愿者精神的培育离不开志愿活动，对志愿活动实际情况的分析也可以帮助我们来提出对策。

（三）关于目前志愿者精神研究的概析与展望

除了以上所综述的 4 个部分外，目前的研究成果还涉及志愿者精神与公民意识的关系、与和谐社会的关系，但这部分研究较少，而且大都是泛泛而谈。从上面的综述可以看出，目前学界关于志愿者精神的研究成果不是十分丰富，所涉及的内容也是有限的，而且在一些相关问题上还未进行探索。从目前的研究现状以及我们现阶段的社会实际情况来看，对于志愿者精神的深入研究可以从以下几个方面着手。一是对中西志愿者精神进行比较研究。志愿者精神这个词语虽然始于国外，但其传到我国后与雷锋精神相结合并不断本土化，彰显着鲜明的中国特色。因此，对志愿者精神的中西比较是有必要的，这对于我们提高志愿者精神培育的有效性具有重要的现实意义。二是志愿者精神在个体身上是怎样生成的。对一种精神现象进行理论研究，终归是要落实到这种精神在现实生活中的推进。这就需要探究志愿者精神在个体身上发生发展的过程，弄清楚这个过程及影响因素可以为今后志愿者精神培育的实践活动提供具体方向性指导。三是对志愿者精神发展规律的研究。规律研究是有相当难度的，这也是一些研究没有进行深入探索的原因之一。同时也要看到，志愿者精神虽然作为一种新事物，它的发展演变也是有自己内在的必然性的，对这些必然性的提炼与总结，势必为本研究添彩。四是在中国特色社会主义新时代，志愿者精神研究的理论生长点是学界未来研究的重点问题。比如，志愿者精神与社会主义核心价值体系和社会主义核心价值观的关系，与国家治理体系和治理能力现代化的关系，与中国式现代化的关系，与人类文明新形态的关系，与共同富裕的关系等，这些都是需要我们深化研究的重要理论和实践问题，也是志愿者精神之所以具有生命力的所在。五是在新的时代条件下，志愿者精神培育面临的困境以及如何应对的问题，特别是人工智能、新媒体等现代科技进步带来的挑战需要进行前瞻性的探究，此外像党建引领志愿服务的新形式、网络志愿服务的新表现等实践问题也需要进行理论分析，以此更好地培育弘扬志愿者精神。

四、研究方法、创新思考与框架结构

（一）研究方法

文献研究法。文献研究法是本研究所采用的首要方法。不论是从早期的收集资料作研究综述，还是后期的写作，都离不开文献研究法。本研究中对该方法的使用主要体现在以下 4 个方面。一是对志愿者精神研究现状的整体把握需要收集文献资料。通过在研究现状中使用文献研究法，可以弄清国内外的研究情况，知晓目前的研究程度，懂得哪些内容是已经成熟的研究，哪些是需要我们进一步进行研究的，哪些是目前研究没有涉及的。这为本研究逻辑框架的建构提供重要参考。二是对志愿者精神概念的界定需要从文献资料中找出相关学科的解读，通过比较来突出思想政治教育视域中志愿者精神概念的独特性。三是在梳理志愿者精神的思想渊源和理论基础时需要从马克思主义经典作家或者是西方经典中来寻找相关内容。四是对志愿者精神的产生和发展过程的回顾中需要使用文献研究法。对这个过程的梳理需要从党和国家的文献中找出权威性的表述或定位。

问卷调查法。本研究虽然侧重于基础理论研究，但是在对志愿者精神的历史演进、志愿者精神发展的经验总结、志愿者精神培育缺失的原因等内容进行深入研究时，还需要有针对具体问题的个人访谈和问卷分析出的结果来佐证。

多学科综合研究法。志愿者精神这一复杂的精神现象不仅受到政治学、社会学、心理学的关注，同时也是伦理学、思想政治教育等学科关注的对象。这些学科都将志愿者精神作为研究对象，其区别就在于每个学科的研究视角不同、研究重点不同。尽管研究视角不同，但相关学科的研究能够为思想政治教育视野中的志愿者精神研究提供或多或少的帮助。本选题基于思想政治教育学的基本原理，同时借鉴其他学科的研究成果和知识来进行理论探讨。

比较分析法。比较分析可以帮助人们更全面、更彻底地认识事物。在本研究中，我们采用比较分析法对中西志愿者精神进行了比较分析。通过比较分析，认识到本研究中所讲的志愿者精神与西方志愿者精神的相通之处和区别所在，进一步厘清了我国志愿者精神的独特性。

典型事例研究法。本研究重在对志愿者精神进行理论探讨，在这个过程中需要采用典型案例法，或是对论点进行补充，或是对论据进行形象化润色，或是通过对典型事例的分析提炼出理论观点。志愿者精神体现在志愿服务当中，因此，对志愿服务中的典型案例进行分析研究是志愿者精神研究形象化、具体化的需要。在适当的时候运用典型事例来论证该研究的观点，就会使得理论更具有说服力和感染力。

（二）创新思考

本研究力求在以下几个方面实现创新：一是对志愿者精神本质的界定。志愿者精神在本质上是一种积极向上的人生观、价值观。二是对志愿者精神理论基础的梳理。志愿者精神的产生不仅有着思想渊源，更有起着支撑作用的理论基础，志愿者精神的理论基础包括人的全面发展理论、星期六义务劳动理论、为人民服务思想。三是对中西志愿者精神的比较分析，通过比较分析，来明晰中西志愿者精神的相同点和不同点，找出我国志愿者精神的独特性和本质性所在。我们所讲的志愿者精神是一种集体主义的人生观，西方志愿者精神则是个人主义的人生观。四是对志愿者精神的个体生成进行探索，这主要包括对个体生成的马克思主义理论支撑进行深入分析、对个体生成的表现形式和影响因素进行分析。五是对志愿者精神发展规律的总结与概括。从规律的层面对志愿者精神进行研究也是一种创新性的尝试。

（三）框架结构

除去导论部分，全书共分为 7 章。

第一章，志愿者精神的概念与内容。主要是对志愿者精神的相关概念、基本内容进行界定概括。梳理志愿者精神的学理依据，厘清志愿者精神相近或相关概念，提炼出志愿者精神的内涵，分析志愿者精神蕴涵的主要内容，进而抓住志愿者精神的本质，总结出志愿者精神的特点。

第二章，志愿者精神的思想渊源与理论基础。中国传统伦理思想中的慈善思想、仁爱思想和整体主义思想是中国志愿者精神产生的传统文化土壤；西方志愿者精神的历史渊源主要表现在基督教中的慈善思想、进化论中的互助与合作思想、乡镇精神、社群主义等。通过对中西志愿者精神的历史渊源进行梳理，并对二者进行历史的比较。从马克思主义及中国化的理论成果中梳理总结出中国志愿者精神的理论基础。

第三章，志愿者精神的个体生成。这部分主要是探究志愿者精神在个体身上的具体发生过程、表现形式与影响因素等。马克思主义关于人的二重性理论为志愿者精神的个体发生提供了理论上的支撑，“人是自然和社会的双重存在”“人是精神与现实的双重存在”“人是手段和目的的双重存在”与志愿者精神的主要内容是相对应的。志愿者精神的个体发生受到个体因素与社会因素的双重制约，生成以后又以心理和意识的形式表现出来。

第四章，志愿者精神的历史演进与中西志愿者精神的比较分析。志愿者精神以 20 世纪 60 年代初期雷锋精神的产生为开端，经过 20 世纪 80 年代初期“五讲四美”文明礼貌活动中的青年服务队对雷锋精神的进一步阐释，在 20 世纪 90 年代初期得以生成。在志愿者精神的历史演进中总结分析雷锋精神与志愿者精神的关系，本土化的雷锋精神是我国志愿者精神的衣钵。自 20 世纪 90 年代初产生以来，志愿者精神的发展经历了官方推动阶段、载体多元发展阶段、全员参与阶段、制度保障阶段，其中制度保障阶段对应的时间范围是党的十八大以后。在这个过程中，志愿者精神在推动社会主义精神文明建设、社会主义和谐文化建设和社会主义核心价值观建设等方面起着重要的作用。从我国志愿者精神历史演进的过程可以看出，作为思想政治教育重要内容，中国志愿者精神与西方志愿者精神虽有相通之处，但又存在着本质性区别。中西志愿者精神的本质区别就在于它们代表着不同的人生观，西方志愿者精神代表的是个人主义人生观，中国志愿者精神代表的是集体主义人生观。

第五章，志愿者精神发展的经验总结与规律探索。我们可以从志愿者精神产生发展的过程中总结出一些有益的经验，抽象提取出一些可遵循的规律。志愿者精神的发展离不开官方的重视与推动、公民的自觉参与、相应的制度法规的保障、大众传媒的充分利用。回顾我国志愿者精神产生与发展的历史过程，可以发现一些具有规律性的内容，如志愿者精神与物质文明之间存在适应超越律、与人的素质之间存在辩证互动律、与民族精神之间存在传承发展律等。这些经验和规律对新时代弘扬与培育志愿者精神具有重要的指导意义。

第六章，志愿者精神的价值意蕴与时代境遇。对志愿者精神的价值进行探讨是培育与弘扬志愿者精神的价值支撑。这里所说的价值，指的是作为思想政治教育重要内容的志愿者精神的时代价值，而非其他学科视野中的价值探讨。志愿者精神的价值意蕴主要表现为志愿者精神在促进个人成长与发展、推动社会发展与进步两个方面。具体来说，它可以分为个体价值和社会价值。个体价值主要要体现在提高公民的思想道德素质、激发人们的主体意识、丰富人的需要体系、帮助人们树立正确的人生观等。社会价值主要体现在以下几个方面：营造和谐的人际关系、完善社会服务职能、增创社会经济效益、满足社会对时尚生活方式的需要等。随着全球化进程的深化、市场经济的发展、网络信息化时代的到来，这些客观现象都给志愿者精神带来了机遇与挑战。

第七章，志愿者精神培育的困境与路径。这一章是本研究的落脚之处，志愿者精神的弘扬与培育是实现其价值的有效途径。弘扬与培育志愿者精神首先要弄清当前志愿者精神面临的困境，以及存在这些困境的原因是什么。其次，要遵循一定的指导原则，这些原则有民族性与世界性相结合的原则、政府引导与个体自觉相结合的原则、理论教育与实践深化相结合的原则、集中化与日常化相结合的原则、社会发展与个人发展相统一的原则。最后，在遵循一定原则的基础上还要采取具体的对策来进行志愿者精神的培育与弘扬，这可以从坚持和加强党的领导、创造良好的舆论文化环境，推进社会志愿服务体系建设，坚持学校教育与家庭教育、社会教育相结合，推广先进典型、形成示范效应等方面进行努力。

第一章　志愿者精神的概念与内容

志愿者、志愿活动作为一种社会历史现象，最早出现在西方。20世纪80年代末90年代初，“志愿者”这一称谓传入我国。“志愿者”作为一个外来词语，有其产生的特定背景。凝聚在志愿者身上的志愿者精神，也有着其特定的内涵。本章主要通过界定志愿者精神的含义、分析志愿者精神与相关概念的关系、探索其本质与特点、概括其基本内容，来回答“志愿者精神是什么”这一基础性问题。

一、志愿者精神的学理依据

志愿者精神作为一种具有突出实践性的精神现象，它与人的道德情感和德性、社会传统、公民参与密切相关，因此成为伦理学、社会学、政治学等学科共同关注的课题。这些学科的研究从不同视角对志愿者精神进行了阐释，为志愿者精神的深入研究提供了丰富的理论和实证资料。本研究通过梳理相关学科的研究成果，通过比较和借鉴这些观点，从思想政治教育学的视域对志愿者精神及其相关内容进行理性思考，从而揭示出志愿者精神的科学内涵。

（一）志愿者精神的伦理学阐释

从伦理学的角度来看，志愿者精神是一种己他两利的善的行为，体现着一个人的德性，反映了人道主义的道德原则。

1. 利他主义与志愿者精神。儒家、康德和基督教都主张利他主义。在他们看来，道德是一种纯粹的善，道德起源与道德存在的目的都是自律的。道德作为一种纯粹的善，起源于个体完善自我品德的需要，存在的目的也在于个人品德的完善，这是人区别于禽兽的关键点。孟子认为：“恻隐之心，人皆有之；羞恶之心，人皆有之；恭敬之心，人皆有之；是非之心，人皆有之。恻隐之心，仁也；羞恶之心，义也；恭敬之心，礼也；是非之心，智也。仁义礼智，非由外铄我也，我固有之也。”[①] 在孟子看来，仁义礼智是人生而具有的东西，这“四端”也是人之所以为人的根本所在。孔子说：君子喻于义，小人喻于利。孟子认为：“鸡鸣而起，孳孳为善者，舜之徒也；鸡鸣而起，孳孳为利者，跖之徒也。欲知舜与跖之分，无他，利与善之间也。”[②] 意思是说假如一个行为的出发点是为了自己的利益，那么这种目的利己的行为不是一种高尚的行为；只有为了增进他人利益、社会利益的行为且动机是利他的行为才是至善的、正义的，才具有道德价值。

康德认为：“我们终究被赋予了理性，作为实践能力，亦即作为一种能够给予意志以影响的能力，所以它的真正使命，并不是去产生完成其他意图的工具，而是去产生在其自身就是善良的意志。”[③] 道德上的善是我们人一出生就具备的东西，我们的一生就在于不断完善这种自我道德。人的一生应当树立一种理性，这种理性以善良意志为自己最高实践使命。在实现这一实践使命时，原因并不在于个人喜欢这种善良意志，“他做好事不是出于爱好，而是出于责任。”[④] 只有出于责任的行为才能称得上道德行为。这与基督教文化中提倡的爱人是一致的。在基督教文化中，爱是一个核心内容。基督教的爱主要分为两部分：一是对上帝爱人；二是为了回馈上帝之爱，人人都要爱人。基督教学说以上帝对人的诫命的形式劝告世人要爱人，人活着第一是要爱上帝，第二重要的是爱人如己。爱人如己的内容很丰富，既包括自己的亲人，也包括邻人、陌生人和仇人。基督教从原罪出发提出对人的告诫，告诫的内容就是让世人爱人，这种爱就是一种纯粹的道德行为，是一种善，因为这种爱跟人的情感无关（如爱你的仇人），与人的本身喜好无关，这应该是人之为人的一种原则。基督教之爱，讲的也是作为责任的道德意义上的爱，“因为爱作为爱好是不能告诫的，然而出于责任自身的爱……这种爱基于意志之中，不依感受为转移，

---

① 《孟子·告子上》。

② 《孟子·尽心上》。

③ ［德］伊曼努尔·康德：《道德形而上学原理》，苗力田译，上海，上海人民出版社2005年版，第12页。

④ ［德］伊曼努尔·康德：《道德形而上学原理》，苗力田译，上海，上海人民出版社2005年版，第15页。

坐落在行为的基本原则中，不受不断变化着的同情影响；只有这种爱是可以被告诫的。”[①]引起这种责任之爱的是善良意志本身，行为者选择履行这种责任，是由于内心的道德法则和律令，而不是责任行为的预期效果。一句话，“你的行动，要把你自己人身中的人性，和其他人身中的人性，在任何时候都同样看作是目的，永远不能只看作是手段。”[②]一个人道德行为的出发点和归宿点只能是人，而不能把行善当成满足自己精神享受的一种手段，只能是绝对的无私利他。

2. 己他两利主义与志愿者精神。利他主义将无私奉献视为评价人的行为是否道德的唯一标准，哪怕达到利他效果，但只要目的是利己的行为也是不道德的行为。利己主义否认无私利他，将利己视为行为的唯一目的，将利己不损人奉为道德行为评价的标准。己他两利主义既肯定无私利他又肯定个人正当利益的追求。休谟、达尔文、弗洛伊德、弗洛姆等人是己他两利主义思想的代表人物。

达尔文认为人具有两种本能——自然本能和社会本能，这两种本能分别回答了人为什么是自私自利的和无私利他为什么会成为可能。在达尔文看来，人的自然本能指的是人的行为的合目的性，也即无意识性，由于自然本能，人在做某件事情的过程中达到了一定的目的，但主体在这个过程中是无意识的。根据达尔文的自然选择理论，人类的这种无意识的合目的性必然是利己的，因为只有利己才能被自然保存下来，若是害己就会导致这个物种灭绝。“自然选择不能在一个物种里产生出完全为着另一个物种的利益或为着损害另一物种的任何东西；虽然它能够有成效地产生出对于另一种物种极其有用的甚至不可缺少的，或者对于另一物种极其有害的部分、器官和分泌物，但是在所有的情形里，同时也是对于它们的所有者有用的。”[③]自然本能说是从生物进化的角度说明了自爱利己是人的低级本性，能够把任何动物区别开来的是人的高级本性——社会本能。在达尔文看来，每个人一出生时就天然地拥有社会本能。人类的社会本能主要有同情心和相爱心，这才是人为什么能够无私利他甚至牺牲自我的动因所在。“有不少在文明中生活的人，甚至儿童充满着勇气和同情心，全然不

---

① ［德］伊曼努尔·康德：《道德形而上学原理》，苗力田译，上海，上海人民出版社 2005 年版，第 16 页。

② ［德］伊曼努尔·康德：《道德形而上学原理》，苗力田译，上海，上海人民出版社 2005 年版，第 48 页。

③ ［英］达尔文：《物种起源》第 2 册，周建人等译，上海，三联书店 1955 年版，第 236 页。

理会自我保全的本能的呼声，而突然跳进一股急流来搭救一个素昧平生而行将灭顶的人。在这种情况下，所以驱策人这样行事的那股本能的动力是和上文所说的驱策着那只小型的美洲猴子的动力一般无二的，那只猴子，在同样的动机之下，英勇地打击那只又大又可怕的狒狒而搭救了动物园的管理员。”[①] 达尔文还指出人的无私利他的行为也可能出于人的功利心。

弗洛伊德认为道德之所以存在就是为了抑制人的破坏本能，从而保障社会的正常发展，最终满足个人需要、实现个人幸福。他认为：在整个人类的发展进程中，如同在个人发展的进程中一样，唯有爱才是促进文明的因素。因为它使人从利己主义走向利他主义。[②]“我们还不愿意完全放弃享乐主义的人生观，认为促进个人幸福乃是文化发展目的的一个组成部分。”[③] 在追求个人幸福的同时，也要增进他人的幸福。达尔文主义的捍卫者海克尔继承发扬了达尔文己他两利的思想。海克尔认为，我们既应该看到追求个人正当利益的合理性，也要鄙视、抛弃那种过度的利己主义，我们既要自爱也要博爱。没有自爱，就没有人类的丰功伟绩，没有博爱，也不会有人类的进步。“人类是社会性的脊椎动物，具有双重不同的责任，一是对自己，一是对其所属的社会。前者的是自爱的戒律（利己主义），后者是博爱的戒律（利他主义）”[④]，“这两条天然的戒律是完全对等的，同样自然和同样不可缺少。人要想在有秩序的社会中生存，并过得舒适，那他不仅要追求个人的幸福，而且也要为其所属的集体、为构成这一社会团体的‘他人’的幸福而奋斗”[⑤]。

但是以上这些观点要么从生物进化论角度，要么从人格结构来谈己他两利，将人类的道德归结于生物遗传或本能，二者均是在脱离社会生活来谈这一问题。马克思从现实的人出发，从人的物质生活中来谈己他两利。马克思在《德意志意识形态》中批判圣麦克斯和桑乔时指出，“在共产主义社会中，即在个人独创的和自由的发展不再是一句空话的唯一的社会中，这种发展正是取决于个人间的联系。而这种个人间的联系则表现在下列三个方面，即经济前提，一切人的自由发展的必要的团结一致以及在现

① ［英］达尔文：《人类的由来》，潘光旦译，北京，商务印书馆2013年版，第161页。

② ［奥］弗洛伊德：《弗洛伊德后期著作选》，林尘等译，上海，上海译文出版社1986年版，第110页。

③ ［奥］弗洛伊德：《性爱与文明》，滕守尧译，合肥，安徽文艺出版社1987年版，第282页。

④ ［德］海克尔：《宇宙之谜》，袁志英译，上海，上海人民出版社1974年版，第331页。

⑤ ［德］海克尔：《宇宙之谜》，袁志英译，上海，上海人民出版社1974年版，第332页。

有生产力基础上的个人的共同活动方式……个人关于个人间的相互关系的意识也将完全是另外一回事，因此，它既不会是‘爱的原则’或自我牺牲精神，也不会是利己主义”[①]，“共产主义者既不拿利己主义来反对自我牺牲，也不拿自我牺牲反对利己主义……他们清楚地知道，无论是利己主义还是自我牺牲，都是一定条件下个人在自我实现的一种必要形式”[②]。

3. 人道主义与志愿者精神。人道主义是西方文艺复兴运动中一个重要的理论指向。在文艺复兴运动中，Humanitas 一词的本义是人的世俗教育，但人道主义（Humanism）一词大约在 19 世纪初才出现。从词源上来讲，人道主义的意思就是人文主义，指的是人文教育或是世俗教育，旨在“通过古典的人文科学教育而最大限度地发展人的精神才智”[③]。由此看来，人道主义与人文主义的词源在意思上是一致的。我们现在讲的人道主义与人道主义的词源意思不完全一致，人道主义更偏重文艺复兴中倡导的关于人之为人的新精神和新理念。人道主义很好地回答了人应当怎样、人与人之间的关系应当如何的问题。人道主义主要包含两个方面的内容。

一方面，人道主义认为人本身是最高的价值存在，要把人当人看。文艺复兴运动先驱但丁所著的长诗《神曲》是以人生作为主题的，意在启发人们冲破樊篱和束缚，“启发人们走自己的路，按照自己的意志作出自己的人生选择，摆脱封建和教会所造成的悲惨境遇，去创造生活的幸福。”[④]雅斯贝尔斯认为“未来的人道主义在其依靠群众支持的情况下，仍然要重新重视个别的人，重视一切个别的人，因为每一个人都是一个心灵而不是一个原子”[⑤]。人为什么是最高价值呢？因为人是社会性的人，人若想在社会中生存获得幸福，这就必须借助于个人所构成的社会。也就是说人最需要的便是人，“对于人的安乐，最需要的还是人……光是自己一个人，是谁也不能幸福的。”[⑥]社会对个体来说具有最为重要的意义，社会是由个体的人构成的，即是人对人来说是最有价值的存在。那社会存在的价值在哪里？社会不是目的，而是手段，是人实现人的利益的手段。“一个有价值的东西能被其他东西所代替，这是等价；与此相反，超越于一切价值之上，没有等价

---

① 《马克思恩格斯全集》第 3 卷，北京，人民出版社 1960 年版，第 516 页。

② 《马克思恩格斯全集》第 3 卷，北京，人民出版社 1960 年版，第 275 页。

③ 王海明:《伦理学导论》，上海，复旦大学出版社 2009 年版，第 120 页。

④ 宋希仁主编:《西方伦理学思想史》，长沙，湖南教育出版社 2006 年版，第 212 页。

⑤ 宋希仁主编:《西方伦理学思想史》，长沙，湖南教育出版社 2006 年版，第 655 页。

⑥ [法] 霍尔巴赫:《自然的体系》（上卷），管士滨译，北京，商务印书馆 2007 年版，第 262~263 页。

物可代替，才是尊严。”[①] 人是评价一个社会价值大小的尺度。因为人是最高的价值，所以我们要把人当人看，要关心他人、爱护他人、善待他人。

另一方面，人道主义回答了“人怎样才能成为人”的问题。“把人当人看”需要解决一个前提性的问题就是人得能够成为真正的人。人怎样才能成为人、成为最完善的人呢？这就需要实现人的完善和发展。人的自我完善和自我实现，指的是人能够将自己身上蕴藏的创造性潜能发挥出来。人若想成为真正的人，成为最高价值意义上的人，就需要发现、发挥自身潜能，并将创造性潜能变为实践，以实现自我。自我实现的需要是人的最高层次的需要，人若是满足了自身对于自我实现的需要，这意味着人的最高价值的实现。人在发挥创造性潜能以实现自我的过程中，不仅能够满足自身作为人的最高层次的需要，而且能够给社会和他人带来积极影响。在这个过程中，个人与社会和他人都得到满足。因为个人创造性潜能的发挥，势必创造出更多的物质财富和精神财富，整个社会的财富就会增加，社会反馈给个人的利益就会越多。

4. 德性论与志愿者精神。品德与德性的意思是相同的。在古汉语里，“悳”（德），从直从心，意思是一个人的心理特征。《说文解字》里说“得即德也”，“德”通“得”，即指心有所得，得到某种好处的意思。英语里的 Virtue 意思也是获得某种好东西。希腊语中的 Arete（德性），指的是个体通过习惯而呈现出的美好的状态。当代意义上的品德是个体在长期的行为中所反映出来的稳定的、整体的心理状态。在亚里士多德看来，德性可以分为理智德性和道德德性。“理智德性主要通过教导而发生和发展，所以需要经验和时间。道德德性则通过习惯养成”[②]，“德性却不同：我们先运用它们而后才获得它们。这就像技艺的情形一样。对于要学习才能会做的事情，我们是通过做那些学会后所应当做的事来学的。比如，我们通过造房子而成为建筑师，通过弹奏竖琴而成为竖琴演奏手。同样，我们通过做公正的事成为公正的人，通过节制成为节制的人，通过做事勇敢成为勇敢的人”[③]。也就是说，一个人的品德跟他遵守或违背道德的伦理行为习

---

① ［德］伊曼努尔·康德：《道德形而上学原理》，苗力田译，上海，上海人民出版社 2005 年版，第 55 页。

② ［古希腊］亚里士多德：《尼可马各伦理学》，廖申白译注，北京，商务印书馆 2003 年版，第 35 页。

③ ［古希腊］亚里士多德：《尼可马各伦理学》，廖申白译注，北京，商务印书馆 2003 年版，第 36 页。

惯有关，他的品德是这种习惯积累到一定程度的结果。无论是好的品德还是坏的品德，都不是在观念中形成的，而是在实践活动中形成的。“德性因何原因和手段而养成，也因何原因和手段而毁丧。正是通过同我们城邦人的交往，有人成为公正的人，有人成为不公正的人……正是由于在具体情境中以这种或那种方式行动，有人变得节制而温和，有人变得放纵而愠怒。简言之，一个人的现实活动怎样，他的品质也就怎样。所以，我们应当重视现实活动的性质，因为我们是怎样的就取决于我们的现实活动的性质。”①一个人在实践中不断做合乎道德的事情，久而久之，这个人就会具有美德，因为教人应当如何的道德规范已经转化为这个人的人格和个性，转化成他的心理品质和心理状态。

一个人怎样才能称得上一个有道德的人呢？“合乎德性的行为并不因为它们具有某种性质就是，譬如说，公正的或节制的。除了具有某种性质，一个人还必须是处于某种状态的。首先，他必须知道那种行为。其次，他必须是经过选择而那样做，并且是因那行为自身故而选择它的。第三，他必须是出于确定了的、稳定的品质而那样选择的。”②首先，他需要具备正确的道德认识。一个人的道德认识来源于他的生活经验和理论学习。个人的道德认识对其道德行为具有指导性。一个人具备道德认识，知道何为道德何为不道德，懂得了为何和如何做一个有道德的人。为什么呢？因为仅仅有道德认知还不够，还需要有为这种道德行为的动力。其次，他需要具备道德情感。情感是行为的驱动力，没有情感的话，哪怕已经形成正确的道德认识，这个人也不会做有道德的事情。道德情感有爱与恨。爱与恨来源于我们的道德实践，形成于我们的道德认识。比如，因为个人在实践中接触了某个人，他认识到这个人给予他快乐和利益，在情感上他就会产生对这个人的爱。人类拥有道德情感，他就会去做一定的合乎美德的行为吗？也不一定。最后，他需要具备道德意志。个体虽有了道德认知和道德情感，但没有道德意志，也不会做某种道德行为。“个人道德意志就是个人道德愿望转化为实际伦理行为的整个心理过程，就是一个人的伦理行为从思想确定到实际实现的整个心理过程，就是个人伦理行为目的与手段从思想确定到实际实现的整个心理过程，就是个人的伦理行为动

① ［古希腊］亚里士多德：《尼可马各伦理学》，廖申白译注，北京，商务印书馆2003年版，第36~37页。

② ［古希腊］亚里士多德：《尼可马各伦理学》，廖申白译注，北京，商务印书馆2003年版，第42页。

机从确定到执行的整个心理过程。”①

品德可以分为美德和恶德。人的品德境界可以分为美德境界与恶德境界。美德境界就是“一个人长期、恒久地遵守道德总原则‘善’的伦理行为所形成和表现出来的一种善的、道德的人格境界，是道德总原则‘善’已经转化为一个人的人格和个性的品德境界”②；恶德境界就是“一个人长期、恒久地违背道德总原则‘善’的伦理行为所形成和表现出来的一种不道德的人格境界，是不应该如何的道德总原则‘恶’已经转化为自己的人格和个性的品德境界”③。社会个体要想达到美德境界，可以通过接受教育、自我学习并在生活中经常践行“善”来实现。也就是说，美德是可教的。美德之所以可教是因为美德既是一种外在的道德规范、道德知识，又是个体的一种道德需要，美德是值得追求的。个体在习得美德的过程中，一开始他需要美德是因为美德虽然对个人的欲望和自由进行限制或压抑，但是最终这种美德对于社会来说能够防止更大的恶、获得更大的利和善。这个阶段中，美德对个人来说是外在的道德规范，是一种可教的道德知识。然而，随着个人不断地遵守美德获得美好体验，在长久地践行美德原则之后，总有一天，个人会爱上美德自身并成为美德的化身。在这个过程中，美德从手段变成了最终的目的，从他律变成了自律，个人便达到了美德境界。在进行道德教育时，道德他律是教育追求的基本目的，教育的最终目的则是使人成为自律的美德人、幸福的社会人。

（二）志愿者精神的社会学阐释

志愿者精神的社会学阐释主要体现在社会交往理论和角色认同理论上。社会交往理论并不为社会学所独有，它同时也属于哲学的研究内容。社会交往理论是马克思恩格斯在阐述历史唯物主义的过程中建立起来的，他们认为交往起源于人们精神生活与物质生产活动的互动，物质生产活动的对象包括自然和社会，所以交往就体现着人与自然和社会的双重关系。交往产生的背景是生产实践，它产生后又促进了社会分工的进一步细化，同时也突出了人的主体性地位。交往可以细化为物质交往和精神交往，其中精神交往是物质交往的产物。由于人的需求的不断满足和变化，已产生的交往方式会推动新的交往方式的产生。志愿者精神就属于精神交往的新

① 王海明：《伦理学导论》，上海，复旦大学出版社 2009 年版，第 244 页。
② 王海明：《伦理学导论》，上海，复旦大学出版社 2009 年版，第 252 页。
③ 王海明：《伦理学导论》，上海，复旦大学出版社 2009 年版，第 252 页。

形式，这种精神交往同样也是社会物质交往活动的产物。马克思主义的社会交往理论最终的指向是人的解放和世界历史的形成。哈贝马斯的交往理论不同于马克思主义交往理论，他否定社会劳动在交往中的决定性作用，突出强调的是交往系统的中介，强调日常语言作为媒介的公共生活世界的交往，强调与生活世界相对应的“系统”的目的合理性。我们可以理解语言在增进人们之间交往和沟通的重要作用，但也要看到语言产生的基础仍然是马克思所说的物质生产活动，否则语言就会成为交往的乌托邦。除语言之外，人们在生活世界还有其他多种形式的交往中介。志愿服务实践活动就是人们进行社会交往的一种重要的活动媒介。

每个社会成员在社会中都扮演着多重角色，拥有多重身份。个体只有认同了其社会角色和身份，才愿意投入时间和精力去建构角色。角色认同的内容是客观的，是由社会结构、社会环境和个体一起来确定的。也就是说个体最全面的呈现方式和内容是由其不同角色认同之和来构成的。角色认同并不是个体被塑造的过程，虽然说角色似乎是由社会所提供的，但社会也是根据社会成员发展的实际需要来催生这些社会角色的，所以社会角色的形式是客观的，但内容也是具有主观性的。另外，在社会提供的诸多社会角色中，个体可以根据自己的需要去选择某种或多种角色。一旦个体选择了这些角色，就意味着他赞同这些角色的权利和义务，愿意去为或不为。个体对角色认同的过程也是其获得社会认同的过程。角色认同理论中还包括“承诺”的概念，个体在进入某种社会角色时需要经历仪式感的承诺，承诺的仪式表明个体与社会组织建立起连接，这种连接方式强化了社会成员对角色的组织认同。如我国社会成员在加入中国共产党时会有入党宣誓，国家工作人员在就职时会有宪法宣誓，青年志愿者也有专门的誓词。人们对某种角色的认同程度越高，他对于这种角色的投入就相对越多。作为新出现的社会角色，志愿者在社会生活中的影响越来越大。人们对志愿者的角色认同程度存在差异，如专业的志愿者将这种角色看成自己生活中的主要工作，志愿服务是第一位的；兼职志愿者将自己的本职工作和家庭放在首位，需要的时候就去从事志愿服务；一般的志愿者对这种身份的认同度不高，可能无法保证持续的志愿活动。

（三）志愿者精神的政治学阐释

公民是现代国家政治生活中的主体，他们在一个国家政治现代化的过程中起着重要作用。一个和谐、完美的社会的形成，最终要归于社会成员的整体素质，也就是公民的品质。公民参与社会公共事务的过程中所体现出来的公民意识是一种现代意识，这种意识主要体现在主体意识、权利意识、责任意识、参与意识等方面。

“公民”一词的词源：Civilian与Citizen，都是来源于拉丁语Civis（城邦），意思是城市中的公民。从本义上来讲，“公民”与“城邦”是相对应的。关于公民的历史最早开始于古希腊雅典时期。那时的城邦是公民在公共生活领域的共同体。共同体生活是作为个体的人所需要的，“城邦之于希腊人，如同共和国之于罗马人，首要在于提供了一个空间，以抵御个人生活的空虚，并为有死之人保留了相对持久性，如果不是不朽的话。”① 人是需要集体生活的，因为“复数性是一切政治生活特有的条件——不仅是必要条件，而且是充分条件。因此在罗马人的语言中，‘活着’等于说‘在人们中间’，‘死去’等于说‘不在人们之间’……复数性是人类行动的条件，是因为我们所有人在这一点上是共同的。”②

怎样才能成为城邦中合格的公民呢？这不仅要求公民追求智慧和力量，还需要公民具有善德。苏格拉底在《申辩篇》中说道：“高贵的公民啊，你是雅典的公民，这里是最伟大的城邦，最以智慧和力量文明，如果你只关心获取钱财，只斤斤于名声和尊荣，既不关心，也想不到智慧、真理和自己的灵魂，你不感到惭愧吗？”③ 他希望大家像他一样，“关心自己尽可能地臻于完善和智慧，不要只想个人的琐事，要关怀城邦本身。”④ 亚里士多德认为，“所有公民都应该有好公民的品德，只有这样，城邦才能成为最优良的城邦；但我们如果不另加规定，要求这个理想城邦中的好公民也必须个个都是善人，则所有好公民总是不可能而且也无须全都具备善人的品德。”⑤ “一个城邦，一定要参预政事的公民具有善德，才能成为善邦。在我们这个城邦中，全体公民对政治人人有责（所以应该个个都是善人）。”⑥

为什么在公共生活里需要善德呢？在公共生活里，公民需要友爱。因为“对于友爱来说，共同生活是否就是最值得欲求的东西？因为首先，友爱就存在于某种共同体之中。其次，一个人怎样对待自身，就会怎样对朋

① ［美］汉娜·阿伦特：《人的境况》，王寅丽译，上海，上海人民出版社2017年版，第37页。
② ［美］汉娜·阿伦特：《人的境况》，王寅丽译，上海，上海人民出版社2017年版，第2页。
③ ［古希腊］柏拉图：《柏拉图对话集》，王太庆译，北京，商务印书馆2004年版，第41页。
④ ［古希腊］柏拉图：《柏拉图对话集》，王太庆译，北京，商务印书馆2004年版，第49页。
⑤ ［古希腊］亚里士多德：《政治学》，吴寿彭译，北京，商务印书馆1965年版，第124页。
⑥ ［古希腊］亚里士多德：《政治学》，吴寿彭译，北京，商务印书馆1965年版，第391页。

友。自身存在的感觉值得欲求，对于朋友的存在的感觉也就值得欲求。但是，这种感觉只有在共同生活中才能实现。所以，朋友们自然地寻求这种共同生活”①。

现在意义上的公民意识形成于“社会”，“社会就是这样一种模式，在它里面，人们为了生命而非别的什么而相互依赖的事实，获得了公共的重要性，与纯粹生存相联系的活动被允许现身于公共场合。”②在公共领域中是需要公共意识的，公共意识的前提是公民的平等，它追求的是公益而非私利。公共意识确认了公民在集体生活中的共同体精神，这是对市民社会“自私自利”的矫正与超越。在这里，个体生活在共同体中，个体之间互为手段，在相互交换和相互合作中达成价值共识，所以现代社会的公共精神是一种理性表达。公共意识在行为层面体现为公民的公共参与。公共参与是现代社会治理的重要内容，也是民主的重要表现形式。公民通过对公权力的监督、通过公共沟通达成价值共识，公民的政治素质得以提高。当然这种参与过多或不足都会引起相应的后果，如果政治参与超越了社会的承受能力，那就很容易对政治制度产生破坏、削弱政府权威，阻碍经济的正常发展和社会的和谐稳定。所以，公民的政治参与必须是有序的，参与程度也要与政治体制相适应。政治参与是社会主义民主的本质要求和重要内容，也是人民当家作主的重要体现。改革开放 40 多年来，由于经济政治体制的改革，我国公民政治参与意识一直在增强，参与的主体也是多样化的。因为社会主义市场经济体制的建立和完善，催生出多样化的利益主体。中国社会中各阶层之间的根本利益是一致的，但同时也有着各自的利益诉求，这就意味着各阶层、各社会成员参与政治的愿望是强烈的。公民有序参与政治的渠道也日益呈现出多样性，既包括传统的“自上而下”的参与维度，也包括新的“自下而上”参与维度。从党的十七大报告提出将社会组织归入社会自治范围以来，又相继提出要“实现政府治理和社会调节、居民自治的良性互动”③，“建设人人有责、人人尽责、人人享有的社会治理共同体”④等。其中志愿服务就属于公民政治参与的新方式、新渠道，

---

① ［古希腊］亚里士多德：《尼可马各伦理学》，廖申白译注，北京，商务印书馆 2003 年版，第 288 页。

② ［美］汉娜·阿伦特：《人的境况》，王寅丽译，上海，上海人民出版社 2017 年版，第 30 页。

③ 习近平：《决胜全面建成小康社会　夺取新时代中国特色社会主义伟大胜利》，北京，人民出版社 2017 年版，第 49 页。

④ 《中共中央关于党的百年奋斗重大成就和历史经验的决议》，北京，人民出版社 2021 年版，第 50 页。

它是由公民或公民团体发起并实施的。志愿服务涉及公益事业和公共服务，它是扩大我国公民有序参与政治的重要手段。这既体现了公民主动追求、实现其权利的意识，也体现了公民在公共领域中主动承担义务的责任意识。

（四）志愿者精神的心理学阐释

从心理学的角度看，志愿者精神体现的是友爱的情感和人对于自身发展的多样化多层次的需要。

1. 爱与志愿者精神。爱和恨是人类最基本的情感。爱是人对于快乐和利益的心理反应，是人对能够给他带来快乐和利益的人和物的真挚情感。人为什么会爱人呢？亚当・斯密认为慈悲或怜悯是人天性中的一部分本能。达尔文从生物进化论的角度提出人有两种本能——自然本能和社会本能，自然本能是爱己，社会本能包括人生而具有的同情心和恩爱心。同情心是人作为社会人的一个重要情感特征。同情心也即孟子所说的“恻隐之心”，指的是通过对悲伤或快乐的理解而产生的情绪上的共鸣，并想要关心和化解他人负面情绪的取向。同情的效果是立竿见影的，“悲伤和怨恨，却总是让我们难以释怀，令人苦恼和痛心，强烈地需要用同情来平息和安慰”[①]，“不管当事人的心情多么混乱和激动，别人的陪伴总会给他带来一些安宁和镇静”[②]。人为什么能够对他人的痛苦或快乐产生类似的感受？因为“我们能够将自己与当事人进行换位思考，来设想当事人的感受，或者受到相应感受的影响”[③]。

“可以肯定的是，凡属社会性的动物，彼此之间都有一些相爱的感觉，而这在没有社会性的动物是没有的。”[④]人除了具有同情心外，还具有恩爱心。与陌生人相比，人更容易对自己熟悉亲近的人产生同情心。“一个我心爱的人在我身上所激发出来的同情比一个不相干的人所能激发的，在强烈程度上，不知要大出多少倍。”[⑤]弗洛伊德认为人的本能有两种：爱恋本能（爱）与破坏本能（恨）。“爱和快乐，总是能够令人愉快，不需要任何附加的乐趣，就能让我们感到满足和鼓励。”[⑥]“爱的关系才是构成集体心

① ［英］亚当・斯密:《道德情操论》，王秀莉等译，上海，上海三联书店2008年版，第10页。
② ［英］亚当・斯密:《道德情操论》，王秀莉等译，上海，上海三联书店2008年版，第19页。
③ ［英］亚当・斯密:《道德情操论》，王秀莉等译，上海，上海三联书店2008年版，第4页。
④ ［英］达尔文:《人类的由来》，潘光旦译，北京，商务印书馆2013年版，第154页。
⑤ ［英］达尔文:《人类的由来》，潘光旦译，北京，商务印书馆2013年版，第161页。
⑥ ［英］亚当・斯密:《道德情操论》，王秀莉等译，上海，上海三联书店2008年版，第10页。

理本质的东西”[①]，“当人孤身独处时，个人利益几乎成了唯一的动力”，但当人置身于集体中，“能以克己的、无私的和献身于某个理想的形式取得高度的成就”。[②]“这种爱的现象如果愈强烈……自我变得愈来愈谦卑，对象则变得愈来愈高贵，直至最后对象完全掌握了自我的自爱，这样一来出现的一个十分自然的后果就是：自我作出了自我牺牲。”[③]在弗洛伊德看来，人类的爱最终都有自我牺牲的成分。弗洛姆认为爱人的行为实际上就是目的利他的行为和无私利他的行为，“爱的本质是创造和培养，爱情和劳动是不可分割的。人们爱自己劳动的成果，人们为所爱之物而劳动”[④]，“爱首先是给，而不是得”[⑤]。

爱人何以成为可能？因为“对人类存在问题的真正和全面的回答是要在爱中实现人与人之间的统一”[⑥]，“要求实现人与人的结合是人内心最强烈的追求。这是人类最基本的要求，是一股把人类、部落、家庭和社会集合在一起的力量。没有实现这一要求就意味着要疯狂或者毁灭——毁灭自己或毁灭他人。没有爱，人类一天也不可能生存”[⑦]。怎样才能实现人与人之间的和谐、人与人之间的爱呢？这就需要培养人的爱的能力。“爱不是一种消极的冲动情绪，而是积极追求被爱人的发展和幸福，这种追求的基础是人的爱的能力。”[⑧]爱的能力“要求人全力以赴，要求人的清醒状态和生命力的升华，而这种能力只能通过在生活的许多其他方面的创造性的和积极的态度才能获得”[⑨]。要使人的创造性和积极态度持久地产生，就需要把人的全面发展看作社会的最高目标，这样最终人与人之间才会产生真爱、每个人才能得到真正的发展。

2. 需要论与志愿者精神。人本心理学之父马斯洛有两部著作谈到人的需要理论，一本是《人类激励理论》中著名的“需要层次论”，另一本

---

① ［奥］弗洛伊德：《弗洛伊德后期著作选》，林尘等译，上海，上海译文出版社 1986 年版，第 90 页。

② ［德］弗洛伊德：《弗洛伊德后期著作选》，林尘等译，上海，上海译文出版社 1986 年版，第 84 页。

③ ［德］弗洛伊德：《弗洛伊德后期著作选》，林尘等译，上海，上海译文出版社 1986 年版，第 121 页。

④ ［德］弗洛姆：《爱的艺术》，李健鸣译，上海，上海译文出版社 2008 年版，第 25 页。

⑤ ［德］弗洛姆：《爱的艺术》，李健鸣译，上海，上海译文出版社 2008 年版，第 20 页。

⑥ ［德］弗洛姆：《爱的艺术》，李健鸣译，上海，上海译文出版社 2008 年版，第 16 页。

⑦ ［德］弗洛姆：《爱的艺术》，李健鸣译，上海，上海译文出版社 2008 年版，第 16 页。

⑧ ［德］弗洛姆：《爱的艺术》，李健鸣译，上海，上海译文出版社 2008 年版，第 55 页。

⑨ ［德］弗洛姆：《爱的艺术》，李健鸣译，上海，上海译文出版社 2008 年版，第 118 页。

是《动机与人格》将需要层次论内容具体化——生理、安全、爱与归属、尊重以及自我实现 5 个层次。

第一，人的需要可以分为基本需要和认知审美需要。基本需要是有层次性的，它包括生理需要、安全需要、归属和爱的需要、自尊需要和自我实现的需要。人的基本需要是一种人作为类的类本能，这种类本能是由先天遗传决定的。但人的基本需要的满足则是由后天的文化条件和社会环境来决定的。这些基本需要通常表现为一定的日常欲望，这些欲望在不同的文化和社会中被满足的方式可能是不同的。"让我们以自尊心为例。在一个社会里，一个人靠成为好猎手来满足自尊心，而在另外一个社会当中，却要靠当一个伟大的医生、勇猛的武士或者一个十足铁石心肠的人等来满足。"① 其中，生理需要、安全需要、归属需要、自尊需要属于匮乏性需要，而自我实现则属于成长性需要。匮乏性需要的满足更多的是依赖他人和环境，多指避免疾病获得身体健康；成长性需要的满足在很大程度上能够独立于他人和环境，多指健康积极的心理健康状态。生理需要指的诸如饥饿、性欲等生理上的欲求，这种需要在所有需要当中具有绝对优势。"对于一个饥饿已经达到危险程度的人，除了食物，其他任何兴趣都不存在了。"② 任何生理需要同时蕴藏着其他种种需要的作用，"生理需要是相对独立的，但并非彻底独立。"③ 当面包长期充足时，人的欲望会发生变化的。此时，人会产生安全类型的需要，如安稳、免受恐吓、对良好秩序的需要、对公正法律的需要等。如果以上两种需要都得到很好的满足，爱、感情和归属的需要就会产生。归属的需要主要指的是人在社交方面需要的满足，这主要体现为爱情、亲情和友情。"如果这不能得到满足，个人会空前强烈地感到缺乏朋友、心爱的人、配偶或者孩子。这样的一个人会渴望同人们建立一种关系，渴望在他的团体和家庭中有一个位置，他将为达到这个目标而作出努力。"④ 自尊需要是一种对于自尊、自重和得到他人认可、尊重的需要和愿望。这种需要大概可以分为两类："一是对实力、成就、

---

① ［美］马斯洛：《动机与人格》，许金声等译，北京，中国人民大学出版社 2007 年版，第 6 页。

② ［美］马斯洛：《动机与人格》，许金声等译，北京，中国人民大学出版社 2007 年版，第 20 页。

③ ［美］马斯洛：《动机与人格》，许金声等译，北京，中国人民大学出版社 2007 年版，第 19 页。

④ ［美］马斯洛：《动机与人格》，许金声等译，北京，中国人民大学出版社 2007 年版，第 26 页。

优势以及面对世界时的自信、独立和自由等的欲望，二是对名誉或威信的欲望。”[①] 自尊需要得到满足的直接效用就是自信心的增强。当以上几种需要得到满足后，自我更倾向于发挥自己独特的潜力、实现自己的理想，这种需要称为自我实现。自我实现是人类生活的一种理想状态，达到自我实现状态的人们能够更好地发挥自己的潜力，变得更加健康、坚强、有创新性和创造力、高尚而理性。

认知审美需要不属于五层次需要论，它们具有特殊的重要性。认知审美需要无法归属于哪个层次，它们既可以属于自尊的层次，也可以归于自我实现的层次，也可以超越于自我实现。这种需要更多的是属于超越和灵性层次。“第四种心理学是超越个人的、超越人类的，它超越了人性、自我同一性和自我实现等概念，是以宇宙为中心，而不是以人的需要和兴趣为中心。”[②] 超越层次的需要大概相当于庄子所讲的天人合一的状态，是至善至美的一种状态，人类追求的终极目标。

第二，五层次需要之间的关系。人是一种不断需求的动物，除短暂的时间外，极少达到完全满足的状态。一个欲望满足后，另一个迅速出现并取代它的位置，当这个被满足了，又会有一个站到突出的位置上来。[③]

从表面看，五层次需要给人一种层层递进的关系，似乎只有低层次的需要得到满足之后才会有高层次需要的产生。“事实上，对于我们社会中的大多数正常人来说其全部基本需要都部分地得到了满足，同时又都在某种程度上未得到满足。想要更加真实地描述这个层次序列，就应该在这个优势层次序列中逐级减少满足的百分比。例如，也许一般公民大概满足了85% 的生理需要、70% 的安全需要、50% 的爱的需要、40% 的自尊的需要、10% 的自我实现的需要。”[④] 这种动机的出现实际上总是取决于整个机体所可能具有的其他所有动机的满足或非满足状态，即取决于这样或那样的优势欲望已经达到相对满足的状态。[⑤] 在人的需要被满足的过程中，是

---

① ［美］马斯洛:《动机与人格》，许金声等译，北京，中国人民大学出版社 2007 年版，第 28 页。

② ［美］马斯洛:《动机与人格》，许金声等译，北京，中国人民大学出版社 2007 年版，第 8 页

③ ［美］马斯洛:《动机与人格》，许金声等译，北京，中国人民大学出版社 2007 年版，第 8 页。

④ ［美］马斯洛:《动机与人格》，许金声等译，北京，中国人民大学出版社 2007 年版，第 36 页。

⑤ ［美］马斯洛:《动机与人格》，许金声等译，北京，中国人民大学出版社 2007 年版，第 8 页。

有优势需要存在的。可以这样来理解优势需要：虽然同时并存多种基本需要，但在不同时刻，每一种需要对人的行为的支配力和影响因子是不一样的，在所有基本需要中，对人的行为起着最大支配力的需要就是优势需要。当某种需要凸显为优势需要时，这种需要就从潜在可能转化为现实动机，引发人的行为来实现这一动机所涉及的目标。所以，五层次需要之间不是自然的逐级更替的关系，而是优势需要的更替。

二、志愿者精神的概念

概念是对事物本质的内在揭示。弄清一个概念往往要从自身概念、相关概念和相近概念来进行阐释。也就是说，“界定一个概念，一是要从它自身内在规定性去把握，二是从自身与它所处的环境关系中去把握，即从必然性的联系中抓住本质，三是要从历史中去把握，即从历史发展流变中去科学界定。”[①] 按照这种思路，对志愿者精神进行研究，首要的任务是对相关概念进行界定和厘清。对志愿者精神概念及相关概念的比较分析是为了揭示其本质，也是为了解决志愿者精神究竟是什么的问题。

（一）志愿者精神的含义

志愿者精神不仅体现在志愿者身上，而且体现在志愿服务活动中。那么，什么是志愿者？什么是志愿服务活动？是不是志愿者身上所有的精神都属于志愿者精神呢？非志愿者身上有没有志愿者精神呢？

1. 志愿者及志愿服务的含义。从词源上来看，英语里的志愿者 Volunteers 一词来源于拉丁文 Valo 或是 Velle，这个拉丁词源的意思是“希望、决心或渴望”。作为 Velle 的衍生词 Voluntas、Voluntarius 是 Volunteers 的直接词源，二者的意思分别为“意愿”“某人的自由意愿”。从志愿者的英语词源上来看，志愿者的意思就是具有参与某种活动、行动意愿或渴望的人。汉语里面志愿者的“志愿”一词，作为名词意为“志向、意愿”[②]，作为动词意为“出于自愿”[③]，《现代汉语词典》对志愿者的

① 邹秀春等:《吴潜涛教授与思想政治教育专业博士生谈做研究》,《学校党建与思想教育》2008 年第 9 期。

② 夏征农、陈至立主编:《辞海：第六版缩印本》，上海辞书出版社 2010 年版，第 2454 页。

③ 夏征农、陈至立主编:《辞海：第六版缩印本》，上海辞书出版社 2010 年版，第 2454 页。

定义是“自愿为社会公益活动、赛事、会议等服务的人”[①]。从志愿者的中英文词源来看，所谓的志愿者，一是要有参与的意愿，二是这种意愿是自由、自愿的，而不是被迫的。联合国将志愿者界定为：“一种有组织、有目的、有方法，在调整与增进个人对环境的适应，其志趣相接近，不计酬劳的人。”[②]《中国志愿者注册管理办法》中对志愿者所下定义为：“志愿者是指不以物质报酬为目的，利用自己的时间、技能等资源，自愿为社会和他人提供服务和帮助的人。”[③]2017年国务院第175次常务会议通过《志愿服务条例》对志愿者的定义为：“是指以自己的时间、知识、技能、体力等从事志愿服务的自然人。”[④]目前，我们的学术界大都从个人对社会的责任与贡献这一角度对其进行概念界定。如丁元竹认为：“志愿者是指那些具有志愿精神，能够主动承担社会责任而不关心报酬的人，或者说是不为报酬而主动承担社会责任的人。”[⑤]从目前学界关于志愿者的界定来看，志愿者主要有以下4个特征：一是出于对社会责任的担当意识；二是不受任何外力驱使，自觉自愿地从事某项活动或行动；三是超越经济人的利益计算，对于所付出的劳动不计较物质利益上的回报；四是能够为他人或者社会的发展进步提供服务和帮助。因此，在国内外相关研究的基础上，本研究将志愿者界定为：出于对社会责任的担当意识、不为物质报酬、自觉自愿地为他人或社会的发展进步提供服务和帮助的个人或群体。志愿服务是由于志愿者对社会责任的担当，从而不为物质报酬、自觉自愿地为他人或者社会的发展进步提供服务和帮助的行为。

在日常生活中，我们也经常听到“义工”之类的称呼。义工与志愿者有什么不同吗？实质上，义工、志工与志愿者是同一意思，因为翻译习惯的不同，志愿者（Volunteers）在中国香港地区被称为“义工”，在中国台湾地区被称为“志工”，在中国大陆一般称为志愿者。除此之外，经常与志愿者相混淆的还有“社工”。社工（社会工作者的简称）与志愿者是

---

① 中国社会科学院语言研究所词典编辑室编：《现代汉语词典》，北京，商务印书馆2005年版，第1756页。

② 上海青年志愿者协会编：《志愿服务与和谐社会——上海青年志愿者行动研究》，上海，中国福利会出版社2009年版，第16页。

③ http://old.zgzyz.org.cn/volunteer/content.jsp?id=50186&cid=20056，2011年8月20日。

④ 《中华人民共和国国务院令第685号》（志愿服务条例），中国政府网，http://www.gov.cn/gongbao/content/2017/content_5225860.htm。

⑤ 丁元竹、江汛清：《志愿活动研究：类型、评价与管理》，天津，天津人民出版社2001年版，第2页。

两个不同的概念，当然，二者也有相通之处。从来源上来看，社工是从最开始的志愿者当中逐渐分离出来而成为专业化的称谓。从目前的现实来看，社工是作为专业的社会工作者而存在，社工资格的获得需要经过专业的社会工作训练以及社会工作的专业许可，在获取社工资格的学习证明之后，个人还需要在专业社会工作者协会注册以成为正式社工。可见，与社工相比，志愿者是非专业的，一般来讲，志愿者的资格获得要比社工简单得多，现实中的志愿者还需要专业社工的指导。

志愿者是志愿者精神的身份载体，志愿服务是志愿者精神的活动载体。也就是说，志愿者精神体现在志愿者的志愿服务行为之中。在志愿者、志愿服务与志愿者精神这三者中，志愿者作为志愿服务的行为实施者；志愿者精神则通过志愿者的志愿服务行为的实施过程体现出来，是志愿服务在意识层面上的体现；志愿服务则是承载二者的实践形式。

2. 志愿者精神的概念界定。从目前所掌握的外文资料来看，国外关于志愿者精神概念的研究相对较少。国外研究很少对志愿者精神是什么进行界定，他们大都是对志愿活动进行实证调研。即使是进行概念区分，国外研究通常将志愿者精神与公民社会、第三部门相联系，研究重点是非政府组织，而非志愿者精神。从国内研究来看，目前关于志愿者精神的定义大致有以下几种思路。第一种是借鉴联合国志愿者网关于志愿者精神的界定，认为“志愿精神是指一种在自愿的、不计报酬或收入的条件下而参与推动人类发展、促进社会进步和完善社区工作的精神，是公众参与社会生活的一种重要的方式，是个人对生命价值、社会、人类和人生观的一种积极态度。”[①] 第二种是偏向伦理学的解释，将志愿者精神界定为一种社会理念或精神形式，如张洪彬就认为，“志愿精神是指个人不受利益驱动和法律规约，基于坚定的人道主义信念和强烈的社会责任感，立志服务社会公益事业，促进社会进步和推动人类发展的一种精神形式，它是构成个人参与公共生活的重要道德体验，是人类精神的独特组成部分，体现着浓厚的人文关怀。”[②] 第三种是侧重于志愿服务动机的解释，如陶倩认为，“志愿精神是指个人或群体基于对和谐社会、美好生活的追求和向往，主动奉献社会、友爱他人、互帮互促的自觉意识和精神理念。”[③] 第四种是从综合的

① 沈杰主编：《志愿行动：中国社会的探索与践行》，北京，人民出版社2009年版，第22页。

② 张洪彬、张澍军：《生命实践的视界：作为一种德性形式的志愿精神》，《思想教育研究》2011年第3期。

③ 陶倩：《当代中国志愿精神的培养研究》，上海，上海人民出版社2013年版，第28页。

视角出发来界定志愿者精神，如郑朝静认为，“志愿精神是以人为本价值观的体现，是在不计较个人利益得失的条件下，参与推动人类发展、促进社会进步的精神，是公众参与社会生活的一种伦理诉求，是个人对生命价值、社会、人类和人生观的一种积极态度。”[①] 除此之外，还有部分学者将志愿活动与志愿者精神的概念等同或是将志愿者精神的内容与志愿者精神等同，如不少研究将志愿者精神的内容“奉献、友爱、互助、进步”界定为志愿者精神。

从目前关于志愿者精神概念的研究可以看出，不同学者从不同的角度来界定志愿者精神，这给本研究提供了有益借鉴。但同时也有一定的不足。一方面，学术界对志愿者精神的概念界定存在一定程度的混乱，如上面所提到的将志愿者精神内容或者特征等同于志愿者精神本身；另一方面，不管是从政治学、社会学还是从伦理学的角度对志愿者精神所作出的界定都有不完备之处，而且这些概念大都侧重于描述问题，而不是分析问题。以上几种对志愿者精神的界定都有不恰当之处。一是有些概念界定采用的是“志愿者精神是精神”句式，去掉修饰，找出主谓宾，“精神是精神”的句式有同义反复之嫌。二是有些界定没有突出志愿者精神对志愿者个体的价值，仅仅突出其社会价值。三是一些概念界定的学科性不甚鲜明，我们从作者对志愿者精神的界定中不太容易判断其学科属性。虽然综合研究是一种方法，但是从本学科出发对志愿者精神作具体研究也是对作者所在学科的一种使命感和责任感。四是这些概念界定对于志愿者精神的承载者——志愿者精神的主体没有作出明确规定，志愿者精神到底是体现在志愿者身上的还是其他人群身上的呢？本研究认为还是研究志愿者身上的志愿者精神比较易于展开论述。与公民社会相关的概念界定指明了志愿者精神的自愿、无偿，并将其界定在人生态度的层面，但将其活动范围限定在社区工作，使用的描述也未体现出公民的责任意识和担当意识。伦理学视角对志愿者精神的阐释相对比较完整，但偏重于道德体验，忽视作为思想层面上人生观的志愿者精神。综合性的概念界定看起来内容丰富，但也失去了学科特色。可见，这几种概念界定都不能很好解决思想政治教育视域内志愿者精神的概念问题。当然我们也不能求全，毕竟每个学科有每个学科特定的研究领域和研究方法，虽然目前的研究还不完美，但毋庸置疑的是这些成果都可以为本研究提供理论借鉴。那么，到底该怎样来界定志

---

① 郑朝静:《大学生志愿精神培育》，北京，社会科学文献出版社 2013 年版，第 18 页。

愿者精神呢?

概念应该是对事物本质属性的反映，是一事物之所以是其自身的特殊所在。从思想政治教育学的研究视域出发，我们试着将志愿者精神作如下界定：志愿者精神是指体现在志愿者身上的自愿且不求回报地为他人、社会以及人类的发展进步承担责任的意识、积极进取的心理状态以及乐于奉献的价值观念的总和。它是中华民族精神的时代表征和中国特色社会主义文化的重要内容。这个界定的出发点是作为主体的志愿者，是从主体的角度对概念进行界定，也就是说我们所讲的是体现在志愿者身上的志愿者精神，而不是非志愿者身上的志愿精神。这可以将志愿者精神与志愿精神区别开来，志愿者是志愿者精神的身份载体，志愿精神的主体可以是志愿者也可以是非志愿者。其中，志愿者在社会发展过程中的主动担当意识，这与志愿者精神突出的自愿性相契合。积极进取的心理状态突出了志愿者精神是一种将个体与社会相统一的发展观，不仅关注他人、社会与人类的发展，而且注重个体自我的发展，是一种积极进取的人生态度。乐于奉献的价值观念突出的是：人生价值的选择中，志愿者在为他人、社会与人类的发展进步作出贡献的过程中实现个体人生价值最大化。在人生价值选择中，志愿者选择了奉献他人与社会，这种选择更侧重于个人的社会价值，这就意味着志愿者精神是一种正确的人生观，是为人民服务的人生观。由此可见，不管是责任意识、人生态度或是人生价值，本概念主要是在阐释作为人生观、价值观的志愿者精神，而“三观”问题是思想政治教育所要解决的主要问题。

与上面所提到的伦理学、社会学等学科对志愿者精神的概念界定相比，伦理学上的概念侧重于志愿者的德性分析，社会学的界定侧重于志愿者对社会责任的担当，而思想政治教育学对志愿者精神的界定不仅关注以上两点，而且强调志愿者精神中所凝聚着的人生观、价值观以及这种观念对社会和人类的积极价值导向。

（二）志愿者精神与相关概念的辨析

从所掌握的文献资料来看，目前有很多研究都将志愿者精神与志愿精神混用，在论述如何培育志愿者精神时往往将志愿者精神与公民意识、公民社会联系起来，在讲述志愿者精神的起源时大都会谈到慈善思想。志愿者精神与这几个概念有什么样的联系呢？为了进一步厘清志愿者精神的概念，有必要对这几个相关概念进行分析。

1. 志愿者精神与志愿精神。从党和国家主流话语角度看，“志愿精神”是一个使用较为广泛的概念，但也有个别场合使用“志愿服务精神”和“志愿者精神”。如党的十八大以来，习近平总书记在给华中农业大学“本禹志愿服务队”回信、致中国志愿服务联合会第二届会员代表大会的贺信使用的是“志愿精神”，在给“南京青奥会志愿者”回信使用的是“志愿服务精神”，李克强总理在给白求恩志愿者协会的回信使用的是“志愿者精神”。

从目前的文献来看，在概念使用上，大部分研究采用的是“志愿精神”，也有一部分研究采用“志愿者精神”；从行文所谈论的内容来看，目前的研究虽然使用的是两个概念，但所指内容相同，两个概念所指的是同一事物。既然学界习惯于将二者在同样意义上使用，也没有人对两个概念的同一性提出疑问，那么，这两个概念是否是等同的呢？是否有必要对二者进行区分呢？出于学术研究的严谨性，应该对二者进行简单的区分。从内涵上来看，志愿者精神与志愿精神并无实质性的差别，都是体现在人们身上的自愿且不求回报地为他人、社会和人类的发展进步承担责任的意识、积极进取的心理状态以及乐于奉献的价值观念，是一种精神特质。从这个意义上来讲，志愿精神是志愿者精神的简称，这也是目前学界大部分研究习惯使用“志愿精神”的一个原因。二者的区别主要是在外延的范围上。从外延上来看，志愿精神的外延要大于志愿者精神。志愿精神可以体现在很多人身上，如为“7·23”动车事故幸存者小伊伊捐款的路人甲，也就是说很多普通人或人群都可以承载志愿精神，但这些人可能不是志愿者。而志愿者精神特指体现在志愿者身上的志愿精神，相对于志愿精神宏大的人物数量来讲，志愿者精神人物载体是特定的。当然，并不是说不具备志愿者资格的人或人群就不能体现出志愿者精神。从产生的时间范围来看，志愿精神要早于志愿者精神，志愿精神的产生可以追溯到古罗马时代，而志愿者精神是伴随着近现代意义上的志愿者的出现而产生的。之所以对这两个概念作出区分，也是为了科学研究的需要，本课题所研究的对象是有特定人物载体的、近现代意义上的志愿者精神。

2. 志愿者精神与慈善精神。但凡说起志愿者精神的起源，学术界都会提起慈善思想。而在我们日常生活中，不仅可以接触到志愿者，而且在媒体上我们也经常可以看到慈善家的面孔。志愿者精神与慈善精神有什么联系呢？志愿者与慈善家又有着什么样的关系呢？

从词源的角度来看，在西方，“慈善”一词来源于拉丁语的“Caritas”

和希腊语的“Philanthropy”。“Caritas”的本义是“对他人的爱”，或者“对有需求的人或贫困的人性善和慷慨施舍”；“Philanthropy”意为“对人的爱”。这里的“他人”所指的是自己家族以外的人，如果是对自己家人施惠，称不上慈善。由此可以看出，慈善最原始的意思是恩惠，显示着对他人的关怀。随着时间的推移，现在这两个词“约定俗成地分了工：前者为‘基督之爱’，主要是教会施惠给具体个人（济贫、抚孤等）；后者为‘人类之爱’，主要是民间个人捐赠于公共事务（教育、研究设施、公共建筑、体育、水利设施等）”①。我国所使用的“慈善”概念是由日语转译而来，明治年间的日本人留冈幸助将英语中的“Charity”与“Philanthropy”翻译为“慈善”。我国古汉语中并没有“慈善”一词，但有与之相关的概念，如“布施”“慈悲”。古汉语中，单字“慈”意指一个人内心的爱以及对他人的恻隐之心，基本上与我们现在所讲的慈善是一个意思。可见，慈善精神是人们对弱势群体进行救助的行为方式中所凝聚的同情、关爱之心。由此可以看出，从起源上来看，慈善精神要早于志愿者精神，志愿者精神是慈善文化的一部分。相对于历史悠久的慈善精神而言，近现代意义上的志愿者精神是新生事物，志愿者精神中的友爱、互助与慈善精神中的慈爱和人类之爱是一脉相承的。正是日益成为社会性事业的志愿服务所承载的志愿者精神，使得根源于人的自然情感的慈善精神更具有世俗化的生命力。从二者的活动内容来看，志愿者精神在现实中的活动是志愿服务，慈善精神所对应的就是慈善行为，志愿服务所对应的活动内容与慈善行为不同。西塞罗曾经说过：“表达善意的方式有两种，一种是服务，一种是送钱。后者比较容易，特别是对于有钱的人来说更是如此；但是前者则更为高尚、可贵，更适合于坚强而杰出的人。”②在现实活动中，志愿服务和慈善行为在服务方式和服务对象上都不同。在活动方式上，志愿服务更倾向于“服务”，也即通过志愿者自身的知识、技能来帮助他人，而慈善行为多倾向于“送钱”，对他人进行经济上的直接资助，因此也有人将慈善行为称为“第三次分配”（是指通过慈善方式对个人所自愿交纳、捐献的个人收入进行的再次分配）。在活动对象上，志愿服务的范围较为广泛，志愿者不仅服务于弱势群体，也为政府机关、事业团体等提供服务，而慈善行为大都指向社会中的弱势群体。

---

① 秦晖：《政府与企业以外的现代化——中西公益事业史比较研究》，杭州，浙江人民出版社1999年版，第102页。

② ［古罗马］西塞罗：《论责任》，徐奕春译，北京，商务印书馆1998年版，第190页。

3. 志愿者精神与公民意识。在汶川地震后，在北京奥运会、上海世博会、广州亚运会和深圳大运会举办过程当中，中国的志愿者们用真诚的微笑和周到的服务向世界展示自己风采的同时，也感动着世界。因此，很多人称“2008 年”是中国志愿者元年。在热火朝天地谈论志愿者的时候，很多人认为中国志愿者精神是公民意识觉醒的重要表现。回顾这段时期的文献资料可以看到，很多研究在谈到志愿者精神时势必讲起公民意识，甚至有人将志愿者精神看作公民意识的核心。二者究竟有什么样的内在联系，又有着什么样的不同呢？为了更好认识二者之间的关系，需要对二者产生发展的历程进行简单的历史回顾。

志愿者精神与公民意识都有自己的现实载体，与志愿者精神相对应的是志愿组织，与公民意识相对应的是公民社会。我们可以从公民社会和志愿组织的历史回顾中来窥探二者在意识层面的联系。虽然说在 20 世纪 80 年代理论界再次掀起公民社会理论研究的热潮，公民社会成为很多学科的热门话语，但是大家对公民社会的关注有着很长的历史。我们现在所使用的“公民社会”一词是由英语“Civil Society”翻译而来，我国学术界对这一词语有两种翻译，即“市民社会”与“公民社会”。从目前的研究来看，这两种翻译是有差别的，差别的原因在于公民社会是一个历史性的命题，在不同的发展阶段有着不同的内容。“市民社会”译法更适用于“国家—经济”的社会两分法的阶段，这一阶段典型代表人物是黑格尔和马克思，这一译法所强调的是经济生活。“公民社会”的译法更适用于 20 世纪 80 年代所兴起的“国家—经济—公民社会”的社会三分法，这一分法的代表人物是哈贝马斯、阿伦特等，这一译法所强调的是政治权利。近些年来，因为“公民社会”更切合新时代的语境，它的使用更为普遍。公民社会理论大致经历了 3 个阶段：公民社会概念萌芽于古希腊和古罗马时代，源于拉丁文的“Civil”与公民权紧密相关。在这个阶段当中，哲学家们眼中的城邦文明等同于公民社会，城邦作为国家与社会的集结地，也就是说社会与国家是没有明确区分的。公民在这里是“拥有智慧和学识，在人格上自主和理性上成熟的人，他们享有参加政治共同体各种活动的基本权利”[1]。在近代公民社会理论形成阶段,英语语系中的“公民社会”的概念是与“自然状态”相对的，也就是说这里的公民社会强调的是作为政治权威的国家。黑格尔、马克思将英语中的“公民社会”加以改造，赋予

① 沈杰主编:《志愿行动：中国社会的探索与践行》，北京，人民出版社 2009 年版，第 81 页。

公民社会思想以更多经济的含义，也就是“市民社会”。在这里，“公民社会中的每一个人都作为一个依照自己意愿行事的独立的个体，每个个体关心的是自身利益的实现，公民社会的伦理表现为个人的任意性。”① 在当代公民社会理论复兴阶段，经济领域被清除出公民社会领域，这里的公民社会是“国家和家庭之间的一个中介性的社团领域，这一领域由同国家相分离的组织所占据，这些组织在同国家的关系上享有自主权并由社会成员自愿地结合而形成以保护或增进他们的利益或价值。”② 在这个阶段中大致形成了公民社会的结构性要素及核心价值观，其结构性特征包括私人领域、志愿性社团、公共领域（公众聚会场所）、社会运动；核心价值观主要包括“个人主义、多元主义、公开性、开放性、法治原则”③。也正是在这里，作为公民社会理论在现实生活中体现的第三部门逐渐进入理论家的视线。第三部门是独立于国家和市场之外的、不具备管理公共事务的实际能力并且不以追求物质利益为目标的部门，慈善精神与终极价值关怀是它所要追求的精神目标。第三部门有时又被称为非营利组织、非政府组织和志愿组织等。在这几个概念当中，第三部门是个大概念，可以包括其他三者，非营利组织与志愿组织基本是一致的，非政府组织的范围要大于志愿组织。

从公民社会理论的产生和发展可以看出，志愿者精神与公民意识有着密切联系。公民意识是社会成员基于对其社会身份的自觉认同，在处理国家、社会、个人三者关系当中所体现出对自己权利的保护、对国家和他人的责任感的积极认识，它所反映的是社会权利对国家权威的制约、监督与补充。从发展历程上来看，志愿者精神迟于公民意识，志愿者精神更具有时代性，也正是因为此，志愿者精神与公民意识有很多相通的地方。志愿者精神中的责任意识、公德意识、民主意识与公民意识的内容是相通的。直接将二者沟通的就是责任意识，公德意识、民主意识其实都内在地包含在责任意识当中，这种责任意识彰显了公民公共理性的增长。“志愿服务体现着公民的社会责任意识，是人们自觉为他人和社会服务、共同建设美好生活的实践。”④ 不论是志愿者精神还是公民意识都强调个人对于“他者”（包括国家、社会、他人）的责任与义务，因为人具有社会性，社会性将

① 沈杰主编:《志愿行动：中国社会的探索与践行》，北京，人民出版社 2009 年版，第 85 页。
② 何增科主编:《公民社会与第三部门》，北京，社会科学文献出版社 2000 年版，第 64 页。
③ 何增科主编:《公民社会与第三部门》，北京，社会科学文献出版社 2000 年版，第 5 页。
④ 本书编写组编著:《社区志愿者手册》，北京，中国社会出版社 2010 年版，第 199 页。

社会中的个体成员紧密地联系在一起，同生死、共荣辱。除开社会性因素之外，更多的是社会成员所具有的高尚的精神追求在激励着其作为社会人对世界更加美好的目标的责任与担当。二者相通之处还在于对高尚人格境界的诉求上。高尚的人格境界是弘扬与培育志愿者精神或公民意识的重要目标。二者所体现的是作为社会人应该达到的人格境界，能够体现这种应然人格境界的就是热爱自己的国家、积极参与社会公共事务、对他者高度关心和负责、对权利与义务的正确对待以及乐观积极的品质。当然，志愿者精神与公民意识也有不同之处，二者的区别就在于：公民意识强调的是权利与义务的并行，志愿者精神更多的是强调责任与义务。从公民社会的发展过程来看，公民社会从一开始就强调公民的权利，这在其拉丁文的词源上就可以看出。在公民意识里，权利与义务是对等的，甚至在很多时候更强调公民权利的保障。志愿者精神则不同，志愿者精神不是不主张个人权利的保障，它更注重对他者的责任与义务。

4. 志愿者精神与雷锋精神。1963 年 3 月 5 日，全国各报刊同时刊登了毛泽东“向雷锋同志学习”的题词。每年的 3 月 5 日成为全社会学雷锋活动日，整个 3 月成为学雷锋活动月。2000 年 3 月，共青团中央将每年的 3 月 5 日正式定为“中国青年志愿者日”。从日期上看，学雷锋活动日与志愿者日是同一天。那么，志愿服务中的志愿者精神与学雷锋活动中的雷锋精神是一样的吗？有什么区别吗？

既然两种主题活动的日期设置在同一天，这就说明在中国雷锋精神与志愿者精神存在一致性。雷锋精神是中华民族精神在 20 世纪 60 年代的时代化表现。1963 年 3 月 6 日，《解放军报》刊登的周恩来的题词完整地体现了雷锋精神的内容。题词内容为“向雷锋同志学习憎爱分明的阶级立场、言行一致的革命精神、公而忘私的共产主义风格、奋不顾身的无产阶级斗志”①。结合雷锋同志的生平和日记，从周恩来对学雷锋活动的题词以及《学习雷锋好榜样》的歌词，我们可以看出雷锋精神的内涵主要有以下几个方面。

一是鲜明的政治观。个体政治观的形成跟自身成长经历、成长环境有关，同时也跟个体主动学习提升有关。《雷锋日记》收录的 144 篇日记中，有 69 篇内容涉及对党的深厚感情和坚定信念。雷锋精神中鲜明的政治观主要体现在爱憎分明的阶级立场上。无产阶级的阶级立场主要表现为

---

① 《周恩来选集》（下卷），北京，人民出版社 1984 年版，第 417 页。

对党和革命的无限忠诚，对国家、对社会主义、对人民的热爱。幼年丧母的雷锋将共产党看成自己的母亲，雷锋在入党当天的日记中写道：“伟大的党啊，您是我慈祥的母亲，我所有的一切都是属于您的，我要永远听您的话，在您的身下尽忠效力，永做您忠实的儿子。”[①] 雷锋在日记中用“献身于为人民服务，为自己的祖国效忠，为崇高的共产主义理想立功”[②] 来鞭策自己；用“将春天般的温暖送给同志、把严冬般的残酷无情给予敌人”的标准来要求自己，这里的“同志”就是志同道合的革命战友，“敌人”所指的是阶级敌人、反动分子。雷锋对国家、对共产党的热爱源于朴素的报恩思想。他出身贫农，父亲被国民党和日寇毒打致死，母亲被地主凌辱后自杀，不满 7 岁成为孤儿。新中国成立后，9 岁的雷锋受到党和政府的关怀，进入学校读书。从此，雷锋的人生开启了新篇章，他对给他带来新生和幸福的党和国家产生了深厚的感情。这种朴素情感产生的报恩思想，使得刚入部队的雷锋下定决心要听党的话、跟党走。以这种感性认识为基础，雷锋在日后的工作和学习中，主动积极地提升政治素养，树立为共产主义事业奋斗的理想信念。雷锋特别重视政治理论学习和党性修养。他刻苦学习毛泽东著作和刘少奇的《论共产党员的修养》。在 1961 年 11 月 26 日的日记里，雷锋写道：我学习了《毛泽东选集》一、二、三、四卷以后，懂得了怎样做人，为谁而活。[③] 通过主动学习，雷锋的党性进一步增强。这表现在经常主动积极向党组织汇报工作和思想动向、按月交纳党费、坚持党日活动。雷锋精神中蕴涵的政治观体现了他对共产主义信仰的纯洁性，表现为对新生的社会主义中国、对社会主义制度、对人民之爱的统一。

二是正确的人生观。人生观是人们对于“人活着是为了什么、应该以什么样的态度对待人生、什么样的人生最有价值”等问题的基本看法和基本观点。雷锋精神中蕴含着积极向上的人生态度和正确的人生目的。

首先，积极向上的人生态度主要体现在雷锋的苦乐观中。雷锋在翻身作主人之后，一直秉持勤俭节约、艰苦奋斗的作风。他在工作中对自己要求极高，要求自己作一根又红又专的螺丝钉，但是在生活条件上对自己要求十分严格。在工作上，雷锋要求自己对待工作像夏天一样地火热，不怕苦不怕累不怕吃亏。在生活中，雷锋不仅艰苦朴素，而且能够割爱见

① 雷锋:《雷锋全集》，北京，人民武警出版社、华文出版社 2003 年版，第 19 页。
② 雷锋:《雷锋全集》，北京，人民武警出版社、华文出版社 2003 年版，第 66 页。
③ 雷锋:《雷锋全集》，北京，人民武警出版社、华文出版社 2003 年版，第 58 页。

遗。雷锋入伍后很快就获得了“节约标兵”的光荣称号，他曾在日记中写道，“为了和人民群众同甘共苦，减轻人民的负担，共同克服目前的困难，我只领了一套单军服，一双新胶鞋……以前用过的东西，我都修补好了，继续使用”[①]，并且认为有补丁的黄军装是最美的。在物质匮乏的日子里，雷锋曾经将中秋节司务长发的4块月饼送给在医院休养的伤病员，曾经将连队发的一斤苹果送给患病的同志。作为吃惯米饭的湖南人，雷锋到了鞍钢后能够迅速适应吃粗杂粮的生活，他用自己的生活费给同伴买米饭，自己吃着并不习惯的窝窝头。但雷锋以苦为乐，他在日记中写道：“有人说：人生在世，吃好、穿好、玩好是最幸福的。我觉得人生在世，只有勤劳，发愤图强，用自己的双手创造财富，为人类的解放事业——共产主义贡献自己的一切，这才是最幸福的。”[②]这种苦乐观，面对艰苦环境仍然能够保持工作和生活的激情与热情，体现出雷锋精神中积极向上的人生态度。

其次，正确的人生目的主要体现在雷锋为人民服务思想中。为人民服务是雷锋践行一生的行为准则，1958年他在日记中写道：“一个革命者，当他一进入革命行列的时候，就首先要确立坚定不移的革命人生观。树立这样的人生观，就必须培养自己的思想道德品质，处处为党的利益，为人民的利益着想，具有大公无私、舍己为人的风格。要能够为党的利益、为集体的利益不惜牺牲自己的利益。”[③]他说：“我觉得，我们吃饭是为了活着，可活着不是为了吃饭。我活着是为了全心全意为人民服务，是为人类的解放事业——共产主义而斗争。”[④]雷锋的为人民服务的思想一方面体现在处理个人与集体的关系上，另一方面体现在如何处理个人与他人的关系上。在个人与集体的关系上，雷锋认为即使是作为一颗螺丝钉，也要永远坚守在自己的岗位上。响应祖国号召，服从党组织的指挥。在1962年6月28日的日记中，他写道：“我认为个人和集体的关系，正像细胞和人的整个身体的关系一样。当人的身体受到损害的时候，身上的细胞就不可避免也要受到损害。同样的，我们每个人的幸福也依赖于祖国的繁荣，如果损害了祖国的利益，我们每个人就得不到幸福。”[⑤]在雷锋心中，集体利益优先于个人利益。在个人与他人关系上，雷锋舍己为人，热心帮助他人。

---

① 雷锋：《雷锋全集》，北京，人民武警出版社、华文出版社2003年版，第74页。

② 王瑞主编：《学雷锋精神　树时代新风》，北京，中国青年出版社2002年版，第62页。

③ 雷锋：《雷锋全集》，北京，人民武警出版社、华文出版社2003年版，第11页。

④ 王瑞主编：《学雷锋精神　树时代新风》，北京，中国青年出版社2002年版，第55页。

⑤ 王瑞主编：《学雷锋精神　树时代新风》，北京，中国青年出版社2002年版，第115页。

在日常生活中，雷锋甘当人民的勤务员，如放弃看电影的休闲时间帮生产队翻地、在旅途中做列车上的旅客安全代表、放弃休息时间帮炊事班洗菜做饭、利用业余时间扫厕所、掏大粪等，“把有限的生命，投入到无限的为人民服务之中去。”①1958年，望城县开办团山湖农场，雷锋把准备买被子的20元捐给农场；1960年，他把自己平时积攒起来的100元钱送给和平人民公社。雷锋精神中蕴涵的为人民服务思想，回答了雷锋一生是为了谁而活——为了祖国和人民。雷锋是一个把祖国和人民利益装在心里并一直在实践中履行这一宗旨的人，他在实践中告诉我们什么是高尚的人，告诉我们人之所以活得高尚是因为他有着正确的人生目的。在确立人生目的时，雷锋看重的是集体利益、社会利益、他人利益。雷锋精神中蕴涵的积极乐观的人生态度和为人民服务的人生目的，说明雷锋精神是一种科学的人生观。

通过对雷锋精神内涵的分析可以看出，雷锋精神主要包括鲜明的政治观和正确的人生观。鲜明的政治观是雷锋精神特有的内容，正确的人生观是雷锋精神和志愿者精神的共同内容。鲜明的政治性是20世纪60年代赋予雷锋精神的时代特征，为人民服务的崇高追求增加了雷锋精神的纯洁性，勇于牺牲奉献的英雄主义突出其浪漫和悲壮。随着时代的发展，雷锋精神的人生观方面的内容更加突出，90年代产生的志愿者精神正是继承了雷锋精神的精髓。从人生观的角度来看，可以说雷锋精神是本土化的志愿者精神，志愿者精神是当代意义上的雷锋精神。

（三）志愿者精神的本质与特点

以上内容对志愿者精神的含义进行了介绍和分析，清楚什么是志愿者精神之后，还需要对其本质与特点等进行阐释，以加深对其内涵的扩充性理解。那么，志愿者精神的本质属性及其特点又是什么呢？

1.志愿者精神的本质。要深刻认识志愿者精神，就必须揭示和把握志愿者精神的本质。本质，与“现象”相对应，指的是决定一事物是什么的最一般的东西，是事物本身所具有的普遍且相对稳定的内部联系。本质对事物具有决定性作用。在本质上，志愿者精神反映的是一种正确的积极向上的人生观、价值观。

人生观是指“人们关于人生目的、人生态度、人生价值等问题的总观

① 雷锋:《雷锋全集》，北京，人民武警出版社、华文出版社2003年版，第53页。

点和总看法”[①]。在人生观当中，人为什么活着（人生目的）、人怎样活着（人生态度）以及什么样的人生有意义（人生价值）是核心内容。

从人生目的来看，志愿者精神所反映的是为国家、社会和他人的利益服务的人生观，决定人生观性质的是所提供服务的主观动机和客观效果的统一。主观为自己、客观效果为他人的观念是利己主义的人生观，这种人生观实质上还是个人主义。因为主观为自己、客观为他人的人生观经不起利益冲突的考验。比如，当个人利益与他人和国家利益发生矛盾时，这种人生观依然决绝地选择个人利益，不惜损害他人和国家利益，从而落入极端个人主义的窠臼。志愿者精神倡导的是服务他人、奉献他人的人生观、价值观，这种人生观、价值观以国家和人民利益为重，但是并不否认个人利益。换句话说，志愿者精神主张的是这样的价值观：肯定个人利益的追求，但追求个人利益不能损害他人和社会利益，这个层次是底限；但是，一旦遇到个人利益和集体利益不能两全的情况，主张舍弃个人利益、保全集体利益。所以，从追求的最终目的来看，志愿者精神是集体主义的人生观。

从人生态度来看，志愿者精神所反映的是一种认真、务实、乐观、进取的人生观。志愿者精神提倡个体关注社会各方面问题，并引导我们为解决这些问题尽自己的绵薄之力。志愿者精神当中所蕴含的对社会现实问题的关注、尽自己所能来服务社会的内容反映了志愿者的认真与务实，自愿不求回报并主动承担社会责任的内容体现的是人生观当中的乐观与进取。认真、务实、乐观、进取是正确的人生态度所提倡的。

从人生价值来看，志愿者精神反映的是自我价值与社会价值的统一。人生价值是人们的活动对于社会个人的作用与意义的总和，反映了人们如何从价值的角度来对待人生问题。人生价值由自我价值和社会价值组成。人生价值的实现需要自我价值的基本保障，如人只有满足了自我生存、安全等需要之后才更有动力去满足其他更高层次的自我需要。但人生价值的大小则要由社会价值来评价，一个人人生价值大小取决于这个人为社会作出的贡献的多少。志愿者精神倡导个人为社会、他人的发展作出贡献，从这个角度上来说，志愿者精神还是一种价值观。人生价值将志愿者精神在人生观和价值观上相通。如前所述，志愿服务不仅能够为国家、社会、他人提供帮助，而且有利于志愿者个体的发展。志愿者精神不仅关注社会

① 本书编写组编：《思想道德与法治》，北京，高等教育出版社 2021 年版，第 12 页。

整体利益的谋取，而且将目光投向志愿者个体利益的获得、个体发展的谋求，志愿者精神反映的是人生的自我价值与社会价值的统一，反映的是奉献社会与完善自身的统一。从这点来讲，志愿者精神既是一种人生观又是一种为人民服务的价值观。

概言之，志愿者精神在本质上是一种正确的人生观和价值观。这种本质界定不仅标明了它自身存在的依据，而且将它与其他学科视野中的志愿者精神区别开来。志愿者精神是多个学科共同关注的内容，能够将思想政治教育视域中的志愿者精神区别于社会学、伦理学、政治学上的志愿者精神的就是其本质。社会学上的志愿者精神研究侧重于通过志愿服务行为的研究来探索社会的结构、功能以及发生发展的规律，伦理学上的志愿者精神侧重于对其所蕴含的道德内容进行研究，政治学上的志愿者精神侧重于志愿服务所反映的政治行为与政治文化，而思想政治教育视域下志愿者精神则是侧重于它在人生观、价值观上的内容。

2. 志愿者精神的特点。第一，突出的实践性。实践性是志愿者精神的突出特点。志愿者精神属于意识层面，也就是说志愿者精神是人脑对客观物质世界的反映，能够将人的意识与客观物质世界联系、连接起来的就是实践。“实践既是意识产生的决定环节，又是意识得以形成和意识反作用于物质的唯一途径。”①

志愿者精神的实践性，不仅表现在志愿者精神这一意识形式只有在志愿服务实践当中才能产生，而且表现在志愿服务实践活动本身就是一种精神活动，是一种主观见之于客观的活动。一方面，志愿者精神产生于志愿活动之中，同时志愿者精神又反作用于志愿活动。志愿者精神的产生以及它对志愿活动的反作用都是通过实践来完成的。如果没有志愿服务实践作为土壤，志愿者精神便成为无源之水、无本之木。志愿服务是人们改造客观世界的物质活动，志愿者不仅通过自己的服务为社会添砖加瓦，而且在改造客观世界的同时改造主观世界，提升自己的精神境界。志愿者精神所强调的自愿自觉正是实践活动的基本特点之一，志愿者精神的自愿自觉表明的是志愿服务是人的有意识、有目的的活动；志愿服务是在一定目的、目标的指导下，在人们具有自我调控、自觉调节的前提下对自在世界、社会以及人自身进行自觉改造的实践过程，正是在这个过程中志愿者精神得以产生。另一方面，人们对志愿者精神进行感知和践行所形成的理性认识

① 王之波主编:《马克思主义哲学原理》，长春，吉林人民出版社 2006 年版，第 62 页。

指导着志愿服务实践，这种指导也是在实践中才能得到实现。在对志愿者精神的不断认识、不断实践的过程当中，在其历史性当中志愿者精神也得以发展，也就是说随着志愿服务实践的不断进行，志愿者精神在激励志愿服务进行的同时其自身也在不断地丰富发展。志愿者精神的实践性也体现在志愿者精神的可教性、可培育性方面，反过来也可以说正是因为志愿者精神可教或可培育才更证实了其实践性的特点。

第二，鲜明的个体性。本研究对志愿者精神的界定更侧重于质的规定性，在现实的实践活动中，志愿者精神在具有质的规定性的同时又具有个体性。志愿者精神之所以具有个体性，一方面是因为从事志愿服务的志愿者不同，另一方面由于志愿服务内容的不同。志愿者的个体性使志愿者精神呈现出个体性。从事志愿服务的个人或组织以自己的行动来表现对社会和他人的责任意识、关爱之情，由于每个个人或组织都有自己的特点，所以在志愿服务中他们所体现出的志愿者精神也会有不同的侧重点。比如，汶川地震中的志愿者精神更侧重于“一方有难、八方支援”的无私奉献精神，环保志愿者精神更侧重于互助、团结（因为这些组织的志愿者的服务都是为了大家共同生活的绿色世界，志愿者提供的服务既是为了大家，同时也达到自己想要的目标），“邻里守望”项目中的志愿者精神更侧重于关爱。同时，由于志愿服务类型呈现出多样性，志愿者精神呈现出个体性。以为妇女提供心理咨询服务为主要活动内容的红枫志愿者中心所倡导的志愿者精神内容包括爱人、爱社会、爱生命，侧重于用生命来影响生命；以为志愿者和志愿服务对象提供心灵关怀和爱心传递的美新路基金会所倡导的志愿者精神侧重于感恩和回馈；以为中西部贫困地区中小学提供支教服务为主要活动内容的中国青年志愿者研究生支教团所倡导的志愿者精神侧重于奉献和锻炼；以为他国群众提供服务、传播中华文明为主要活动内容的中国青年志愿者海外计划所倡导的志愿者精神更侧重于友谊和沟通；以为第二十九届奥林匹克运动会提供接待、翻译、安全保卫、医疗卫生等服务的奥运志愿者精神更侧重于参与和奉献。

第三，广泛的传播性。志愿者精神不论是作为相对独立的精神现象还是附着在志愿服务实践上的意识表征，一经形成便具有广泛的传播性。志愿者精神的传播是通过信息交流来实现的，承载着信息和符号的媒介为志愿者精神的传播提供中介保障。从传统的口口相传、文字记录到电子与网络传媒的风靡，传播媒介发生了极大的变化，这也为志愿者精神的传播创造了便利的物质条件。广播、电视、电脑加速了志愿者精神的传播速度和广度，互联网对志愿者精神的传播更是增强了人们参与志愿服务的主动性。目前很多地方都设有志愿服务的官方网站，如联合国的志愿人员组织网、美国的国家与社区服务机构网、澳大利亚国际志愿者组织网、香港的义务工作发展局网、中国志愿者网等。通过这些网站，人们可以了解到很多关于志愿服务的信息，可以自主在网上注册成为志愿者、选择自己想要参与的服务类型等。另外，随着智能手机的普及和自媒体的迅猛发展，很多志愿者服务机构也建立官方微博和公众号，如中国青年志愿者协会既有自己的官方微博也有公众号。自媒体的运用，使得志愿者精神的传播如虎添翼。大众传媒和新媒体为志愿者精神的传播带来了突出的贡献，这种贡献在量的规定性上表现为志愿者数量的增长、从事志愿服务频率的提高和时间的增加以及大众对志愿者认识度的提升，在质的规定性上表现为志愿者精神的深入人心，也就是感染力、影响力的增强。正是因为有越来越多的人了解志愿者精神，被志愿者精神内在的崇高感染，所以才会有更多的人参与志愿者的队伍。美国在 2009 年比上一年增加了 160 万的志愿者。我国在 2001 年“共有 7.69 亿年满 18 岁以上的居民以正式或非正式的方式参加过志愿服务，志愿服务参与率为 85.2%”[①]。2016 年年底，“在全国志愿服务信息系统实名注册的志愿者人数超过 2825 万，志愿服务组织在册登记超过 24 万个。根据规划，‘十三五’时期，注册志愿者人数占居民人口比例将提高到 13%。”[②] 据 2021 年 12 月召开的全国民政工作视频会议透露，目前我国注册志愿者超过 2 亿人，累计志愿服务实践超过 37 亿小时。

三、志愿者精神的基本内容

在对志愿者精神进行界定的过程中，已经对其内容有一定程度的涉及。对志愿者精神进行内容上的规定，是我们完整理解志愿者精神的必要环节。志愿者精神的基本内容就是其内在构成要素的总和，它的基本内容主要包括以下几个方面。

---

① 丁元竹主编：《建设健康和谐社会》，北京，中国经济出版社 2005 年版，第 327 页。

② http://politics.people.com.cn/n1/2016/1217/c1001-28956501.html，2017 年 3 月 10 日。

（一）自愿自觉

自愿自觉是志愿者精神的基础和内在前提，缺少自愿与自觉，志愿者精神便无从谈起。自愿，是指不受任何外在因素的强迫而自己愿意去做某件事情；自觉，是指“自己认识到应该如此而心甘情愿（去做）”[①]。“自愿”所强调的是个体基于自己意志的自由选择，从事志愿服务是“我”的理性选择；“自觉”与“自发”相对应，所指的是个体有意识地认识世界的意识行为，能够“正确认识客观规律，并按照客观规律办事的活动”[②]，它所强调的是个体认识世界、改造世界的主观能动性。

志愿者精神所蕴含的自愿自觉是指个体在对志愿服务的客观认识的基础上作出参与志愿服务的自由选择，这种选择因为自觉而更加理性。正是因为人们对志愿服务的“自觉”，才会有越来越多的人成为志愿者并践行志愿者精神；在“自愿自觉”基础上从事志愿服务，才使得志愿服务的长效性、系统性成为可能。换句话说，人们对自己将要进行的活动具有明确的认识，基于明确目标的价值追求的动力就越足。志愿者精神是一种高尚的人文精神，人类具有向往高尚的精神需求，特别是在物质需求得到一定程度的满足后，人类对高层次的精神需求就会更强。从志愿者精神的产生过程来看，它产生于市场经济得到一定发展之后，因为社会面临很多市场和政府都无法兼顾、无法解决的问题，人们开始正视并着手解决这些问题。最初的志愿者精神更多的是对社会危机的一种自发反映。随着人们对志愿服务实践的不断拓展，志愿者精神由最开始的感性意识逐渐上升到自觉的理性意识。

在现实的活动中，往往也是这样的情况，个体根据自己的意志感性地选择从事志愿服务，在具体的活动中加深对志愿者精神的认识，意识状态也由自发自愿上升到自觉自愿，最终由自觉意识来指导志愿活动。志愿者精神的应然状态是自觉自愿，但并不是说现存的志愿服务活动都是自觉自愿的。由自在上升到自觉的途径有两种：一种是上面所提到的个体经过志愿服务实践活动的锤炼，自然过渡到自觉自愿的状态；一种是经过外在的教育因素来引导个体由自发意识上升到自觉意识。正是因为个体的意识可以由感性自发上升到理性自觉，我们的思想政治教育在志愿者精神弘扬与

---

① 中国社会科学院语言研究所词典编辑室编：《现代汉语词典》，北京，商务印书馆2005年版，第1807页。

② 金炳华主编：《马克思主义哲学大辞典》，上海，上海辞书出版社2003年版，第334页。

培育的实践中才大有可为。但是，需要指出的是，这种依靠外在教育因素来引导志愿者精神的活动，并不违背志愿者精神中的“自愿”前提，因为不论是个体在实践中意识的自然转变，还是在思想政治教育的外在因素影响下作出意识上的自觉转变，即由“我在做”到“我知道我在做”或是由“要我做”到“我要做”的转变过程，这两种转变最终都需要经过个体的“我”对外在信息的自由选择并内化的过程，这正与志愿者精神自愿自觉这一前提相契合。

（二）不为物质报酬

不为物质报酬是志愿者精神所蕴涵的高尚动机的体现。动机产生在需要的基础之上，并且体现着需要。个体参与志愿服务，不是为了满足他对于物质利益的需要，而是有着更高层次的需要。这里需要对“不为物质报酬”和“无偿”进行区分。在目前的学术研究当中，有些研究用“不为物质报酬”来描述志愿者精神，有些研究用“无偿”来叙述。“不为物质报酬”的说法更为人性化，也更符合志愿者精神的实际，这种说法强调的是从事志愿服务的人或组织的目的不为物质报酬，不去考虑物质报酬，在很大程度上有着其他的精神层次的动机。有研究表明，从事志愿服务的动机主要有个人价值观、满足个人兴趣、回馈社会、实现自我发展、扩展社会关系等，当然这些需要是人们在志愿者服务中所得到的自然回馈，不用刻意追求。而且志愿者们也应该得到适当的物质保障，部分志愿服务还可以得到相应的经济报酬，这也是确保志愿服务顺利进行的最低物质保障，但这些都不是他们从事志愿服务的原因。“无偿”所指的是没有任何物质报酬，这与“不为物质报酬”但是可以有适当的物质保障不同，对志愿者精神作“无偿”的限定，在精神层次上过于苛刻，在现实中的可操作性也不强。

“不为物质报酬”这一内涵与志愿者精神产生的背景密切相关。志愿者精神的产生与市场经济有着紧密关联，市场经济强调利益、竞争，注重适者生存，必然出现市场不愿意去关注和走进的地带和人群，这些为市场经济的利益原则、竞争原则疏漏的地带和人群正是志愿者精神所需要进入的阵地和关注的对象。与市场经济的物质利益最大化相对应，志愿者精神抛开了经济人的利益计算，不以获取经济利益为目的，基于对社会责任的承担而转向对社会弱势群体的关怀。在这个过程中，志愿者们会有物质、精神上的付出，同时也会有更多精神上的收获，如对参与需要、表达需要与发展需要的满足。这些“偶然性”收获并不违背志愿者精神“不为物质报酬”的初衷，因为志愿服务是一种互动性的实践，你给予了社会，社会也会慷慨地回馈于你。“不为物质报酬”，与习近平总书记在2017年五四青年节提倡青年学生要立志做大事、不要立志做大官的说法是一致的。“大事”“小事”做得多了，你为社会贡献得多，社会回馈给个人的必定也不少。

（三）注重服务

美国最年轻的总统肯尼迪的就职演说中有一句话被美国人奉为至理名言，“不要问你们的国家能为你们做些什么，而要问你们能为国家做些什么。”① 这句话的意思就是作为个体的公民要为国家服务，“人不应该把他自己看作某一离群索居、孤立的人，而应该把自己看作世界中的一个公民，看作自然界巨大的国民总体的一个成员。他应当时刻为了这个大团体的利益而心甘情愿地牺牲自己微小的利益。”② 服务是指为社会或他人的利益而工作，或者是为了某项事业而工作。在志愿者精神的内容当中，服务是作为宗旨和核心而存在的。无论是在西方还是在我国，服务都是志愿者精神一以贯之的思想。在美国，服务是政府支持下的联邦志愿服务计划的核心和灵魂，这里的服务所指的就是为国家、社会、社区和他人的利益而做事。联邦志愿服务计划比如老年志愿服务计划、学习和服务美国计划等的核心理念就是服务。在我国的香港，其义务工作发展局的核心工作也包括转介服务。我们的“大学生志愿服务西部计划”的宗旨就是“服务社会，帮助他人”，成人预备期志愿服务的主题口号是“帮助他人、完善自己、服务社会、弘扬新风”③，北京2008年奥运会更是注重服务意识，将“服务意识、服务精神、服务能力作为志愿者培训的主要内容，把服务效果作为检验志愿者工作的重要标准”④。国际奥委会主席托马斯·巴赫致信北京2022年冬奥会和冬残奥会志愿者，肯定他们为赛事的成功举办所作出的伟大贡献。

① 美国驻华大使馆新闻文化处编：《美国历史文献选集》（英汉对照版），北京，美国驻华大使馆新闻文化处1985年版，第171页。

② ［英］亚当·斯密：《道德情操论》，蒋自强等译，北京，商务印书馆1997年版，第169页。

③ 董文华编：《青春奉献：共青团中央发起中国青年志愿者行动》，长春：吉林出版集团有限责任公司2010年版，第25页。

④ 北京奥运会志愿者工作协调小组办公室编：《志愿北京：2005志愿服务与人文奥运国际论坛成果集》，北京，人民出版社2005年版，第19页。

作为志愿者精神核心内容的服务，个体的这种服务精神来源于其对国家、社会和他人的社会责任感，也就是担当意识。个体之所以具有担当意识、责任意识，一方面是因为物质决定意识，人是一种社会性的存在，“人不是抽象的蛰居于世界之外的存在物。人就是人的世界，就是国家，社会”①，长期的社会性生存环境使人产生“一种对社会的热爱，希望人类为了自身的缘故而保持团结，即使他自己没有从中得到好处。对他来说，有秩序的、兴旺发达的社会状况是令人愉快的”②，简而言之，个体的责任意识是人的本质属性的必然结果。另一方面，担当意识也与个体的内在素质有关，个体对自身发展的需求包含着对他者责任的担当，也就是说担当意识是个体高素质的内容表现。个体作为一个公正的旁观者，“不应当用一种自私激情易于将自己置身其中的眼光，而应当用这个世界上任何其他公民都会用来看待我们的那种眼光，来看待自己”③，旁观者心理指引我们在面对他者的困难时伸出援助之手，承担作为文明社会的个人所应承担的义务。从这个角度上来说，志愿者精神是体现在基于社会责任规范的亲社会行为之中。随着各方面的发展，人们的责任意识也会越来越强。个体身上的担当意识能够指引着他们为国家、社会和他人提供服务，同时志愿服务实践也会反过来强化个人的担当意识。这里需要指出的是，服务虽然是中西志愿者精神的核心内容，但我们所讲的志愿者精神更侧重于奉献式的服务，而西方志愿者精神则仅限于一般标准的服务。

（四）友爱互助

友爱互助是志愿者精神的主题，它所体现的是和谐的人际关系。友爱互助是人类在长期的生产实践过程当中基于生存和发展的需要所形成的相互关爱、相互帮助的高尚精神，它在中外都被看作一种值得称颂的社会美德。动物界中互助式的群体生活，是为了战胜对手和恶劣的自然环境。同样，在人类生活世界里，早期的友爱互助也是为了抵御各种灾害以求得生存。人类并不局限于这种自发的互助，而是能够有意识地按照自身需要来进行互助实践，正是这种有意识的实践活动推动着人类社会的发展与进步。人在本质上是社会关系的产物，人类丰富的社会关系，需要通过交往来实现，而这种友爱互助式的交往是形成人的社会关系的重要途径。在

① 《马克思恩格斯文集》第1卷，北京，人民出版社2009年版，第3页。

② ［英］亚当·斯密:《道德情操论》，蒋自强等译，北京，商务印书馆1997年版，第108页。

③ ［英］亚当·斯密:《道德情操论》，蒋自强等译，北京，商务印书馆1997年版，第170页。

现实生活当中，不仅个人会遇到大大小小的困难，需要别人提供关怀和帮助，一个国家、地区也可能遇到不可预知的困难，需要其他国家和地区的支援与帮助。从现代文明角度来看，友爱互助精神成为衡量文明程度的标准。蕴涵着友爱互助的志愿者精神，本身已经成为衡量国家、社会、公民的文明程度的重要尺度。友爱所体现的是一种人们情感上对善的勇敢追求，体现在公共生活当中敢于承担社会责任的相互关爱、互助的关系，也就是说友爱本身就包含了互助的内容，互助是实现友爱的重要方式，人与人之间、国与国之间、地区与地区之间的互助体现着友爱关系。

在志愿者精神发源的早期，“互助”的意思是说邻里或者陌生人之间通过互相帮助来发展彼此，早期的“互助”多为互惠性的行为，即早期的发展是通过礼尚往来式的平等互惠来取得的。这里所说的互助并不是讲究平等性的给予和回报，不是“投之以桃，报之以李”式的物质上的往来，而是指志愿者通过提供服务来帮助他人，在这个过程当中志愿者也获得了精神上的回报、心理上的满足、交往能力的提高、良好的声誉等。志愿者所获得的精神上的回报相对于他提供给服务对象的帮助来讲，这的确是一种互助。这里其实涉及志愿服务是利他性的还是利己性的问题，志愿服务是利他与利己的统一。志愿服务在客观上促进了人类、他者以及志愿者个人的发展，达到了志愿者精神的内在要求，实现双赢也符合个人和社会的辩证关系。志愿者精神是有着明确的价值取向的，决定着价值取向的不是志愿服务的实际获利者，而是实施志愿服务的主观动机，志愿者精神内在的高尚追求在主观动机上应该是指向为国家、社会和他人的，这种动机才是我们主张的志愿者精神。自助是志愿者通过提供服务来帮助服务对象获得发展性能力，即通过“授之以渔”来实现服务对象的发展进步，这种发展在开始时需要志愿者提供技术上的指导，之后服务对象可以通过自己所获得的技能来实现自身的发展，现代的志愿服务更倾向于提供这种自助发展式的服务。不论是互助还是自助，最终目标都是要实现国家、社会、他人以及志愿者自身的发展，都是为了使这个世界更加美好。

（五）谋求发展

发展是志愿者精神所追求的最终目标。志愿者不求回报地为国家、社会和他人的发展进步作出自己的贡献，这一行为的价值诉求是为了实现发展，这里的发展不仅包括国家、社会、他人的发展进步，同时也包括为他者利益作出贡献的志愿者的发展与进步，在更广阔的意义上也包括人类的发展进步。联合国志愿人员组织对志愿者精神的目标定位为“使这个世界变得更加美好的愿望”，世界如何才能变得更加美好呢？只有通过发展。发展在心理状态上表现为积极进取意识，谋求社会发展和他人的进步是志愿者从事志愿服务的重要动机，这个动机又是由志愿者个人内心对于交往、自我实现的需要来驱动的。从这个意义上来讲，个体在自我发展需要的驱动下，主动承担社会责任、帮助他人，在实现社会、他人发展的同时也使自我发展的需要得到满足。

在志愿者精神中，“助”是有层次的，一般的“助”限于互相帮助，这种情况下的实践活动多是出于人们对于社会生活中交往的需要，可以实现互助双方的发展以及社会的发展；高层次的“助”是牺牲自己的利益来帮助他人，这主要是出于人们对于自我超越和献身的需要，即人总是要有点精神追求的，这一层次的“助”直接实现的是他人的进步与志愿者个人精神层面上的发展。发展在志愿服务实践中表现为志愿者通过对他者提供的服务与帮助，最直接的价值便是补偿或是增进了他者的利益，促使服务对象的发展；志愿服务的间接价值则是在客观上实现了志愿者个人的发展进步。

第二章　志愿者精神的思想渊源与理论基础

志愿者精神虽是近代以来人类文明的产物，但其产生的思想渊源则古已有之，中外皆是如此。在我国，马克思主义作为我们立党立国的根本指导思想，其蕴含的一些重要观点、重要论断构成了志愿者精神的理论基础。深入探究志愿者精神的思想渊源和理论基础，为进一步开展志愿者精神研究提供了较为厚重的学理含量。

一、志愿者精神的思想渊源

志愿者精神的思想渊源是多样的，它主要包括中国传统伦理中的仁爱、整体主义思想，西方基督教中的慈善思想，进化论中的互助与合作思想，乡镇精神和社群主义。

（一）我国传统伦理中的仁爱、整体主义思想

博大精深、源远流长的中华优秀传统文化是志愿者精神产生发展的重要思想资源。尤其是中国传统文化中的仁爱思想、整体主义思想对我国志愿者精神的产生具有重要意义。

仁爱思想。西方文化因为相信人性之恶，便将人类的道德寄希望于外在的上帝和法律约束，所以西方基督教中的爱来源于上帝；中国传统伦理思想大都主张人性之善，自然更重视个人的道德修养，中国传统文化中的爱便由人来施予。“爱人”是具有中华民族特点的人本主义精神，是中国传统伦理思想的核心内容之一。儒家和墨家都主张“爱人”。“孔子和儒家把‘仁’当作最高的道德原则，就是要强调一种舍己利人和舍己爱人的

无私精神”[①]，这里的“仁”就是爱人的意思，这里的“人”在一般意义上将奴隶也包括在内。《论语·颜渊》中的“己所不欲，勿施于人”“克己复礼为人”，《论语·雍也》中的“己欲立而立人，己欲达而达人”，都是孔子仁爱思想的主要内容。孔子的仁爱思想就是爱人，是在尊重别人基础上推己及人，就是要将对方看作与自己相同的人，设身处地地理解对方的想法；在自己的需要得到满足的时候，要考虑别人是否也有这样的需求，克制自私自利的狭隘心理；不要将别人不喜欢的事情强加于人。虽然孔子的仁爱在一般意义上是指爱天下所有人，但他更倾向于有差别的爱，也就是统治阶级内部的爱。墨家在反对儒家差等之爱的基础上提出“兼相爱”“交相利”。墨子的“兼爱”所指的是无差别之爱，他认为人类之间应该不分阶级、强弱、贵贱、贫富地相爱；人不仅要爱别人，也要“爱人若爱其身”[②]即爱人如己。墨子期望通过这种普遍的人类之爱来实现和谐的人际关系，同时他将“交相利”作为“兼相爱”的结果，即人与人之间只要能够互相帮助、互相爱护，大家都能够从中获利。虽然传统伦理中的仁爱思想不可避免地带有那个时代的烙印，但是其中必定有很多值得肯定的部分，其中的舍己利人、舍己爱人、互帮互助直接滋养着现在的志愿者精神。

整体主义思想。重视整体利益是中华民族传统美德的基本精神，也是中国人民几千年来始终不变的价值追求。与个人利益相比，整体主义思想倾向于整体利益，这里的整体主要指的是民族、国家、社会。从“夙夜在公”(《诗经》)、“天下为家”(《礼记·礼运》)，到范仲淹的“先天下之忧而忧，后天下之乐而乐”、文天祥的“人生自古谁无死，留取丹心照汗青”，都表现出为了民族利益和国家利益而舍弃一切私利的整体主义精神。在中国的传统伦理中，整体主义精神体现在应该如何处理个人利益与整体利益关系之中，这又进一步体现在义利、公私问题上。“义”就是指代表国家社稷的“公利”，与个人私利相对应。《论语·里仁》中“君子喻于义，小人寓于利”将“义”（公利）作为君子境界的判断标准；孟子将义利看作评价善恶的标准，认为个人私利是恶的，为了公利的“义”是善的，“鸡鸣而起，孳孳为善者，舜之徒也；鸡鸣而起，孳孳为利者，跖之徒也。欲知舜与跖之分，无他，利与善之间也”[③]；墨子认为凡是能够称

① 罗国杰主编:《中国伦理思想史》(上卷)，北京，中国人民大学出版社2008年版，第17页。

② 《墨子》，朱越利校点，沈阳，辽宁教育出版社1997年版，第28页。

③ 《孟子》，梁海明译注，太原，山西古籍出版社1999年版，第194页。

得上“义”的言行举止就必定是国家、社会的公利所需要的。整体主义思想不仅强调“义”，还主张在个人利益与整体利益发生矛盾时要“舍生取义”，要“捐躯赴国难，视死忽如归”[①]。需要注意的是，这种整体主义强调民族利益、国家利益和社会利益，主要是为了维护封建统治，整体主义成为保持对国君绝对忠诚的同义语，因为整体之中的个人是不平等的，个人利益在很多时候得不到保障，这种整体主义在实质上是马克思所批判的那种“虚假的集体”。但是，同时我们要看到，撇开整体主义的阶级局限性，它也是有一定的积极意义的，将国家或社会的整体利益的“公利”当作评价个人道德水平高低的标准，所强调的就是个人对社会的自觉担当以及先人后己、助人为乐的优良品质。深受我国传统伦理思想中整体主义的影响，中国人民在道德锤炼、精神追求、行为取向中必然表现出对国家、社会等集体利益的高度关注，这也是弘扬培育志愿者精神的重要思想条件。

（二）基督教中的慈善思想

基督教中的慈善思想为西方志愿者精神注入“爱”的内涵。“我为人人，人人为我”作为基督教的教义内容，其本身所要表现的就是爱。源于拉丁语“caritas”的“慈善”，它的基本含义与基督教紧密相连，意为“基督之爱”，具体形式为教会通过施惠来帮助穷人、孤儿等弱势群体。基督教会通过积极开展慈善活动，传播其慈善伦理思想。基督教中慈善思想是以“爱”为中心来展开的。《圣经》中的慈善是作为一种善恶价值观而存在的，施惠给穷人、孤儿等弱势群体就是“善”，这种“善”在本质上就是“爱”或者“博爱”。基督教中的“博爱”包括3个方面的内容：一是作为“神”的上帝对众人的爱；二是人对上帝之爱的回馈——爱上帝；三是人对自己和他人的爱。在基督教教义中，上帝对众人的爱不仅表现在他创造了世界（人也是上帝的创造物），而且表现在上帝之子耶稣通过牺牲自己来拯救人类灵魂；上帝对人类的毫无保留的仁爱也给予人类爱的能力，所以人类才有可能来回报上帝之爱；人对自己和他人的关爱是人们对上帝的爱的延伸，《圣经》教诲教徒们：若要热爱上帝的话就必须爱邻人，因为邻人也是上帝的创造物，只有做到爱人如己才是对上帝的真爱，这种爱也包括对敌人的爱。对他人的爱，是最宽泛意义上的爱，是对整个人类的仁爱之情。爱他人，在原始意义上就是“希望别人好”，不仅要欣赏他

① 聂文郁：《曹植诗解译》，西宁，青海人民出版社1985年版，第2页。

人的优势（如自然禀赋与后天才华），而且要为他人的更加美好来慷慨地给予保护和帮助。这种爱不仅要表现在日常的行动上，更重要的是对他的爱要发自内心，真正从内心深处来关怀他人，并让他人感受到你的关爱与帮助，这才是真正谦逊的爱。基督教义的“博爱”也即对他人的爱，是志愿者精神“爱”之内涵的来源之一。对他人之爱不仅仅要慷慨地帮助他人，而且要注意帮助他人的方式，使他人感受到平等与尊重，这也是志愿者精神所包含的内容。

（三）进化论中的互助与合作思想

随着自然科学和社会科学的发展，19 世纪中叶进化论在英国兴起。进化论由达尔文开始，经过赫胥黎、斯宾塞及克鲁泡特金的发展。通过比较分析人类与低等动物的进化规律，从自然进化论的角度来思考道德问题，逐步形成了进化论伦理思想。这里仅选取与志愿者精神直接相关的进化论观点进行介绍。

达尔文认为生存竞争是人类社会得以进化的主要因素。一个部落之所以能够得到繁荣和发展，一个很重要的原因就是该群体的道德水平（同情心）较高。“在较原始的社群部落的发展中，同情心发达的成员特别多的社群部落会繁荣得最大最快，培养的后辈数量也最多；反之，社群部落就会衰弱、滞后，甚至灭亡。”① 这种同情心经由自然选择而形成并在进化过程中不断被加强，它是实行互助互卫的社群动物的重要情感。而社群动物之所以有合群互助的能力，是因为这是动物通过遗传和自然选择的社会性本能，这种合群互助的品质在人类的身上被称为道德。

作为调和的利己主义者，斯宾塞认为利己与利他是紧密相连的，利己就是利他。一方面，人为了保全自然生命，最根本的善就是利己。另一方面，人是一种社会性动物，不可能离群索居，为了维持生命必然要来维护所在群体和他人的利益。“这种有目的有意识的利他，就在于利他的同时也就在利己。不利他就无所谓利己，只有利他才能更进一步利己。”② 对于在社会生活中的个人来说，“个人之于社会就像身体中的细胞之于身体，身体强健，细胞也一定是健康的；相反，局部细胞坏了，就一定会影响全身体的强健”③。所以，不利己的利他行为、不利他的利己行为都是不道德

① 宋希仁主编：《西方伦理学思想史》，长沙，湖南教育出版社 2006 年版，第 448 页。
② 宋希仁主编：《西方伦理学思想史》，长沙，湖南教育出版社 2006 年版，第 474 页。
③ 宋希仁主编：《西方伦理学思想史》，长沙，湖南教育出版社 2006 年版，第 474 页。

的、不公平的，公正的行为就是一种既利己又利他的善行。善行的重要实现方式是行善，这种既利己同时又利人的行善就是“不计报酬地给其他人带来享受,不计报酬地维持种族或社会的利益”①。行善从根本上来说是由人的利己的生命本质决定的。虽然利己主义者秉持人的利己本质是与我们所讲的志愿者精神不相符的，但是主张行善、利人利己的思想还是可以为志愿者精神提供有益的成分。

与社会达尔文主义者的生存竞争论不同，克鲁泡特金将“互助”看作生物进化的最重要因素。“互助法则”不仅是生物界更是人类的进化法则，互助是动物和人类合群性的本能需要。人的互助本能在人类的进化过程中不断发展着，并且促使着人类进化。不管是蒙昧人、野蛮人还是中世纪以及现代人，他们之间所拥有的共性是本能性的互助，也即互助互卫。“从蒙昧人的部落中，产生了野蛮人的村落公社……随着人类不断地向前发展，城市——地域单位——行会依次出现，这些组织的产生的目的就是为了实现互助和互卫。这种互助的倾向因为是深深根植于人性之中的，所以才能贯穿于整个人类社会的发展史。”②

克鲁泡特金将国家看作破坏人类互助本能的东西，“对国家所负义务愈多,公民间相互的义务显然将愈来愈少”③,认为人类只要遵从互助本性的要求，不需要借助国家权威和强制就可以实现自由和谐的完美生活。互助和互援的潮流“仍在继续奔流，它竭力想找到一个新的表现形式，这种形式，既不是国家，也不是中世纪的城市或野蛮人的村落公社和蒙昧人的氏族，而是从所有这些形式中产生出来的、在更广泛和深厚的人道观念方面比他们都优越的形式。”④克鲁泡特金在强调互助的同时也看到了合作的重要性，正是人们日常的合作滋养了团结互助的精神。在日常生活中可以看到很多自愿结成的团体，我们可以看到“活跃着充分的友谊精神或愉快情绪以准备牺牲时间、健康甚至在必要时牺牲生命的精神为基础的团体是那么多”⑤，“不顾他人需要而一味追求个人利益的行为不是现代生活的唯

① 宋希仁主编:《西方伦理学思想史》，长沙，湖南教育出版社2006年版，第475页。

② 宋希仁主编:《西方伦理学思想史》，长沙，湖南教育出版社2006年版，第481页。

③［俄］克鲁泡特金:《互助论 进化的一个要素》，李平沤译，北京，商务印书馆2009年版，第212页。

④［俄］克鲁泡特金:《互助论 进化的一个要素》，李平沤译，北京，商务印书馆2009年版，第208页。

⑤［俄］克鲁泡特金:《互助论 进化的一个要素》，李平沤译，北京，商务印书馆2009年版，第251页。

一特征”。[①] 这种为了他人利益自我牺牲的纯粹利他主义也是人的一种社会本能，利他本能发展到一定阶段就会超越利己本能而表现为自我牺牲。这种自我牺牲的本能是血缘间感情范围的扩展，它要求人们不仅要满足自身利益，还要不求回报地给予他人，只有做到自我牺牲，人的生命才算完满。

（四）乡镇精神

谈起乡镇精神，很多研究者都会提及19世纪30年代托克维尔对美国民主制度考察的情况。在其专著《论美国的民主》中，论述了代表新英格兰民情的乡镇精神。“在美国，乡镇不仅有自己的制度，而且有支持和鼓励这种制度的乡镇精神……新英格兰居民之所以爱慕乡镇，并不是因为他们生于那里，而是因为他们认为乡镇是一个自由而强大的集体。”[②] 这种承载着独立和自由的乡镇精神与乡村自治有着紧密的联系。在新英格兰人的先祖即欧洲人那里早已经出现自治与自由。古代的自治比如古希腊、古罗马的自治仅限于“自由民”聚会探讨公共事务，参与自治的人不具有普遍性。在1215年《大宪章》签署后，英国开始进入法治时代，强调精神上解脱的自由观念慢慢进入人们的思维，但这种自由带有很强的民族主义，只有生而自由的英国人才能享有自由权。为少数英国人所享有的自由（或大部分人所享有的部分自由）在新英格兰人那里得到发展，并有力促进了美国的独立运动，此时美国人将自由理解为积极参与公共生活的权利。

北美殖民地建立的初期，英裔移民形成很多独立的小社区，乡镇作为地方制度的基础，慢慢形成了乡镇自主制度，维系这种自主制度的就是乡镇精神。在乡镇自治下，一个显著的优点就是每个在该乡镇居住的居民都有选择是否参与乡镇管理、参与公共事务的权利。这种民主的深度参与使得每个人都有权利和义务来解决密切关系日常生活的公共事务，人们通过这种方式产生了对乡镇的强烈归属和认同，“新英格兰的居民依恋他们的乡镇，因为乡镇是强大的和独立的；他们关心自己的乡镇，因为他们参加乡镇的管理；他们热爱自己的乡镇，因为他们不能不珍惜自己的命运。

---

① ［俄］克鲁泡特金：《互助论　进化的一个要素》，李平沤译，北京，商务印书馆2009年版，第259页。

② ［法］托克维尔：《论美国的民主》（上卷），董果良译，北京，商务印书馆2009年版，第74页。

他们把自己的抱负和未来都投到乡镇上了，并使乡镇发生的每一件事情与自己联系起来。”[①] 而且，在乡镇自治下，“地方性自由可使大多数公民重视邻里和亲友的情谊，所以它会抵制那种使人们相互隔离的本能，而不断地导致人们恢复彼此协力的本性，并迫使它们互助”[②]，“这种制度和权力，也使它们的头脑经常想到，为同胞效力不但是人的义务，而且对自己也有好处。同时，他们没有任何私人理由憎恨同胞，因为他们既非他人的主人，又非他人的奴隶，他们的心容易同情他人。他们为公益最初是出于必要，后来转为出于本意。靠心计完成的行为后来变成习性，而为同胞的幸福进行的努力劳动，则最后成为他们对同胞服务的习惯和爱好”[③]。在乡镇自治的背景下，个人要成就一番事业，单靠自己的力量是不行的，但他也不能迫使别人来帮助自己，所以，个人只有自觉地进行互助，在成就他人的同时也成就了自己，“人只有在相互作用之下，才能使自己的情感和思想焕然一新，才能开阔自己的胸怀，才能发挥自己的才智。”[④]

（五）社群主义

社群主义是由英语单词Communitarianism翻译而来。也有人将Communitarianism翻译为社团主义、共同体主义以及社区主义，目前较为权威的翻译是社群主义。社群主义一词中的“社群”最早可追溯到亚里士多德的“城邦”概念。19世纪末，“社群主义”是作为与自由主义相对意义上的概念来使用的，“社群主义是在批评以约翰·罗尔斯为代表的新自由主义的过程中发展起来的”[⑤]，到20世纪80~90年代，当时政治哲学的主要话题之一就是社群主义。社群主义思想中的社群不仅指向家庭、社区以及各种社会性社团（如宗教性社团、职业性社团等），而且指向民族、国家等群体。具体来说，社群主义理论的主要内容包括以下几个方面。一是个人与社群的关系。社群主义者认为个人是由社会关系决定的，

① ［法］托克维尔:《论美国的民主》（上卷），董果良译，北京，商务印书馆2009年版，第76页。

② ［法］托克维尔:《论美国的民主》（上卷），董果良译，北京，商务印书馆2009年版，第632页。

③ ［法］托克维尔:《论美国的民主》（上卷），董果良译，北京，商务印书馆2009年版，第633~634页。

④ ［法］托克维尔:《论美国的民主》（上卷），董果良译，北京，商务印书馆2009年版，第638页。

⑤ 俞可平:《社群主义》，北京，中国社会科学出版社1998年版，第2页。

“任何个人都不能脱离社群，个人的认同和属性是由他所在的那个社群决定的，因此，个人是社会的产物。”[①] 要准确认识个人的目的和价值就需要到个人所在的群体中寻找群体的历史文化背景以及群体的追求目的。个人对“我是谁”这一角色的自我确认（自我认同）也是一个历史性、社会性的过程，这种自我认同首先是通过对“我”是属于哪个群体的成员资格来形成的。换句话说，群体虽然决定个人，但个人是有自主性的，个人认同是可以被自己发现的。这种自主性必须为其所属社群、所在的社会文化形态所决定，个人的自主性离不开社群。作为自主的道德主体，个人是社会关系的产物，所以只有在社群所在的文化中才能形成自我认同。也即个人想要获得这种自主性，“必须对社会尽义务，他要获得更大的个人自主性，他就必须对社会尽更大的义务”[②]。二是社群不仅是必要的，而且是善的。社群对于个人来说是必要的，因为每个人都在一定社群中，个人只有在社群中才能发现自我，个人不仅从属于社群而且也需要社群。在社群成员的思维里，社群是一种最高的善。这种最高的善即是社群的公共利益，这也是社群的最高目标，个人权利的实现要受到社群的限制，只有作为社群权利的公共利益得到实现后个人利益才能充分实现，公共利益优先于群体成员的个体利益。三是社群生活可以使人们形成一系列美德，如爱国、奉献、友爱、互助。社群成员通过成员资格来确认自己对社群的归属与认同，成员之间正是通过这种认同发生联系。因为同属一个社群，成员可以通过个人的善良来承担非正式的义务以实现相互之间的利益。因为同属某一社群而对所在社群追求公共利益的整体认同，社群中的个人在关注自身利益的同时也关注他人的利益，对公共利益的共享使人们形成团结友爱的氛围，自愿性的互相帮助成为维持社群共同体的血液。“小到家庭、邻里，大到社会、国家，它们都是由成员的团结合作精神和互助友爱精神联结起来的。”[③]

二、志愿者精神的理论基础

志愿者精神不仅借鉴吸收了中国传统伦理中的仁爱、整体主义思想以

① 俞可平:《社群主义》，北京，中国社会科学出版社 1998 年版，第 47 页。
② 俞可平:《社群主义》，北京，中国社会科学出版社 1998 年版，第 49 页。
③ 俞可平:《社群主义》，北京，中国社会科学出版社 1998 年版，第 64 页。

及慈善思想、进化论中的互助与合作思想、乡镇精神、社群主义中的营养成分，更重要的是它从马克思主义经典作家那里吸收了具有决定意义的思想成分。这些思想成分支撑着志愿者精神这座大厦，成为志愿者精神的理论基础。具体说来，志愿者精神的理论基础主要包括人的全面发展理论、星期六义务劳动理论和为人民服务思想。

（一）人的全面发展理论

共产主义是马克思和恩格斯为之奋斗一生的目标，人的自由而全面的发展是作为共产主义社会的价值目标而存在的，同时在更深远的意义上，它也是整个人类解放的终极目标。人的全面发展理论是共产主义理论体系中的重要组成部分，马克思恩格斯在经典著作中对这一理论虽没有进行系统的论述，但是在他们的很多重要著作中都阐述过人的全面发展理论，比如《1844年经济学哲学手稿》《关于费尔巴哈的提纲》《德意志意识形态》《共产党宣言》《政治经济学批判大纲》以及《资本论》等。马克思恩格斯关于人的全面发展理论是当时社会背景的产物，直接针对的就是现实中人们得不到全面发展的困境。资本主义在18世纪、19世纪的发展是前所未有的，因为“资产阶级在它的不到一百年的阶级统治中所迫创造的生产力，比过去一切世代创造的全部生产力还要多，还要大”[①]。同前时代相比，在物质文明取得重大发展的同时，人的发展理应具有充分的条件，但由于受将人当作工具的思维方式的影响，人在现实中的发展却存在一些隐患。一方面是由于社会分工所导致人的身体或能力的片面或畸形发展。在资本主义大工业阶段，“不仅是工人，而且直接或间接剥削工人的阶级，也都因分工而被自己用来从事活动的工具所奴役；精神空虚的资产者为他自己的资本和利润欲所奴役；法学家为他的僵化的法律观念所奴役，这种观念作为独立的力量支配着他；一切‘有教养的等级’都为各式各样的地方局限性和片面性所奴役，为他们自己肉体上和精神上的短视所奴役，为他们的由于接受专门教育和终身从事一个专业而造成的畸形发展所奴役。”[②]另一方面是社会发展的不平等，整个社会以盲目地追求物质利益为目的，在充分增长的物质财富当中，资本家的富有是建立在工人阶级利益牺牲的基础之上的。这种零和博弈式的资本主义生产关系的发展加剧了社会矛盾，

① 《马克思恩格斯文集》第2卷，北京，人民出版社2009年版，第36页。

② 《马克思恩格斯文集》第9卷，北京，人民出版社2009年版，第309页。

整个社会分裂为资产阶级和无产阶级，无产阶级在这个阶段并无利益可言。在这种背景下，马克思在描述共产主义这一令人向往的理想社会状态时指出："代替那存在着阶级和阶级对立的资产阶级旧社会的，将是这样一个联合体，在那里，每个人的自由发展是一切人的自由发展的条件。"① 概括而言，马克思恩格斯关于人的全面发展的理论主要包括：人的全面发展的过程性与人的全面发展的丰富性。

1. 人的全面发展的过程性。在马克思恩格斯那里，人的全面发展具有自身现实的历史进程。从共时态上来看，人的全面发展的过程表现为地域性的个人慢慢成为世界历史性的普遍的个人，也就是由地域性的共产主义向世界范围内的共产主义转变的过程。在这个过程当中，交往的普遍化起到重要的作用。在《德意志意识形态》中，马克思恩格斯在分析分工扩大状况的基础上，从世界历史、普遍交往的角度论证了非地域性的共产主义的实现。共产主义的实现是以"生产力的普遍发展和与此相联系的世界交往为前提的"②。并且，普遍交往是由生产力的高度发展决定的。生产力的大发展带来的一个必然的结果就是在生产中形成了交往关系的世界化、普遍化，"只有随着生产力的这种普遍发展，人们的普遍交往才能建立起来；普遍交往，一方面，可以产生一切民族中同时都存在着'没有财产的'群众这一现象（普遍竞争），使每一民族都依赖于其他民族的变革；最后，地域性的个人为世界历史性的、经验上普遍的个人所代替。"③ 普遍交往的发展会消灭共产主义在地域上的局限性，最终实现世界范围内的共产主义。

从历时态上来看，人的全面发展过程经历了人的依赖性阶段、以物的依赖为基础同时保持人的独立性阶段、人的全面发展与自由个性的阶段。在《〈政治经济学批判（1857—1858 年手稿）〉摘选》中，马克思论述了交往形态与人的全面发展的内在逻辑关系。第一阶段的交往是自然发生的人的依赖关系，这是"最初的社会形式，在这种形式下，人的生产能力只是在狭小的范围内和孤立的地点上发展着"④。这种以血缘和亲族为基础的交往不仅处于无意识状态，而且使人们束缚在狭隘的血缘共同体或地域共同体上，如家庭、氏族、城邦等。在以血缘关系为基础所形成的人身依附

① 《马克思恩格斯文集》第 2 卷，北京，人民出版社 2009 年版，第 53 页。
② 《马克思恩格斯文集》第 1 卷，北京，人民出版社 2009 年版，第 539 页。
③ 《马克思恩格斯文集》第 1 卷，北京，人民出版社 2009 年版，第 538 页。
④ 《马克思恩格斯文集》第 8 卷，北京，人民出版社 2009 年版，第 52 页。

关系的人的依赖性阶段，生产力的发展限于人的自然生产主导的层次，没有足够的用于交换的剩余劳动产品，在这种情况下，个人受到所依附或被依附的他者的限制，人的活动和能力囿于自己和共同体生存的原始的丰富性，这种原始的丰富性是简单、粗陋的，“无论个人还是社会，都不能想象会有自由而充分的发展，因为这样的发展史同原始关系相矛盾的。”①

第二阶段的交往是以物的依赖为基础同时保持人的独立性。“在这种形式下，才形成普遍的社会物质变换、全面的关系、多方面的需要以及全面的能力的体系。”②人的发展是片面的，这不仅表现为人的活动范围和能力的片面性，也表现为社会关系的物化、个人的独立性受到物的限制。资本主义大工业的发展，在促使人的活动和能力得到大发展的同时，也加深了发展的片面性和畸形度。工人虽有自我意识，但是也只是作为生产机器的附件，劳动者成为高度机械化系统的组成部分，成为名副其实的机械化工具，而且这种工具缺乏自主性和创造性。不论是在劳动之中还是劳动之外的生活中，工人都是畸形和痛苦的，劳动成为异己的东西。由于市场经济取代自然经济，交换突破了之前的血缘、地域的界限，普遍性和全面性成为人与人之间的社会联系的特点，人的主体性和独立性也受到市场的激发。但是这种普遍的交换早已异化为人的对立物，因为获取交换价值是一切交往的目的，交换价值则表现为物、货币。人们在交往中信赖的不是人，而是作为货币的物，物直接作为人们之间生产关系的体现，物化的社会关系使得人的独立性受到物的支配。以物为载体的交往要比以自然血缘为基础的地域性交往高级，但是“这种联系借以同个人相对立而存在的异己性和独立性只是证明，个人还处于创造自己的社会生活条件的过程中，而不是从这种条件出发去开始他们的社会生活”③,交换只是作为个人交往的中介手段，也就是说个人在这种生产关系内的交往还只是在外界刺激下的一种自发的联系，不是一种自觉的状态。

第三阶段的交往是“建立在个人全面发展和他们共同的、社会的生产能力成为从属于他们的社会财富这一基础上的自由个性”④。在此阶段，个人关系实现普遍化，个人能力实现全面发展，人的交往关系是作为社会中的人的共同的关系，并且这种交往关系受社会人的控制，而不像第二

① 《马克思恩格斯文集》第8卷，北京，人民出版社2009年版，第136页。
② 《马克思恩格斯文集》第8卷，北京，人民出版社2009年版，第52页。
③ 《马克思恩格斯文集》第8卷，北京，人民出版社2009年版，第56页。
④ 《马克思恩格斯文集》第8卷，北京，人民出版社2009年版，第52页。

阶段当中交往关系控制着个人的联系。“生产的社会性是前提，并且参与产品界，参与消费，并不是以相互独立的劳动或劳动产品之间的交换为中介。它是以个人在其中活动的社会生产条件为中介的。”[①]也即社会性生产代替交换成为人参与一般生产的中介，这里人是作为社会人自觉地参与社会性生产，交往失去其中介性质而成为内在需要、成为目的。当交往成为内在需要，人们可以根据自己的需要来组织生产的时候，“任何人都没有特殊的活动范围，而是都可以在任何部门内发展，社会调节着整个生产，因而使我有可能随自己的兴趣今天干这事，明天干那事，上午打猎，下午捕鱼，傍晚从事畜牧，晚饭后从事批判，这样就不会使我老是一个猎人、渔夫、牧人或批判者”[②]，在自觉、丰富、全面的社会关系里人们将会得到自由而全面的发展，共产主义社会也将到来。

可见，不管是人的全面发展的共时态还是历时态，都与共产主义社会的实现紧密相关，只有在未来的共产主义社会才能真正实现人的自由而全面的发展。可以设想，在未来共产主义社会，志愿者精神成为人的自由而全面发展的重要内容指向。

2. 人的全面发展的丰富性。人的自由而全面的发展，是马克思恩格斯对生活在共产主义社会的人们状况所进行的本质性描述，它要表明的是现实的个人不再受内外各式各样的限制与束缚，在社会关系、需要、能力等很多方面能够获得广泛提升并处于和谐发展的过程和状态。人的全面发展具有丰富的内涵，主要包括人的社会关系的全面发展，人的活动、需要和能力的全面发展。

人的社会关系的全面发展。马克思将人对自己本质的全面占有看作人的全面发展的最终目的。“人的本质是人的真正的社会联系，所以人在积极实现自己本质的过程中创造、生产人的社会联系、社会本质”[③]，人的全面发展首先就体现在人的社会关系的发展上，人的社会关系决定着人的本质，同时也决定着人的发展程度。社会关系的全面发展，不仅指人是以社会共同体成员的身份出场，而且这个个体通过与社会其他成员发生关系而存在；不仅指人们摆脱和超越了旧式分工和地域所造成的狭隘的交往关系，形成多方面世界性的普遍联系，而且指人们的经济、政治、文化关系的生成。按照人所处群体的层次性，人的社会关系可以分为人与世界的关

① 《马克思恩格斯文集》第8卷，北京，人民出版社2009年版，第67页。

② 《马克思恩格斯文集》第1卷，北京，人民出版社2009年版，第537页。

③ 《马克思恩格斯全集》第42卷，北京，人民出版社1979年版，第24页。

系、人与共同体的关系、人与他人的关系，所以人的社会关系的全面发展主要包括个人和人类的和谐发展、个人与其所在真实的集体的和谐发展、个人与同为个体的他人的和谐发展。

人的活动的全面发展。人的本质是由其所在的社会关系所决定的，而社会关系是在现实的交往实践过程中形成的，从这点来讲，人的全面发展还体现在人的实践活动的发展上。实践活动推动着人的发展，同时随着实践活动的深入，人在活动的作用下会产生拓展实践活动的自觉性。人的活动的全面发展表现在两个方面。一是从人类的实践活动的性质来看，人的活动的全面发展是一种摆脱人的单纯的工具性，人通过人并最终以人的发展为目的，这种状态下人是具有主体地位并进行着自由自觉活动的真正的人。人的实践活动不再是迫于自然和社会外在压力之下的异化劳动，不再是以个人生存为活动需要，而是以个人的自由个性的发展为宗旨的自觉的创造性活动。二是从人所进行的实践活动的内容范围来看，人们的实践活动不再囿于狭隘领域内的单一或几种实践活动。在共产主义社会里，人们可以自由支配劳动时间，可以自由选择想要从事的活动，更重要的是人具备了从事多种活动的素质，而且这种活动是具备创造性的。人的活动的全面发展在活动内容上表现为脑体劳动的结合、生产与管理活动的结合以及发展性与享受性活动的结合等。

人的需要的全面发展。马克思恩格斯在《德意志意识形态》中论述人与人之间的交往关系时指出人们的需要就是人的本性。“任何人如果不同时为了自己的某种需要和为了这种需要的器官而做事，他就什么也不能做。”[①] 人的需要是由实践活动决定的，是社会性的。每个人都从自己的角度出发来满足自己“唯一性”的需要，因为分工的存在，这种需要只有在个人与个人之间进行交往、发生关系的条件下才可能被满足。由于个人的需要才产生了人与人之间的相互交往，但同时交往又决定着人的需要和生产活动。“欲望是否成为固定，就是说它是否取得对我们的无上权力，（不过这并不排斥进一步的发展）这决定于物质状况、‘丑恶的’世俗生活条件是否许可正常地满足这种欲望，另一方面，是否许可发展全部的欲望。而这最后一点又决定于我们的生活条件是否容许全面的活动因而使我们一切天赋得到充分的发挥。”[②] 也就是说个人需要的满足是人的全面发展的动

① 《马克思恩格斯全集》第3卷，北京，人民出版社1960年版，第286页。

② 《马克思恩格斯全集》第3卷，北京，人民出版社1960年版，第286页。

力和表现。人的需要的全面发展表现在需要的丰富过程之中，这包括人的需要由片面发展到全面的过程，由低层次发展到高层次需要的过程，由狭隘的利己性需要发展到人的本质力量的确证和充实的过程。在这个过程中，人的物质需求得到满足后，精神性需求显得较为迫切，精神性需求和发展性需求将会在人的生活中占据主导地位。

人的能力的全面发展。在面对工人所进行的共产主义内容中，马克思将全面发展个人的能力看作人的职责、使命和任务。人的能力的全面发展是人的全面发展的重要内容。在人的能力结构体系当中，体力和智力是最为重要的两个部分。人的能力的全面发展是各方面能力的和谐发展。

（二）星期六义务劳动理论

列宁关于星期六义务劳动理论，是在1919年前后提出的。1919年，苏俄红军击败了高尔察克和尤登尼奇的军队，反动势力在俄国东部的失败已成定局。不甘失败的外国武装干涉势力和本国反动势力于5月下旬开始大规模的反攻。邓尼金的军队主攻南方战线，并于7月进军莫斯科，尤登尼奇的军队主攻并逼近彼得格勒，导致苏维埃俄国政权再次处于危险被动的局面。此时，为了保卫新生的无产阶级政权，苏俄国内群众怀有极高的生产热情，在莫斯科至喀山的铁路员工中出现群众性的共产主义星期六义务劳动。列宁及时捕捉到这一新生事物，将其称为伟大的创举，并在《伟大的创举》《在俄共（布）莫斯科市代表会议上关于星期六义务劳动的报告》《从破坏历来的旧制度到创造新制度》《青年团的任务》等著作中逐步形成了关于星期六义务劳动的思想。这一思想的主要内容有：

将星期六义务劳动看作共产主义的实际开端。列宁将工人的这种大规模的、不计报酬地为公共利益所做的额外工作归结为共产主义精神，将其巨大的历史意义归结为“它向我们表明了工人自觉自愿提高劳动生产率、过渡到新的劳动纪律、创造社会主义的经济条件和生活条件的首创精神”[①]。从无产阶级在社会主义制度建立起来后的双重任务的角度，列宁阐述了星期六义务劳动是共产主义开端的观点。为了巩固新建立的社会主义制度，无产阶级应当解决两个任务：“第一，用自己在反对资本的革命斗争中奋不顾身的英勇精神吸引全体被剥削劳动群众，吸引他们，组织他们，领导他们去推翻资产阶级和彻底镇压资产阶级的一切反抗。第二，把

① 《列宁全集》第37卷，北京，人民出版社1986年版，第15页。

全体被剥削劳动群众以及小资产阶级的所有阶层引上新的经济建设的道路，引上建立新的社会联系、新的劳动纪律、新的劳动组织的道路，这种劳动组织把科学和资本主义技术的最新成就同创造社会主义大生产的自觉工作者大规模的联合联接在一起。”[①]其中，第二个任务更为艰巨，因为战胜资本主义最鲜明的任务就是新的更高的社会生产方式的形成，这就意味着要巩固社会主义，必须极大地提高劳动生产率、提高社会生产力水平。而星期六义务劳动就是“普通工人起来承担艰苦的劳动，奋不顾身地设法提高劳动生产率，设法保护每一普特粮食、煤、铁及其他产品，这些产品不归劳动者本人及其‘近亲’所有，而归他们的‘远亲’即归全社会所有，归起初联合为一个社会主义国家然后联合为苏维埃共和国联盟的千百万人所有，——这也就是共产主义的开始”[②]。工人在自觉自愿的基础上利用先进技术来为公益服务、提高劳动生产率，从这个意义上讲，星期六义务劳动就是共产主义的开端。因为“共产主义劳动，从比较狭窄和比较严格的意义上说，是一种为社会进行的无报酬的劳动，这种劳动不是为了履行一定的义务、不是为了享有取得某些产品的权利、不是按照事先规定的法定定额进行的劳动，而是自愿的劳动，是无定额的劳动，是不指望报酬、不讲报酬条件的劳动，是按照为公共利益劳动的习惯、按照必须为公共利益劳动的自觉要求（这已成为习惯）来进行的劳动，这种劳动是健康的身体的需要”[③]。

星期六义务劳动的价值。作为共产主义的开端，星期六义务劳动虽在苏俄全国范围内还没有得到普遍地、广泛地实行，但是在对外战争危急、对内急需建设新社会主义国家的背景下，它具有典型的意义与价值。一是对于国家来讲，星期六义务劳动是在紧急时期对国家的实际支援。这种“大规模组织起来以满足全国需要的无报酬的劳动”[④]在物资紧缺的战争年代无疑给新生政权战胜资本主义和腐朽势力提供极大的物质基础。二是对于布尔什维克党的建设来讲，星期六义务劳动对“清除混到党内来的分子和抵制腐朽资本主义环境对党的影响是有意义的”[⑤],列宁提出要用星期六义务劳动来清党、纯洁党组织，“非经半年‘用革命精神从事工作’的

① 《列宁全集》第37卷，北京，人民出版社1986年版，第15页。
② 《列宁全集》第37卷，北京，人民出版社1986年版，第19页。
③ 《列宁全集》第38卷，北京，人民出版社1986年版，第343页。
④ 《列宁全集》第38卷，北京，人民出版社1986年版，第39页。
⑤ 《列宁全集》第38卷，北京，人民出版社1986年版，第40页。

'考验'或'见习期'，不得接收入党。1917年10月25日以后入党的一切党员，如果没有特殊的劳动或功绩证明自己绝对忠诚可靠，能够做一个共产党人,都需要经过这样的审查"①。将是否参加定量的义务劳动作为吸纳新党员、检验老党员党性的标准，是列宁的突出贡献。

星期六义务劳动是培养共产主义者的重要途径。这一点是针对青年团来讲的。只有以为公共利益服务为宗旨，青年团才能成为真正意义上的共产主义青年团。在旧的资本主义社会里，每个人只关心自己的利益而不顾别人的生死安危，但在社会主义新社会里，青年团应该"组织青年队经常到各家各户去，协助搞卫生工作或分配食物，正确地调配力量，有组织地为全社会的利益工作,让大家看到,劳动应该是有组织的劳动"②。青年团只有将自身的教育与工农的共同劳动结合起来，将"自己的工作和精力全部贡献给公共事业。这就是共产主义教育。只有在这样的工作中，青年男女才能培养成真正的共产主义者"③。

（三）为人民服务思想

作为来源于马克思主义群众史观和承继中华优秀传统文化精华的为人民服务思想，是我们党的根本宗旨，也是检验党的一切活动的最高标准。马克思恩格斯在《共产党宣言》中指出："过去的一切都是少数人的，或者为少数人谋利益的运动。无产阶级的运动是绝大多数人的，为绝大多数人谋利益的独立运动。"④他们把为大多数人谋利益看成无产阶级与以往任何统治阶级的根本区别所在。列宁也曾提出"无产阶级文艺要为千千万万劳动人民服务"⑤。"为人民服务"是一个极具中国特色的概念，是由毛泽东同志明确提出来的。经过此后中国共产党几代领导人的传承发展，为人民服务由党和军队的政治宗旨拓展成为社会主义道德建设的核心，成为全社会都应该遵守的道德规范。从历史上来看，为人民服务思想提出时是倾向于政治性的。毛泽东曾指出："紧紧地和中国人民站在一起，全心全意地为中国人民服务，就是这个军队的唯一宗旨。"⑥全心全意为人民服

① 《列宁全集》第37卷，北京，人民出版社1986年版，第24页。

② 《列宁全集》第39卷，北京，人民出版社1986年版，第311页。

③ 《列宁全集》第39卷，北京，人民出版社1986年版，第309页。

④ 《马克思恩格斯文集》第2卷，北京，人民出版社2009年版，第42页。

⑤ 刘建军:《"为人民服务"的命题史考察》,《马克思主义研究》2011年第7期。

⑥ 《毛泽东选集》第3卷，北京，人民出版社1991年版，第1039页。

务是共产党区别于其他政党的显著标志，“我们共产党人区别于其他任何政党的又一个显著的标志，就是和最广大的人民群众取得最密切的联系。全心全意地为人民服务，一刻也不脱离群众；一切从人民的利益出发，而不是从个人或小集团的利益出发；向人民负责和向党的领导机关负责的一致性。”[①]后来，随着社会主义市场经济体制的逐步建立发展，如何处理个人利益、集体利益、国家利益成为道德建设领域需要解决的价值观问题。党的十四届六中全会明确提出：“社会主义道德建设要以为人民服务为核心”，“为人民服务是社会主义道德的集中体现”。[②]至此，为人民服务思想蕴涵的道德原则更加浓烈。为人民服务思想强调对他人和社会的奉献精神，但同时强调在集体利益得到维护的前提下要尊重个人的正当利益，个人利益并不是淹没在集体利益的洪流中。从目前来看，为人民服务思想的践行者一方面是体制内的国家公职人员，另一方面是平凡生活当中的共产党以及大多数的人民群众。为人民服务作为社会主义道德建设的核心，在道德实践活动中具有不同层次的行为标准，它的实现方式应该是先进性和广泛性的有机统一。对于共产党员和领导干部来说，应该做到全心全意为人民服务，以集体利益和长远利益为重，大公无私，先公后私；对于大多数的普通人民群众来讲，“只要你按有关的规定或章程去服务，不是糊弄人家的金钱，不是欺骗人家，而是忠诚地、认真负责地为人家办事，为人家工作，就是为人民服务。简而言之，兢兢业业地做好本职工作，就是为人民服务。”[③]

这里有必要对为人民服务和“我为人人、人人为我”进行厘清。因为从国内的文献来看，至今仍有人将“我为人人、人人为我”的口号等同于为人民服务，但是这两者具有本质上的不同。为人民服务作为社会主义道德建设的核心，所反映的是共产主义人生观，为人民服务的具体方式有先进性和广泛性之分。有很多人将“我为人人、人人为我”作为为人民服务的先进性的体现，认为它具有共产主义的社会性质，这种认识其实是不正确的。“我为人人、人人为我”这一说法起源于基督教的教义“人人为自己，上帝为大家”。后来，这一说法被以亚当·斯密为代表的17世纪、18世纪的一些学者改编为合理利己主义的“主观为自己，客观为别人”。“主观为自己、客观为别人”在本质上是利己主义的人生观，这种人生观

① 《毛泽东选集》第3卷，北京，人民出版社1991年版，第1094~1095页。

② 《改革开放三十年重要文献选编》(上)，北京，中央文献出版社2008年版，第875页。

③ 魏英敏:《市场经济与为人民服务》,《中国特色社会主义研究》1996年第3期。

将“为我”作为“我为人人”的目的，“我为人人”必须是互惠式的。如果每个人都将自己的私利看作最为重要的，整个社会将会陷于追逐个人私利的狭隘中，而难以得到长久发展。在马克思那里，他是将这个观点作为批判市民社会当中人与人之间的异化关系来谈的，“就人人互为手段而言，个人只为别人而存在，别人也只为他而存在。正像政治家议论人权时那样，国民经济学家把一切都归结为人，即归结为个人，从个人那里他抽去一切规定性，把个人确定为资本家或工人。”[①]可见，马克思这里说的是在市民社会当中，人与人之间的关系最终被简化为资本家和工人的关系，这种关系不是人自由选择的，而是经济分工所造成的人与人关系的异化。

列宁在3个方面曾提到过与“我为人人、人人为我”有关的说法。一是在谈到资本主义生产的劳动社会化时，列宁指出资本主义的劳动社会化使分散小商品经济制度下市场波动的无政府状态中的“人人为自己，上帝为大家”成为过时的东西，因为在小商品经济时代，各个生产者是分散的，一个生产者可以兼做好几种产品，所以一个生产者的停工对整个社会生产的影响甚微。但在劳动社会化的资本主义时代，产品的专业化使得一个企业的生产状况直接影响到整个社会的生产，生产链条上的任何一个环节出现问题，整个社会就陷入混乱，这时“‘人人为自己’这句俗话完全不适用于这样一种制度：这里已经是一人为大家工作，大家为一人工作”[②],这句话用来描述生产社会化的背景下人与人之间紧密的经济联系。列宁想要表达的意思是资本主义生产社会化使生产关系发生了变化，在生产社会化的过程中工人阶级实现了联合，资本主义掘墓人的出现再加上生产社会化与产品的私人占有之间的基本矛盾必将导致资本主义制度的灭亡。二是在国内阶级斗争异常激烈的背景下，列宁在论证战胜灾难和饥饿的办法时，提出强迫生产和分配实现辛迪加化、强迫工业家参加联合组织，如果工业家们不愿意参加联合组织，“就把他们当作逃避兵役者加以惩办，并实行联保，个人用自己的全部财产担保，大家对一人负责，一人对大家负责”[③]。三是在《从莫斯科—喀山铁路的第一次星期六义务劳动到五一节全俄星期六义务劳动》一文中，列宁在谈到改变旧习惯、旧风气以建设新社会时指出：“我们将努力消灭‘人人为自己，上帝为大家’这个可诅咒的准则，克服那种认为劳动只是一种差事，凡是劳动都理应按一定

① 《马克思恩格斯文集》第1卷，北京，人民出版社2009年版，第236页。
② 《列宁全集》第1卷，北京，人民出版社1984年版，第146页。
③ 《列宁全集》第32卷，北京，人民出版社1985年版，第204页。

标准付给报酬的习惯看法。我们要努力把‘大家为一人，一人为大家’和‘各尽所能，按需分配’的准则渗透到群众的意识中去，渗透到他们的习惯中去，渗透到他们的生活常规中去，要逐步地却又坚持不懈地推行共产主义纪律和共产主义劳动。”① 虽然是针对建设共产主义社会所需要的新劳动态度来谈“大家为一人，一人为大家”的，但不难看出列宁并没有将此作为新社会人的道德准则，而是针对新社会中人与人之间的经济联系而言的。可见，现在一些人将“我为人人、人人为我”作为具有共产主义社会性质的为人民服务的先进性体现是不正确的。

概言之，在马克思主义经典作家那里，“我为人人、人人为我”从来都不是一个纯粹的道德命题，而是一个经济命题，它的本意也不具备共产主义的性质。但我们可以对当今顺口而又流行的“我为人人、人人为我”这种说法进行新的理解，将它与我们的为人民服务中的“广泛性”要求结合起来。从这个意义上，它的基本精神可以理解为：每个人都要有主动服务他人的意识并付诸行动，这样做的结果就会形成“此时我是服务者、彼时我是被服务者”“今日我为你服务、他日你为我服务”的良好社会氛围。

① 《列宁全集》第39卷，北京，人民出版社1986年版，第100页。

第三章 志愿者精神的个体生成

志愿者是志愿者精神的现实载体，志愿者精神要通过志愿者及其活动体现出来。志愿者精神是如何与志愿者个体相契合的？这种契合的理论可行性体现在哪里？为什么有些人能够具备志愿者精神，而另一些社会成员没有？志愿者精神个体生成的影响因素有哪些？志愿者精神生成后具有哪些表现形式？这是本章主要探索的问题。

一、志愿者精神的个体发生

志愿者精神能够在个体身上发生，必然是因为个体对志愿者精神是有需求的。人为什么需要志愿者精神呢？我们可以从马克思主义关于人的二重性理论中来找寻答案。

（一）马克思恩格斯关于人的二重性理论

在论及人的生活、人的存在和人的本质时，马克思恩格斯使用过“双重”“二元性”“二重化”“双重存在”等词语。下面我们按照时间顺序来具体分析这些内容。

1. 双重生活的二元性。这一内容主要体现在马克思 1843 年所著《论犹太人问题》中。马克思的这篇著作是在批判鲍威尔关于在德国的犹太人的解放在于从政治上废除宗教的观点。马克思在谈到德国的犹太人的解放时说：“在政治国家真正形成的地方，人不仅在思想中，在意识中，而且在现实中，在生活中，都过着双重的生活——天国的生活和尘世的生活。”[1] 什么是真正的政治国家？生活在政治国家的个体为什么过着双重

① 《马克思恩格斯文集》第 1 卷，北京，人民出版社 2009 年版，第 30 页。

生活？

在鲍威尔看来，真正的政治国家就是将国家从宗教中解放出来，从政治上废除宗教就等于宗教完全废除了，政治国家由此形成，公民解放由此实现。马克思考察了北美的一些政治国家，他认为犹太人问题在德国属于神学的问题，鲍威尔的批判是对神学的批判，而在北美的从政治上废除了宗教的政治国家，犹太人问题就从形而上问题变成了世俗问题。因为国家虽然从政治上废除了宗教，使自己回归到国家的本质，人也通过政治的形式宣布自己是无神论者，但人并没有摆脱宗教的束缚。所以，马克思认为鲍威尔将国家的政治解放直接等同于人的解放是不对的，因为鲍威尔只是批判了“基督教国家”，并未对“国家本身”进行批判，只是解决了“谁应当是解放者、谁应当得到解放”的问题，并没有追问这种解放的本质与具体条件，导致这种政治解放只是停留在观念的层面而对现实的人的解放置之不理。马克思认为应当对“政治解放”本身进行批判。为什么呢？因为这个批判是对实现人的解放的追问。要实现人的解放，的确需要政治解放，需要国家从宗教中解放出来，但这是远远不够的。政治解放仅仅实现了人对宗教的政治超越，也就是通过政治国家实现了人在观念上的自由。但是人与人之间在经济、宗教信仰、等级、文化程度等方面的差别是客观存在的，政治国家的建立以此为前提，政治国家脱离了宗教，但现实的人却依然从事宗教活动，也即政治国家并没有消除这些差别。所以，马克思才说人在这样的政治国家中，在意识和现实中都过着双重的生活——天国的生活和尘世的生活。天国的生活指的是政治共同体中的生活，在这里，人将自己看作社会的存在物。尘世的生活对应的是市民社会，人在这里是异己的，将他人当作工具的同时自身也沦为工具。“政治国家对市民社会的关系，正像天国对尘世的关系一样，也是唯灵论的。”①

政治国家生活和市民社会生活是二元对立的。由于政治国家建立的前提没有改变，政治国家虽然废除了宗教在政治上的统治，现实生活中的市民社会之人并没有从宗教中解放出来。一句话，政治解放不等于人的解放。政治解放意味着旧社会的解体，消灭了市民社会的政治性质，同时它也粗暴地将市民社会简单地分割为两部分：个体，决定着个体生活和市民社会的物质要素（私人财产）和精神要素（宗教）。在这里，政治上国家的唯心主义和经济上市民社会的唯物主义同时完成。所以，政治解放赋予

---

① 《马克思恩格斯文集》第1卷，北京，人民出版社2009年版，第30页。

的人权并不是实质上的公民权。从理论上来讲，参加了政治共同体的人就应该享有公民权，如人人都应该享有自由、平等。但是这里的自由和平等是以私有财产为前提的，自由就成了拥有私有财产的自由，平等和安全就成了私有财产的金钟罩。因为私有财产的存在，“所谓的人权都没有超出利己的人，没有超出作为市民社会成员的人，即没有超出封闭于自身、封闭于自己的私人利益和自己的私人任意行为、脱离共同体的个体。”① 市民社会的成员并不是类存在物，他们是单个的原子，“把他们连接起来的唯一纽带是自然的必然性，是需要和私人利益，是对他们的财产和他们的利己的人身的保护”②。市民社会的人是单个的直接存在物，政治国家的公民成了抽象的、人为的、寓意上的人。政治生活变成了手段，市民社会反倒成了目的。由此可见，政治解放的完成并不是人的解放的完成，它造成了个人生活与类生活的二元对立，市民社会与政治生活的二元对立，个人与公民的二元对立，人权与公民权的二元对立。

如何打破人的双重生活的二元性进而实现人的解放呢？“只有当现实的个人把抽象的公民复归于自身，并且作为个人，在自己的经验生活、自己的个体劳动、自己的个体关系中间，成为类存在物的时候，只有当人认识到自身‘固有力量’是社会力量，并把这种力量组织起来因而不再把社会力量以政治力量的形式同自身分离的时候，只有到了那个时候，人的解放才能完成。”③ 具体来说，怎样才能使抽象的公民复归于人自身？怎样使人成为现实的类存在物？马克思以犹太人的解放为例讲道：“犹太人的社会解放就是社会从犹太精神中解放出来。”④ 犹太精神的经验本质就在于经商牟利、利己主义和崇拜金钱。从犹太精神中解放出来就是从经商牟利和金钱中抽离，使政治摆脱金钱的奴役。消除顽强的利己主义最根本的就是消灭私有制，在此基础上对人进行革命性的改造，这才是实现人的解放的基本路径。解放了的人是什么样的？他必然是克服了基督教统治中将人看作人的虚伪性，人成为具有现实社会性的类存在物。他必然是克服了市民社会中人的分离、疏远、堕落，克服了人的异化，使人和人的关系回归人自身。

2. 精神与现实的二重化。该内容主要体现在马克思 1844 年所著

① 《马克思恩格斯文集》第 1 卷，北京，人民出版社 2009 年版，第 42 页。
② 《马克思恩格斯文集》第 1 卷，北京，人民出版社 2009 年版，第 42 页。
③ 《马克思恩格斯文集》第 1 卷，北京，人民出版社 2009 年版，第 46 页。
④ 《马克思恩格斯文集》第 1 卷，北京，人民出版社 2009 年版，第 55 页。

《1844年经济学哲学手稿》(以下简称《手稿》)中。马克思在谈到资本主义私有制下的劳动异化继而导致人的异化问题时指出:“劳动的对象是人的类生活的对象化:人不仅像在意识中那样在精神上使自己二重化,而且能动地、现实地使自己二重化,从而在他所创造的世界中直观自身。”[①]可见,马克思将人的类生活的对象化诠释为人的精神与现实的二重化。那什么是人的类生活?人的类生活为什么是人在精神和现实中的二重化?

马克思在《手稿》中主要从工人的劳动、外化劳动的产物即私有财产两个角度分析了异化问题。从工人的方面来看,异化具有3个规定性,即3个方面的具体表现。第一,异化的第一个规定性是工人对劳动产品的关系的异化,即物的异化。在劳动对象化的过程中,工人的劳动产品是如何异化、丧失的呢?劳动的对象化意味着“劳动的产品是固定在某个对象中的、物化的劳动”。[②]笼统地讲,劳动的对象就是感性的、现实的外部世界,即自然界。自然界是人类劳动借以实现的前提,因为一方面它为人们的劳动提供广义的生活资料,“自然界是工人的劳动得以实现、工人的劳动在其中活动、工人的劳动从中生产出和借以生产出自己的产品的材料”[③]。另一方面,自然界为人们提供狭义的也即直接意义上的生活资料,这是工人维持肉体生存的基本手段。但是工人在劳动对象化的过程中成为对象的奴隶,因为他只有得到作为劳动对象的工作,才能得到生存资料,他只有作为工人才能维持肉体的生存。不是工人占有劳动产品,而是劳动产品支配着工人的劳动,工人与感性的外部世界是敌对的关系,这就是物的异化。第二,异化的第二个规定性是工人与生产劳动关系的异化,即自我异化。“异化不仅表现在结果上,而且表现在生产行为中,表现在生产活动本身中。”[④]产品只是劳动的结果,产品的异化也意味着劳动过程或劳动本身存在异化。劳动的外化表现在3个方面:一是劳动对工人而言是外在的、敌对的,而不是工人的本质需要。工人在劳动中受到肉体上的折磨和精神上的摧残,由此他否定自我而感到不幸。二是劳动对工人而言是强制性的,而非自愿。只要外在的强制停止,工人就会逃避这种自我牺牲、自我折磨的劳动,因为劳动还不是工人自身的需要,而是满足劳动以外的需要的手段。三是劳动不属于工人,劳动作为异己的活动属于工人之外的

① 《马克思恩格斯文集》第1卷,北京,人民出版社2009年版,第163页。
② 《马克思恩格斯文集》第1卷,北京,人民出版社2009年版,第157页。
③ 《马克思恩格斯文集》第1卷,北京,人民出版社2009年版,第158页。
④ 《马克思恩格斯文集》第1卷,北京,人民出版社2009年版,第159页。

那些人，他在劳动中丧失了自我。劳动的外化体现了工人的自我异化。第三，异化的第三个规定性是由前两个规定性导致的人与人的类生活、类本质以及人与人的异化。在异化的第一个规定性中，我们知道自然界为工人提供各种生活资料，人需要依靠自然界来生活，自然界是人的肉体和精神的无机界。“自然界，就它自身不是人的身体而言，是人的无机的身体……所谓人的肉体生活和精神生活同自然界相联系，不外说是自然界同自身相联系，因为人是自然界的一部分。”① 由于人与自然界、人与其自身的活动机能相异化，导致人与他的类生活相异化，因为异化劳动将类生活即生产生活本身变成了仅仅维持个人肉体生存的手段。作为普遍自由的类存在物，人的类特性就是自由有意识的活动，正是这一点将人与动物直接区别开来。人是有意识的存在物，他应该自由地进行劳动，但异化劳动将此限于有意识的人，把作为本质的生命活动变成仅仅能维持肉体生存的手段。人正是通过生产活动改造对象世界才证明自己是有意识的、自由的类存在物。人的生产生活相对于动物而言是全面的，是不完全受肉体需要支配的。人既要改造整个自然界，也要自由地面对自己的劳动产品。当人自由地按照美的规律来改造对象世界、过着能动的类生活时，人就是自由有意识的类存在物。在这种生产中，自然界就成为人的作品，反映着人的现实。所以，马克思说：“劳动的对象是人的类生活的对象化：人不仅像在意识中那样在精神上使自己二重化，而且能动地、现实地使自己二重化，从而在他所创造的世界中直观自身。”② 这里的“二重化”指的是人对劳动产品和现实世界的对象化关系，人在自己的劳动过程、劳动产品中再现自身。同样，人与人的关系也是这种对象性的关系，“人对自身的关系只有通过他对他人的关系，才成为对他来说是对象性的、现实的关系”③。所以，人同劳动产品、劳动本身、类本质相异化直接导致了人同人相异化。通过异化劳动，人不仅生产出异己且敌对的劳动对象、劳动产品、劳动行为，同样也生产出对其劳动和产品进行支配的他人的关系。人同人的自由有意识的生产活动相异化，导致了人与他人关系相异化，也导致了人与人的本质的异化。

从私有财产的方面看，马克思不仅分析了劳动与私有财产的关系，而且批判性地分析了私有财产和共产主义的关系，并指出共产主义就是对

---

① 《马克思恩格斯文集》第1卷，北京，人民出版社2009年版，第161页。
② 《马克思恩格斯文集》第1卷，北京，人民出版社2009年版，第163页。
③ 《马克思恩格斯文集》第1卷，北京，人民出版社2009年版，第165页。

私有财产的积极扬弃。“私有财产是外化劳动即工人对自然界和对自身的外在关系的产物、结果和必然后果”①，也就是说私有财产是劳动外化的产物。同时，从私有财产运动的全过程来看，它也是劳动异化得以实现的手段。既然异化劳动生产出了私有财产，那么二者的衰亡必然也是同步的。所以，要消灭异化劳动就要对私有财产进行积极的扬弃。然而蒲鲁东们看不到这一问题的本质，他们认为最初的共产主义就是实现私有财产的普遍性，也即人人占有私有财产，而不是消灭私有财产。此时的最初的共产主义表现出双重的形态：物质的直接占有被推广到一切人身上，这成了人生活和存在的唯一目的；以普遍的私有财产来反对私有财产的独占，这最终把人降低到动物的层次。因为人的吃喝拉撒等自然行为不能停留在动物的层次，它应该是合乎人性的。“人的需要在何种程度上成为合乎人性的需要，就是说，别人作为人在何种程度上对他来说成为需要，他作为最具有个体性的存在在何种程度上同时又是社会存在物。”②所以，这种最初的、粗陋的共产主义仅仅是私有财产卑鄙性的表现，它并不理解私有财产的本质，也不了解人的需要的本质。马克思指出：“共产主义是对私有财产的即人的自我异化的积极的扬弃，因而是通过人并且为了人而对人的本质的真正占有；它是人向自身、也就是向社会的即合乎人性的人的复归，是自觉实现并在以往发展的全部财富的范围内实现的复归……它是人和自然界之间、人和人之间的矛盾的真正解决，是存在和本质、对象化和自我确证、自由和必然、个体和类之间的斗争的真正解决。”③对人的自我异化的积极扬弃，就是使人成为人，使人回归其作为社会性的存在本身。这里的社会性有两层意思：一是从人与社会的关系来看，社会生产人，人也生产着社会；二是从人与人的关系来看，个体是社会存在物，社会中的个体与个体之间互为对象化的存在，“人如何生产人——他自己和别人；直接体现他的个性的对象如何是他自己为别人的存在，同时是这个别人的存在，而且也是这个别人为他的存在。”④个体不是抽象的东西，而是社会存在物。人是如何确证自己现实的社会生活呢？通过对他人和物的全面的对象化活动。私有制导致人的生活只是直接占有对象，使人变得愚蠢和片面，人的本质也只剩下这种直接占有式的贫困，在对象中丧失自我，从而失去了丰

① 《马克思恩格斯文集》第1卷，北京，人民出版社2009年版，第166页。
② 《马克思恩格斯文集》第1卷，北京，人民出版社2009年版，第185页。
③ 《马克思恩格斯文集》第1卷，北京，人民出版社2009年版，第185页。
④ 《马克思恩格斯文集》第1卷，北京，人民出版社2009年版，第187页。

富性。那人如何才能不在对象化的过程中丧失自身呢？“只有当对象对人来说成为人的对象或者说成为对象性的人的时候，只有当对象对人来说成为社会的对象，人本身对自己来说成为社会的存在物，而社会在这个对象中对人来说成为本质的时候，这种情况才是可能的。”[①] 从客体的方面看，这需要对象性的现实成为彰显人的本质力量的现实，对象成为确证和实现人的个性的对象。从这个角度讲，对象成为人的对象，也成为人自身。如何实现这一点？这要求对象的性质要与人的本质力量相适应。人正是通过这个过程在对象世界中彰显力量、肯定自我。从主体的方面看，这需要人的本质力量作为一种主体能力自为地存在着，也即对象对人的意义与人的感觉程度相适应。从这个意义上讲，社会人的感觉区别于非社会人的，因为社会为人的本质活动的展开提供了丰富的对象，人的感觉也因此而丰富起来。因此，从主客体两个方面来看，人的本质的对象化就成为必要。活动着的人，同时也是直接的自然存在物。这意味着人是具有自然生命力的能动的，也意味着人与其活动对象一样，是感性的、对象性的存在物。人的活动对象是不依赖于他而存在的，这说明人又是受动的，是受外在对象制约的。人在通过外在对象表现和确证其本质力量的过程中，他感受到自己的受动，也正是这种限制激发着人热烈地追求自己对象的主动性。

3.生命生产的双重关系。这一论断出自马克思恩格斯合著的《德意志意识形态》中。在对费尔巴哈的唯心史观进行批判的过程中，马克思恩格斯指出：“生命的生产，无论是通过劳动而生产自己的生命，还是通过生育而生产他人的生命，就立即表现为双重关系：一方面是自然关系，另一方面是社会关系。”[②] 为什么说人的生命生产表现为双重关系呢？

在马克思恩格斯那里，费尔巴哈是一个历史唯心主义者，“当费尔巴哈是一个唯物主义者的时候，历史在他的视野之外；当他去探讨历史的时候，他不是一个唯物主义者。”[③] 也即费尔巴哈将唯物主义与历史分割开来，因为他只是将人看作感性的、现实的对象，却忽略了人的活动的现实性，从而将活生生的人抽象为某个历史发展阶段上抽象的人。马克思恩格斯对人类历史的考察是从现实的人、现实的活动、现实的物质生活条件出发的，他们认为全部人类历史有 4 个前提或是 4 个因素。

---

① 《马克思恩格斯文集》第 1 卷，北京，人民出版社 2009 年版，第 190 页。

② 《马克思恩格斯文集》第 1 卷，北京，人民出版社 2009 年版，第 532 页。

③ 《马克思恩格斯文集》第 1 卷，北京，人民出版社 2009 年版，第 530 页。

第一，一切历史的第一个前提是有生命的个人的存在。人是如何生产自己的肉体组织，人与自然又是什么样的关系呢？“一当人开始生产自己的生活资料，即迈出由他们的肉体组织所决定的这一步的时候，人本身就开始把自己和动物区别开来。”① 因为动物仅仅生产与它们生命存活所需要的东西，而人不仅直接生产着自己的生活资料，同时也间接地生产着物质生活本身。人类要想生存就必须解决吃喝住穿的问题，所以人类历史的第一个活动就是要生产出能够满足这些需要的资料，也就是生产物质生活本身。人们生产生活资料的方式是由什么决定的呢？这是由已有的和需要再生产的生活资料本身的特性来决定的。这种生产方式体现着生命的活动方式和生活方式。所以，人是什么样的，“这同他们的生产是一致的——既和他们生产什么一致，又和他们怎样生产一致”②，也即个人的具体情况是由他们所处的物质生产条件来决定的。生产活动的发展虽然是以人与人之间的交往为前提的，但是生产也决定着人们交往的方式。“以一定的方式进行生产活动的一定的个人，发生一定的社会关系和政治关系。”③ 第二，一切历史的第二个前提是新的需要的产生。已被满足的需要本身、满足需要而进行的活动和为满足需要所用的工具又会产生新的需要。正是在这种原有需要的不断被满足和满足刺激着新需要不断产生的过程中，人类历史在生产的不断更替和发展中得以绵延不息。第三，一切历史的第三个前提是生命的生产。生命的生产最直观的表现就是夫妻关系、父母子女关系，也即家庭。家庭是人们最初的社会关系，随着需要的增长和人与人之间交往范围和程度的扩大，家庭关系就成为人的丰富社会关系的从属关系。生命生产还表现在通过劳动生产自我。不管是生产自我的生命还是生产他人的生命，这两个过程都表现为双重关系：自然关系与社会关系。自然关系指的是生命生产一方面表现为性别的自然分工生产出下一代，这是新的自然生命的直接来源；另一方面表现为人类为了生存所需要的吃穿住行等自然需要。社会关系指的是“许多个人的共同活动，不管这种共同活动是在什么条件下、用什么方式和为了什么目的而进行的。”④ 随着人们活动方式和生产方式的深化，自然关系必然要打上社会关系的烙印，因为人只有在社会中、在与他人共同的劳动中才能发展。第四，一切历史的第四个影

① 《马克思恩格斯文集》第1卷，北京，人民出版社2009年版，第519页。
② 《马克思恩格斯文集》第1卷，北京，人民出版社2009年版，第520页。
③ 《马克思恩格斯文集》第1卷，北京，人民出版社2009年版，第524页。
④ 《马克思恩格斯文集》第1卷，北京，人民出版社2009年版，第532页。

响因素是生产力的发展。生产力指的是与一定的共同活动方式或某一社会发展阶段相联系着的一定的生产方式或一定的工业阶段，“共同活动方式本身就是生产力……生产力的总和决定着社会状况”①。人又是社会的存在物，所以人们之间有着最自然的物质联系，当然这种联系是由需要和生产方式来决定的。

从影响人类历史的 4 个因素可以看到现实的活动着的人受物质生产条件的制约，但同时这种制约也意味着人是有意识、有激情的存在物。意识受物质的制约，它是人们进行社会交往的产物。“凡是有某种关系存在的地方，这种关系都是为我而存在的；动物不对什么东西发生‘关系’，而且根本没有‘关系’。”②因为人与自然、社会、他人都是对象性的关系，这种对象性的关系必然要求人作为有意识的自为的存在物而存在。也正是因为人认识到必须与他人来往，认识到人是生活在社会之中的，人才脱离了单纯的慑服于自然的畜群意识。后来由于分工发展到一定阶段，物质劳动和精神劳动真正分离，意识开始获得相对独立的存在形式。分工导致不同的人来分担物质劳动与精神劳动、享受与劳动、生产和消费，这决定了生产力、社会状况、意识三者之间必然会发生矛盾，这其实反映着社会关系与生产力之间的矛盾。要消灭这种矛盾，就要求分工是出于自愿。出于自愿的分工存在于共产主义社会中，在这里人没有固定的活动范围，社会来调节生产，“我有可能随自己的兴趣今天干这事，明天干那事，上午打猎，下午捕鱼，傍晚从事畜牧，晚饭后从事批判，这样就不会使我老是一个猎人、渔夫、牧人或批判者。”③

4. 人是双重的存在。在《政治经济学批判（1857—1858 手稿）》中，马克思在讲到财产起源时指出：“人不是同自己的生产条件发生关系，而是人双重地存在着：从主体上说作为他自身而存在着，从客体上说又存在于自己生存的这些自然无机条件之中。”④为什么说人是双重地存在着的?

在批判蒲鲁东对财产起源问题的看法时，马克思从历史和现实的角度来考察资产阶级经济的历史起源，从一定历史阶段在社会中从事着物质生产的个人出发来说明财产是怎样产生的。这里的人指的是处在一定社会经济关系中的个体或群体。从历史上来看，生产的原始条件表现为两个方

① 《马克思恩格斯文集》第 1 卷，北京，人民出版社 2009 年版，第 533 页。

② 《马克思恩格斯文集》第 1 卷，北京，人民出版社 2009 年版，第 533 页。

③ 《马克思恩格斯文集》第 1 卷，北京，人民出版社 2009 年版，第 537 页。

④ 《马克思恩格斯文集》第 8 卷，北京，人民出版社 2009 年版，第 142 页。

面：一方面表现为主体占有客体，一方面表现为客体按照主体的目的表现为主体活动的结果。这种原始条件是客观存在的，是个人的自然生存条件。人通过占有自然生存条件这种无机体，实现自身和社会的再生产。这些自然生存条件本身具备双重的性质："主体的自然和客体的自然。"① 主体的自然指的是人是共同体的天然成员，客体的自然指的是共同体的天然成员占有作为公共财产的自然的土地。这里生产的自然前提就是生产者的财产，此时个体对财产的占有是以其作为共同体成员为中介的。如果他不是共同体的天然成员，那么他就不是财产的占有者，因为此时的财产不是单个人的产物，而是共同体的产物。最初的财产意味着人将劳动的自然条件当作属于自己的，并将其看作自身存在产生的前提，也即生产的自然条件其实就是人的身体的延伸。

人的双重存在以他归属于一定的共同体为条件，他既是共同体成员，又是公共财产的占有者。但这种状况随着私有财产和私有者的出现，单个人慢慢丧失自己的财产。经过奴隶社会、封建社会和资本主义社会，人从共同体的人、社会的人逐步沦落为为了利益而交换的孤立的单子式的人。人最初虽不是亚里士多德所说的政治动物，但他是类存在物，只有通过在社会中的合群才能获得真正独立。但是交换使群和共同体成为不必要的存在，人在这个过程中被孤立，人从属于虚假的共同体。所以，马克思说"稚气的古代世界显得较为崇高" ②，因为在最初的共同体中，人可以不依赖劳动就成为有对象的存在，劳动者同时也是所有者，因为劳动不是为了剩余产品，而是为了维持个体、家庭和共同体的生存，也就是人既是出发点也是目的。为此，马克思感叹："为什么历史上的人类童年时代，在它发展得最完美的地方，不该作为永不复返的阶段而显示出永久的魅力呢？" ③

以上所有内容是以时间轴来梳理马克思恩格斯关于人的二重性理论。从"双重生活的二元性""精神与现实的二重化""生命生产的双重关系"到"人是双重的存在"，马克思恩格斯关注的问题主要体现在以下 3 个方面。第一，人是自然和社会的双重存在，其中占主导作用的是人的社会性本质。从"双重生活的二元性"中所提到的"人固有的社会力量"到"精神与现实二重化"中所提到的"使人回归社会性的存在"，再到"生命生产的双重关系"之一的"社会关系"，最后到"人是双重存在"所蕴涵的"人

① 《马克思恩格斯文集》第 8 卷，北京，人民出版社 2009 年版，第 140 页。

② 《马克思恩格斯文集》第 8 卷，北京，人民出版社 2009 年版，第 138 页。

③ 《马克思恩格斯文集》第 8 卷，北京，人民出版社 2009 年版，第 36 页。

是自然和社会的统一”，我们可以看到马克思恩格斯对人的社会性本质的诠释：人不仅是自然性的存在，人不应该是资本主义社会私有财产所造就的通过私人利益联系起来的、封闭于自身的利己的单子式的存在，而更是社会关系的总和。第二，人是精神与现实的双重存在。人的社会性是通过其对象化活动来确证的，在对象化活动中，人实现了精神与现实的双重存在。人与世界、人与人的关系都是现实的对象性关系，因为人是有意识的、自由的类存在物。人的本质力量与对象性世界是共生的，因为人在改造对象世界的过程中也使得社会为人提供的对象丰富了起来。在对象性的活动中，人虽然不受自然界的完全控制，但人是感性的存在，所以人受外在对象的限制。这种限制反而在一定程度上激发了人的主动性和热情。第三，人是目的和手段的双重存在。在真正的共同体中，人既是活动的出发点，也是活动的目的。真正的共同体不仅把人当成人，而且使人成为人，一句话，在这里人是目的。由于人是目的，所以人的活动就成了自愿和享受。

（二）志愿者精神的个体发生与人的二重性理论

志愿者精神之所以在个体身上发生，是因为个体需要志愿者精神。志愿者精神究竟怎样被个体所需要乃至发生的呢？我们可以将志愿者精神的概念与上文总结的关于人的二重性理论的 3 个方面内容联系起来进行具体分析。

1. 志愿者精神的发生与“人是自然和社会的双重存在”。志愿者精神概念中第一个核心词是责任意识。这种责任意识指的是个体认识到为社会和人类的发展进步承担责任的必要性。“人是自然和社会的双重存在”理论为志愿者精神的个体发生提供了依据。

人是自然和社会的双重存在，也即人具有自然属性和社会属性，人拥有自然关系和社会关系。从自然存在的角度看，人的自然属性指的是人与动物本身都具有的性质，如食欲、性欲、求生欲、生老病死等。人拥有自然关系指的是生命的自然分工生产出下一代，人与家庭之间存在着自然的生命关联，同时自然关系还意味着人来到这个世界后基于生存的自然需要。从这个意义上讲人也是动物，人并不比动物高明多少。让人从动物中脱颖而出的是人的社会存在。从社会存在的角度看，人的社会属性是人所独有的性质。人的社会属性指人是社会性的存在，人生产着社会，同时社会也生产着人。人所具有的社会关系是在生产活动中形成的，人的生产过程是许多个人的共同活动，绝不是一个人的独唱。一旦人开始从事生产活动，人就将其自身与动物区别开来。因为人的生产活动是有意识的生命活动，“有意识的生命活动将人同动物的生命活动直接区别开来”[①]。这种有意识的生命活动使人确认了自我的存在，使人知道自己所从事的活动，使人能够将自己与其他的存在进行对比。一方面是随着人的活动范围和深度不断拓展造就出人的丰富的社会关系，另一方面是丰富的社会关系所带来的冲击。这种冲击推动着人去思考和处理个人与社会的关系、个人利益与社会利益的关系。人的社会性意味着个人与社会不能是二元对立的关系，只能在相互依存、相互制约中互促互进。利益关系是个人与社会关系的最根本的表现，个人利益与社会利益本应是一致的，这是社会和个人得以存在的基础。但由于经济关系、经济制度、政治制度等复杂因素的影响，个人利益与社会利益可能存在不一致的情况。这就需要社会成员有意识地对自己和他人的活动进行调节。志愿者精神中的责任意识正是社会人对自身与社会关系进行理性思考，从而认识到个体对社会负有的责任并自觉进行行为调节的体现。所以，“人是自然和社会的双重存在理论”为志愿者精神的个体发生提供了依据。

2. 志愿者精神的发生与“人是精神与现实的双重存在”。志愿者精神概念中的第二个核心词是积极进取的心理状态。这种积极进取的心理状态综合反映了个人在从事志愿活动时的心理活动是满怀希望和激情的，而且这种积极的心理状态具有相对的稳定性和持续性。“人是精神与现实的双重存在”从理论上说明了志愿者精神个体发生的可能性。

“人是精神与现实的双重存在”主要讲的是人的对象化活动确认了人的本质力量。有意识的生命活动将人与动物区别开来，这意味着人若想证明自己是有意识的类存在物，就需要通过实践来改造对象世界。因为改造世界的实践活动是人能动的类生活的完全体现。从主体的角度来讲，人的对象化活动是必要的。因为人是社会性的人，人在社会化的过程中不仅实现着自身的对象化活动，而且人的本质力量在社会活动中得以自为地存在和发展。逐渐发展起来的主体力量需要借助于改造客观世界的对象化活动来加以体现。从客体的角度看，客观存在除了具备自然性外更具有社会性，因为人在不断地改造着客观存在，客观存在的对象打上了人的烙印，并不断地丰盈起来，这在客观上也要求有与之相适应的主体的感觉和特性存在。只有这样，对象才能成为人的对象，对象世界才能不断地发展。所

① 《马克思恩格斯文集》第1卷，北京，人民出版社2009年版，第162页。

以，主客体都需要人的活动对象化，在对象化活动的过程中，人成为精神与现实的双重存在，此时的客体成为彰显主体力量的现实，主体成为与客体丰富性相适应的意识与感觉。人的对象化的过程说明人是感性的，也就是说在人之外存在着客观的对象，这些客观的对象是可被人感知到的，但同时也具有相对独立性，是独立存在于人之外的，也即作为主体的人要受到客观对象的制约。正是因为人感受到了这种限制和制约，人在对象化的过程中、对象性的关系中就必须显示出人的主动性和激情，否则人的对象化就是一纸空谈。事实上，人与客观事物、人与人、人与社会的对象性关系也在激发着人的希望和热情。这种相对稳定和持续的激情造就了人在对象化过程中积极的心理状态。这种心理状态正是志愿者精神个体发生需要具备的。志愿者精神之所以可能在个体身上发生，是因为人想要客观对象成为自己本质力量的确证，人在对象化活动中就要积极地选择、自觉地思考以突破外在的限制从而彰显主体力量。这个过程使得志愿者精神个体发生所需要的积极进取的心理状态成为可能。所以，“人是精神与现实的双重存在”从理论上说明了志愿者精神个体发生的可能性。

3. 志愿者精神的发生与“人是手段和目的的双重存在”。志愿者精神的第三个核心词是乐于奉献的价值观念。乐于奉献的价值观念反映了志愿者个体的价值选择，这种价值选择认识到个人与社会存在是统一的，认识到个人利益和个人价值的实现离不开社会大环境的支持，认识到人生自我价值的实现与社会价值的创造是统一的过程。“人是手段和目的的双重存在”理论为志愿者精神的个体发生提供了动力支持。

“人是手段和目的的双重存在”告诉我们人不仅是手段，人更应该是目的，人类活动的出发点和目的地都应该是围绕着人的生活来展开叙事的。人能不能作为手段呢？当然可以。因为人是社会性的存在，社会关系最初指的就是许多个人的共同劳动，在生产过程中的共同劳动者是需要互相协作的，从某种意义上说这种分工和协作使人们之间形成了表面上互为手段的关系。这种互为手段的关系首先表明的是社会中人与人之间的必要关联。但人不能仅仅作为手段而存在。马克思恩格斯批判的就是那种人为了生存只有接受社会分工的那些工作，只有接受私人利益主导下的人与人互相交换、互为手段的那种关系，马克思恩格斯认为这种直接占有式（不管是对人还是对物）的关系造成了人们需求的片面化和贫困化。一句话，马克思恩格斯反对仅仅把人当作手段的工具人，这种工具人只是把劳动当作生存的手段，只是把人当成实现自己生存利益的、丧失了生命力的工具。因为即使在社会中有人人互为手段的环节，那也是为了实现人的全面发展而存在的，最终目的只能是人以及人的全面性。马克思为什么对“人类历史的人类童年时代”加以赞扬，就是因为那个时代虽有很多不完美但它将人当作一切活动的出发点、当作共同体存在的目的。“人是目的”应该是人类活动追求的最纯真、最浪漫的归宿。因为“人是手段”仅仅是把人当成人来看待，但也有可能使人丧失人的本来面貌，“人是目的”建立在把人当成人的基础上，最终能够使人成为人。“人是手段与目的的双重存在”只有在特定的集体中才能存在，虚假集体中的强制性分工会导致人仅仅沦为手段。在真正的集体中或是接近真正的集体中，由于人的个体存在本身得到了保证，自愿性的分工形成，人们从事某种活动就成了自由的选择和自觉的行动，这个时候实践活动对人来说就会成为快乐的享受。此时，人的个体价值和社会价值统一起来，那么，乐于奉献也会成为社会成员所推崇的价值观。人在社会中成为目的，不仅保障了人在物质生产中的积极性，而且满足了人在精神上对于归属感的需求，社会成为人们物质和精神上的家园，这种归属感和成就感激励着个体积极主动地进行实践活动，激励着人们去奉献社会。志愿者精神个体身上乐于奉献的价值观也会逐渐形成。所以，“人是手段和目的的双重存在”理论为志愿者精神的个体发生提供了动力支持。

二、志愿者精神个体生成的影响因素

马克思恩格斯关于人的二重性理论为志愿者精神的个体发生提供了理论上的依据、可能性和动力支持。然而在实践生活中，志愿者精神的个体生成还有着复杂的个体因素和社会因素。对这些影响因素进行具体分析，有助于全社会志愿者精神的培育与弘扬。

（一）个体因素

志愿者精神的个体生成有着复杂的个体因素。在这些偶然性和必然性因素的复杂作用下，志愿者精神在个体身上表现出来。虽然这些个体因素因为不同个体呈现出多样性，但统观个体仍然可以找出共性。这些个体因素主要包括责任与担当意识、内在动机、个体性格、时间与健康等。

1. 责任与担当意识。人应该是一个具有道德价值感的存在，这种道德价值感来源于他在社会中所承担的责任。人为什么需要承担责任呢？因为人不仅仅是个体性的存在，更是社会性的存在。人的这种双重存在决定了个体与社会的关系是统一的，个体不能脱离社会而孤立存在，没有无数个个体也就无所谓社会。社会是由人构成的，社会要得以存在和发展，就需要处理好个人利益与社会利益的关系。只有当社会利益总和大于个人存在消耗时，社会才能维持良性运转。这就意味着个人对社会的存在应该承担责任和义务，否则社会就会从有序走向混乱乃至消亡。人的责任和义务需要人具备主体性。社会性赋予了人以主体性，因为人的实践活动是社会性的，一旦人开始实践活动，就意味着人是自由的有意识的自觉存在。不论是作为个体性存在还是社会性存在，人都要具备主体性。这种主体性一方面体现在个体是“我是我”“我为我”，也即个体认识到“我”是主体性的存在，自由且自觉。另一方面体现在个体认识到“我”是存在社会之中的，清楚地了解“我”与社会的辩证关系，明白个体之于社会应做之事，作为主体的“我”要为社会做些什么。人的这种主体性体现着人的责任与担当意识。人的责任与担当意识促使人进行自我调控。这种自我调控一是表现为自我评价，也即根据之前认识到的人应该遵循对社会负责的原则来审视自我的动机和需求等，从而作出对与错的价值判断；二是表现为自我命令，也即作为主体的人根据一定准则对自身应做之事发出肯定性指令，对自己忌做之事发出否定性指令。所以，责任与担当意识体现着人作为主体的完整性，也体现着认识的理性化、情感的正向化、意志的自主化。

个体的责任与担当意识是志愿者精神发生的关键所在。这种责任与担当意识说明个体理性清晰地认识到个人对社会、对他人乃至人类应做之事。在这种理性认识的指引下，志愿者精神的个体发生就成为自然。社会是需要其成员具备这种担当精神的。所以，习近平总书记强调“公益的事要争着做”①，强调“有信念、有梦想、有奋斗、有奉献的人生，才是有意义的人生”②。在全国抗击新冠肺炎疫情表彰大会上，习近平总书记高度赞扬了“14亿中国人民显示出高度的责任意识、自律观念、奉献精神、友爱情怀”③。可见，社会需要这种责任与担当意识，作为主体的个人也具备这种负责任的自觉担当，在社会需要与个体具备的双向推动下，志愿者精神在个体身上应运而生。

---

① 《习近平与少年儿童的故事》，《人民日报》2021年6月1日。

② 《十八大以来重要文献选编》（中），北京，中央文献出版社2016年版，第10页。

③ 习近平：《在全国抗击新冠肺炎疫情表彰大会上的讲话》，《人民日报》2020年9月9日。

2. 内在动机。动机是引发行动的力量和意图，对志愿行为的系统诠释势必涉及理由和动机。人作为自由自觉的有意识的理性存在，在选择一种行为时必然要考量为或不为所产生的可能性结果。考量之下的最终选择是“为”，那就意味着这样做的结果在某种程度上契合了个体的内在需求。也就是说个体在选择进行志愿服务时是受内在动机影响的。如果志愿行为能够满足内在动机的需要，那么个体就更有可能从事志愿服务。内在动机能够解释个体为什么参与志愿活动，能够告诉我们志愿者有哪些内在需求，能够形成相应的动力来支撑主体的不求回报的行为。个体内在的需要反映其动机。根据美国心理学家马斯洛的需要层次理论，我们知道人的行为是由其需要激励的。人的需要从低到高呈现出金字塔层级形式，这些需要分别是生理、安全、情感和归属、尊重、自我实现。其中生理、安全需要相对低级，这些需要都属于外向型的，当这些需要缺乏时，人对这种需求的追求呈现出极其强烈的样态。但从时间上来看，人的这种相对低级需求的满足又是短暂的，因为人吃饱穿暖的需求与其身心健康相关度很高，所以这种需求表现得强烈而短暂。一旦这些低级需求得到满足后，新的更高层次的需求才更有可能产生。归属、尊重、自我实现的需要属于内向型的高级成长性需求，相对低级需要来讲，成长性需求更难满足。但是这种需求一旦被满足，精神上的激励作用持续的时间相对较长。志愿者精神就属于这种成长性的高层次需求，志愿者精神满足的是个体对归属、尊重、自我实现的需要。志愿者在提供志愿服务前，能够认识到志愿行为其实是个体进行社会交往的过程，个体之所以主动与他人进行社会交往，目的在于得到社会认同和尊重从而建立起对于社会的归属感。这个过程同时也是个体实现其理想和目标、造就自我成就感的过程。这并不是说志愿者不需要低层次需求的动机支撑，志愿者精神的生成是以低级需要的相对满足为基础的，没有低级需要的相对满足，志愿者很难产生成长性需求。成长性需求使得个体的志愿者动机更加强烈和多样化。志愿者精神中的“自愿自觉”正是个体追求成长性需求的表现，由于内在精神性的需求反映的动机的支持，个体参与志愿活动已经超越了外在赞扬或是适当物质奖励的驱动，成为个体自觉追求内在个人价值的执着意愿。这种执着的目标追求是个体对自我价值的理性选择，为个体提供了稳定的动力支持，不仅激发着个体志愿者精神的生成，而且滋养着志愿者精神的厚度。也就是说，个体选择奉献他人和社会不是出于外在的功利性刺激，而是出于内在自我完善、自我实现的“志”的驱使。这种动机下的“志”反映着个体为社会奉献的价值取向和价值观。这种“志”反映了主体自觉的、稳定的精神欲求，在“志”的驱动下，个体从事志愿服务的动机更纯真。在对自我欲求的满足中，个体的志愿者精神破土而出。

3. 个体性格。性格指的是一个人在现实生活中所表现出来的相对稳定的态度和行为方式。个体性格受先天因素的影响较小，家庭环境和社会因素对个体性格的影响更大。这说明个体性格虽然相对稳定，但它不是永恒不变的，而是具有很强的可塑性。瑞士心理学家荣格将性格分为两大类：一类是内倾型，一类是外倾型。性格心理学家们公认的性格特质有五大人格，即外向型、亲和力型、尽责型、经验外向型和情绪波动型。外向型性格的个体在行为过程中没有社会抑制，自信、健谈、果敢、精力充沛。亲和力型的个体富有同情心，尊重他人，对周围环境感知力强，友善可亲，慷慨大方，更愿意与人合作共事。尽责型性格的个体专注执着，有耐力，有条理，细心且负责。经验外向型的个体对新事物新环境有强烈的探索欲望，富有创造力、想象力、洞察力。而情绪波动型的个体是缺乏安全感的，容易紧张焦虑，行动力较弱，对人和环境很难产生信任。通过个体的性格特质，我们可以预测其对志愿行为的态度以及对志愿情境的可能性回应。从表面上看心理学家对于性格的研究和划分是以主观性内容为依据，如果我们追问个体的性格是如何形成的，就会知道造就某种性格更多的还是因为社会性的因素，如家庭环境、社会背景、个人经历等。虽然性格反映的是个体对外界和自身的一种态度，但态度本身同时也蕴含着人的价值选择和取向。

志愿者精神包含着为社会发展承担责任的意识、积极进取的心理状态、乐于奉献的价值观念。拥有外向型性格的个体没有社会抑制，对社会事务是积极正向的推动态度，自信、果敢使得他们呈现出积极进取的心理状态。拥有亲和力性格的个体富有同情心，同情是对于他人的关怀和理解，这本身就是一种爱，其更可能表现出利他的亲社会行为，乐于助人本身就表现了个体对于社会和他人的责任担当和乐于奉献的价值观。拥有尽责性格的个体对于其认定的应该负责任的目标具有持久的耐力，这本身就是一种积极进取的心理状态，是志愿者精神在个体身上蓄力的表现。经验外向型性格的个体对于自己没有从事的活动具有探索的欲望，他更愿意去尝试志愿服务。所以，这 4 种性格特质的个体更容易生成志愿者精神，特别是亲和力型和外向型性格的个体与志愿者精神是充分契合的。

4. 时间与健康。志愿服务对志愿者个人的时间和健康要求较高。通常来说，身体健康且空闲时间多的人更容易从事志愿活动。身体健康指的是个体的人体结构是完整的，且生理功能是正常的，能够顺利进行日常生活和工作。健康的体魄是我们进行各项工作的生理性前提，志愿者精神的个体生成并不是只要在脑海中有志愿者意识就可以，更重要的是要将这种意识用于指导客观的志愿活动。志愿活动是需要个体为社会和他人提供服务的，没有健康的身体作为保障，这种利他行为活动恐怕只能是空谈了。任何一项工作和劳动都是需要付出时间成本的，志愿服务也是如此。这也就意味着拥有较多空闲时间的个体更容易产生志愿者精神。从《中国志愿服务发展报告（2017）》的数据可以看到，在受访的志愿者对服务时间段的偏好中，占比最高的是周末（占受访人数的42.11%），占比最低的是工作日下班后（6.5%）[①]。这说明时间是个体能否参与志愿活动的重要影响因素。另一组数据也佐证了这个观点。在全国志愿服务系统注册的2.09亿实名志愿者中，大学生志愿者人数是最多的[②]。为什么呢？除了在校学生有志愿服务时长的要求外，大学生时间比较灵活是一个非常重要的原因。除了大学生群体参与志愿服务频率和时长都比较高外，那些非大学生群体中能够很好管理时间的社会成员也更容易参与志愿服务，因为他们能够处理好工作时间和空闲时间之间的关系。所以，不管是客观上拥有空闲时间的大学生群体还是能够协调好工作与空闲时间的群体，他们的共同点就是有精力、有时间。有了充足的精力和时间，个体才更有可能去思考、去从事本职工作之外的事情。个体要想形成对志愿服务的选择偏好，就需要有时间和身心健康作为前提。可见，时间与健康是个体生成志愿者精神的客观保障条件。

（二）社会因素

志愿者精神的个体生成受到复杂的社会因素的影响。这些社会因素包括经济、政治、文化等，具体表现如下。

1. 经济因素。“精神”从一开始就很倒霉，受到物质的“纠缠”[③]。思想意识产生于最初人们物质活动和物质交往的现实生活中。“人们的想象、

① 中国志愿服务联合会编著：《中国志愿服务发展报告（2017）》，北京，社会科学文献出版社2017年版，第28页。

② 中国志愿服务网，https://chinavolunteer.mca.gov.cn/NVSI/LEAP/site/index.html#/home。

③ 《马克思恩格斯文集》第1卷，北京，人民出版社2009年版，第533页。

思维、精神交往在这里还是人们物质行动的直接产物。”① 而个人的具体样态是由其所处的生产物质条件决定的。这些生产物质条件一开始就是以社会的形式表现出来的，人因为处在生产活动的过程中，所以也是社会性的存在。发生在个体身上的志愿者精神必然也带有社会的烙印。不同社会具有不同的生产发展阶段和不同的经济发展水平，志愿者精神的个体发生必然会受到这些“物质条件”的“纠缠”。在原始社会，人类刚刚脱离动物界，生产水平还非常落后。迫于生存的需要，在大自然面前相对弱势的人类就需要以群居的形式团结起来。在群居生活和简单的生产活动中，人类逐渐形成团结互助、平等的道德原则。这里的互助已经有了我们今天所讲的志愿者精神的外延性内容，人们在社会生产活动时所表现出来的为了人、依靠人的那种互帮互助特别淳朴，马克思恩格斯都曾给过很高的评价，称人类的童年时代是发展的最完美的阶段。但是由于这时人刚脱离蒙昧，这种互助更多的是出于生存的需要和自然情感，离我们所说的自由自觉的选择还有很长一段距离。在奴隶社会和封建社会中，生产力虽然有了提高，但是由于占有生产资料的程度不同，普通大众既没有基本的物质保障，也很难有人身自由且依附于统治者而存在，个人价值和现实权利都没有被重视，这就谈不上拥有志愿者精神产生的土壤。到了资本主义社会，生产力出现了前所未有的迅猛发展，整个社会的财富达到历史新高度，充分的物质条件为人的思想观念的更新提供了有利条件。随着生产的不断扩大，人与人之间的交往也在不断地扩大和深入。在人与人交往的过程中，人们逐渐意识到“我”的存在，认识到“我”必须在整个社会物质生产的过程中保持与他人的紧密联系才能够更好地生活，一方面是个人的主体意识觉醒，另一方面是对人与人关系的认知提升，人们开始对政治权利有了更多的诉求，随之而来的就是公共意识和责任意识的增强。这为志愿者精神的个体发生提供了有力的支撑。但是由于资本主义私有制经济的局限性，不可避免地会出现人的异化。人的主体意识虽然增强，但人在生产过程中也出现了片面化；人的公共意识和责任意识虽然增强了，但在私有制的束缚下人变得更加封闭和孤立。这种矛盾的彻底解决需要以生产力的极大发展为基础，同时也需要摧毁资本主义私有制，进入公有制经济，也即将来的共产主义社会。在我们的社会主义社会，社会主义市场经济体制逐步完善，与以往的计划经济体制不同，社会主义市场经济大大促进了人们

① 《马克思恩格斯文集》第1卷，北京，人民出版社2009年版，第524页。

的流动和迁移的频次，人的社会关系结构发生了深刻而丰富的变化，从较为单纯的血缘关系和地缘关系逐步扩展到职业关系、政治关系、法律关系等。特别是互联网时代的到来，技术的发展和创新让人的生活一下子丰富起来。这些都说明个体接触的对象是复杂的，个体随时都有可能接触陌生人，人与人之间的关系变得相对紧张。人们还是渴望温暖友爱和谐的社会关系的，这种孤单、疏离的不安全感促使个体去思考该如何构建新型的人际关系。对于归属感的渴望让人们去寻找志同道合者，与他们一起为共同生活的社会做一些力所能及的事情，从而实现自身价值。

2. 政治因素。政治性因素相对于经济因素而言，属于上层建筑的范畴。政治因素是国家和政党等利用国家权力所开展的治理国家的活动，它是一种涉及全体社会成员利益的社会性力量。它虽然取决于经济基础，但同时也拥有相对独立性。现代意义上的政治发端于市民社会，其核心功能就在于通过权力来维护经济利益。随着市场经济的不断发展，产业结构和经济发展方式都在转变，由经济效率所决定的第一次分配结果在不同社会群体中有不同的表现。在这个过程中可能会出现由经济因素（如资金、技术等）所导致的社会弱势群体。社会的稳定发展需要此类社会矛盾的解决，政府借助于公权力来解决第一次分配时留下的问题是常规行为。政府通常会通过宏观的政策引导来进行。政府的宏观政策是社会治理的主要形式，但这种形式不是万能的，它是把握大局和方向的。对于社会成员所关心的日常生活的细节内容，宏观政策是无法触及的。政府的行政活动保证了矛盾解决的政策性推进，而这就需要有更多的社会力量参与解决矛盾的过程。这种力量就是社团组织，它涉及的主要是道德和价值取向问题。我国长期处于“大政府”的优势状态中，这种政治制度的突出优势表现在面对重大公共问题时能够高效地动员起先锋力量，实现“集中力量办大事”。比如，在防控新冠肺炎疫情的过程中，中国的制度优势充分显示出来，我们在最短的时间内有效地控制住疫情。“大政府”不能解决社会公共服务领域内的所有问题，它也需要一些社会力量来解决效率和公平之后的再公平问题，也就是第三次分配。经济因素解决的是通过经济体制和机制的运行来支持公共服务，政治因素解决的是通过政策法律法规等行政力量来推进公共服务。这两者干预不到的地方，就需要社会成员自觉、主动地集结起来参与社会服务，从细微之处来弥补经济和政治因素的不足。这说明政治因素为志愿者精神的发生留下了空间。

3. 文化因素。我们在谈论志愿者精神或志愿服务时，通常有 3 个维度：政治建设、文化建设和社会建设，这 3 个维度针对的核心问题分别是民主意识、奉献意识和责任意识。从文化的角度看，物质文明的发展需要有与之相适应的精神文明的提升。物质文明的发展为人们提供了充裕的物质基础，而人的需要在不断地被满足的过程中再生出新的需要。当最基本的生存和生理的需要得到满足后，人们对精神性内容的需求就会更加强烈。这需要社会提供相对丰富的精神产品和精神交往的机会，也即文化必然要繁荣起来才能跟上发展的需要。文化繁荣的内容十分丰富，它包括意识形态和核心价值观的建设、思想道德建设、文艺的繁荣发展和文化事业产业的发展等。其中，核心价值观建设是精神文明发展的方向性保障，它为整个国家、社会和社会成员的整体发展指明了正确的方向，同时也提出了明确的价值追求目标。比如，社会主义核心价值观既指明了我们在国家和社会发展上的目标追求，也明确指出了个人应该追求什么、应该成为什么样的人。这种文化发展方向性的内容为志愿者精神的生成提供了价值支撑。思想道德建设是精神文明发展程度的道德基础，它主要针对的是人们的价值观和道德观。价值观和道德观夯实了整个社会的社会责任意识、规则意识和奉献意识。这恰是志愿者精神的核心内容，可以说思想道德建设直接为志愿者精神的个体生成提供了价值观上的支撑和行为规范上的指导。文艺的繁荣为志愿者精神的个体生成提供了精神上的鼓舞和品格上的提升，文化事业和产业的发展又为社会成员提供了更为丰富的精神食粮，这些都在滋养着个体的精神发展。

伴随着经济的蓬勃发展，人们的交往活动范围和程度日益扩大。这意味着人们的社会关系也在丰富。我们不仅要处理人与人之间的关系、个人与社会之间的关系、个人与国家之间的关系，还要处理好群体与群体之间的关系、国家与社会之间的关系。这些复杂的关系从侧面说明了个体生活的丰富性、个体需求的多样化。这种丰富性和多样化也意味着个人的私生活和社会公共生活空间在不断交叉。社会公共生活空间在不断地扩大，私人生活空间和多样性也在不断增长，二者之间形成了内在的张力。如何在二者之间取得平衡，是现代人必须面对和解决的问题。一方面是个人对于美好生活需求的不断增长，一方面是社会对个人行为的期望以实现社会的公平正义和谐。人们的幸福感安全感想要有保障，就需要有效的社会治理和良好的社会秩序。良好的社会治理是社会建设的重要内容，社会建设需要政府治理的主导，同时也需要社会治理的辅助，二者只有打好组合拳，才能提高治理的有效性。不管是个体需求丰富性的增长，还是社会治理有效性的提升，都需要社会成员积极参与社会公共事务，这些公共事务有可能是对老弱病残的帮助，有可能是提供一些法律援助，也有可能是社区的便民服务和文化宣传，也有可能是公共环境资源的保护或应急救援等。这些为社会成员个体志愿者精神的形成提供了活动的场域，呼唤着个体能够以奉献的姿态参与社会治理，打造人人有责、人人尽责的社会治理的共同体。社会治理的现实需要恰恰满足了个体对于美好生活在精神上的追求，在精神需求与现实条件的双向契合中，个体的志愿者精神便发生了。

三、志愿者精神个体生成的表现形式

志愿者精神作为一种精神现象，它既表现为一定内容的心理，又表现为一定内容的意识。相对心理来讲，意识是其发展的最高层次。志愿者精神个体生成后，表现出不同的层次。既有相对低层次的心理形式，如正确的关系认知、同情友爱的道德情感、进取的态度选择等，也有较高层次的意识形式，如正确价值观、志愿活动的实践指导等。

（一）心理形式

心理是人们对于外部世界和自身的觉察与理解、关注与感受。心理可以分为个体心理和社会心理，二者都取决于人们的生活实际。从心理形式上来看，志愿者精神表现为正确的关系认知、同情友爱的道德情感、进取的态度选择。

1. 正确的关系认知。志愿者精神的个体生成在心理过程上首先表现为正确的关系认知。这个认知过程首先需要面对的就是人与世界、人与人的对象性关系。人本身的种种精神性内容就体现在他所面对的人、物、事上。人怎样认识这种关系是志愿者精神个体生成的基础表现。反过来说，个体身上要形成志愿者精神，首先就需要正确认知人的对象性关系。人与人、人与物、人与社会共同存在于一个现实的世界，在这个世界中，三者是需要和谐共生的。在这个关系范围内，最重要的是人与人的关系，因为人与物、人与社会的关系也体现在人与人的关系中。志愿者精神个体生成首先就表现在“我”认识到人的社会性本质，认识到人不能脱离社会而离群索居，人的生存发展必然只能在人的社会交往的过程中才能实现。其次，表现在“我”认识到社会共同体内各单元是需要互利共赢的，认识到自我发展与他人和社会发展是共存共荣的，这就需要相互尊重彼此自由活动和公平参与的机会并保持相应的界限。互利共赢共同发展是志愿者精神追求的核心价值目标。最后，表现在“我”认识到作为社会成员的个体在必要的时候是需要作出牺牲的。这种必要的牺牲与奉献是社会和谐进步的重要环节。志愿者精神中的“奉献”与这一点是相对应的。

2. 同情友爱的道德情感。志愿者精神的个体生成在心理过程上还表现在情感上，即同情、友爱的道德情感。同情是个人对其他社会成员的遭遇和痛苦能够感同身受，从而在情感上产生共鸣。这种情感上的反应带有浓厚的伦理色彩，将自己代入别人的痛苦经历从而体会到受苦的感觉，情感上的共通使得个体愿意去帮助他人，帮对方减轻痛苦、带来温暖的慰藉。所以，同情是一种非常典型的道德情感，一个富有同情心的人是一个有道德的人。志愿者精神在个体身上发生，需要个体具备这种较高的共情能力，以情促人，通过对他人的同情来激发个体对志愿服务的态度。与之相类似的情感还有友爱。友爱是现代社会人与人之间交往的重要原则，同时也表现着人们对社会生活的情感诉求。人们需要生活在一个和谐友爱的社会环境之中，它体现着社会的文明程度。友爱与同情有相通之处，都是通过“以己度人”来体会他人之苦，这是人与同类之间的惺惺相惜。我们所说的“恻隐之心”就包括了同情和友爱两种道德情感。这是志愿者精神所需要的两种情感，这两种使人感觉到亲切的情感在社会发生重大灾难事件或是他人偶遇困境时都能够使个体萌生帮助他人、奉献社会的想法。所以，同情友爱的道德情感是志愿者精神个体发生的情感表现。

3. 进取的态度。志愿者精神的个体生成在心理过程上还表现为进取的态度。进取的态度对应的是人的心理过程中知情意的“意”。“意”指的是意志，是我们在实现目标和理想的过程中表现出的自我克制、昂扬且百折不挠的精神状态。这种积极的精神状态基于正确的关系认知和友爱的道德情感，正是因为个体理性地认识到人的丰富的社会关系、感受到温暖友爱的力量，他才能坚定对自己所做之事、所追求的目标，保持积极进取的态度。积极进取的态度不仅说明了个体对于从事志愿服务的坚定性，而且说明了个体在活动过程中在出现困难时积极面对的正向情绪状态。在积极进取的态度之下，个体持之以恒地参与志愿活动，即便遇到一些问题，他也能够乐观面对。这不仅促使志愿者精神的个体发生，而且以内在的形式巩固着志愿者精神在个体心中的深度和厚度。所以，进取的态度是志愿者精神个体生成的意志表现形式。

（二）意识形式

作为心理发展的最高形式，意识在这里是作为名词存在的。它可以分为个体意识和社会意识、对象意识和自我意识等。这两个分类虽然是从心理学的角度进行的，但仔细思忖就会发现其具有浓厚的哲学意蕴。个体意识主要体现了个人意识的自觉性、目的性和能动性，它是社会交往的产物。社会意识作为社会主体对客观现实的反应，主要体现为法律、道德、宗教等，属于马克思主义哲学范畴中的意识形态的内容。对象意识和自我意识主要是将主体的“我”与外在的“他”（人或物）区别开来，这本就属于哲学中对象化的内容。所以，对于志愿者的意识形式主要从哲学角度来展开。马克思主义哲学中的意识与物质是相对立而存在的，主要讲的是意识与存在的关系。意识产生于社会实践，是社会交往的产物。“意识一开始就是社会的产物，而且只要人们存在着，它就仍然是这种产物。”① 意识一旦产生，它便具有相对独立性，并且作用于客观存在。志愿者精神也是一种意识，作为个体意识的志愿者精神的生成就表现为正确价值观形成并指导着个体的志愿活动。

1. 正确价值观的形成。志愿者精神在本质上是一种价值观。这种价值观体现了个人在思考和处理个人与他人和社会关系时的利益抉择。个体处理利益关系的行为发生有一个前提，那就是作为主体的人意识到个体的独立性，认识到自己的存在是有别于“他”的，认识到目前正在发生的事情，将“我”与不同于自己的他者进行理性对比。这个过程说明人是自由的存在物，人对利益进行选择的过程是他充分发挥其作为人的自觉能动性的过程，虽然这个过程也受到其他因素的影响，但这些因素能否影响到个体以及影响的程度如何还是取决于个体的主观选择。个体在此前提之下进行积极的思考和探索，在认清个人与社会辩证关系的基础上，在社会客观存在的观察和参与社会实践的过程中，他就会逐渐形成互助友爱、乐于奉献的价值观。这种价值观标志着个体志愿者精神的生成。

2. 对志愿活动的实践指导。一种精神的生成不仅仅是精神领域的事情。仅从主观存在形式的价值观出发，只能大概判断出个体志愿者精神是否形成，要对个体志愿者精神进行全面衡量还需要看个体在该精神的指导下是怎么做的。只有将精神性内容评价和实践性效果评价结合起来才能

---

① 《马克思恩格斯文集》第1卷，北京，人民出版社2009年版，第533页。

更好地考量志愿者精神的个体发生。志愿者精神产生于个体的社会实践活动，在对社会客观存在进行理性认识、明辨是非的基础上，个体慢慢产生友爱的道德情感，在参与志愿服务的过程中锤炼出积极进取的态度选择，互助友爱、乐于奉献的价值观最终形成。在这种价值观指导实践的过程中，个体身上的志愿者精神得以升华。在精神领域和实践领域循环交会的过程中，个体的志愿者精神才能更加高扬。所以，对于志愿者精神的个体发生需要结合社会活动场域来进行深入分析。

通过以上分析，我们可以看到马克思恩格斯关于人的二重性理论为志愿者精神与志愿者个体契合提供了理论上的可行性，即人是自然和社会的双重存在、人是精神与现实的双重存在、人是手段和目的的双重存在理论有力地支撑了志愿者精神的个体发生，奠定了志愿者精神发生的理论厚度。从志愿者精神个体发生的具体过程来看，它既受到经济、政治、文化、社会等方方面面因素的影响，也受个体的责任与担当意识、内在动机、性格、时间与健康等因素的影响。在多重因素的影响之下，志愿者精神在个体身上得以发生。这种发生既有着心理表现形式，也有着更高级的意识表现形式。其中正确的关系认知、同情友爱的道德情感、进取的态度是志愿者精神个体发生的心理表现形式，正确价值观的形成、对志愿实践活动的指导是其意识表现形式。志愿者精神的个体发生既需要有马克思主义理论的科学分析作为理论支撑，也需要各方面多要素的综合作用。其发生后更需要在志愿服务实践的交互过程中进行凝练和升华。

第四章　志愿者精神的历史演进与中西志愿者精神的比较分析

任何一个事物都有自己的历史演进轨迹，志愿者精神也不例外。志愿者精神的产生过程是其思想渊源、理论基础和社会现实等多种因素共同作用的过程。对志愿者精神产生发展的历史过程进行梳理，一是为了在对志愿者精神发展脉络进行把握的基础上总结经验、探索规律；二是为中西志愿者精神比较的深入研究打下基础。

一、志愿者精神的形成

志愿者精神的形成与近现代慈善活动关系密切，这些慈善活动促使当代意义上的志愿者精神的产生。在志愿者精神产生之前，我国近现代慈善事业得到一定的发展。近代以来的慈善活动与中华民族生存危机有关，政权的动荡、战争不断、民不聊生的局势使一些爱国志士开始探索救国救民的良方。因政府没有足够的能力来实施救济，民间慈善组织得到了发展。影响较大的民间慈善组织有“中国红十字会、中华慈幼协会、战时儿童保育协会、香山慈幼院、华洋义赈会”①，影响较大的慈善人物有慈善企业家张謇、爱国慈善教育家熊希龄，参与红十字救护队的国际友人甘扬道、史沫特莱等。近现代的慈善活动不仅是对传统慈善思想的继承，而且对之后的雷锋精神乃至志愿者精神具有重要的启发。志愿者精神的形成可以分为3个阶段：20世纪50年代中期至60年代初，雷锋精神的产生；20世纪80年代初，志愿者精神活动载体的出现；20世纪80年代末至90年代初，

① 北京志愿者协会编著：《走近志愿服务》，北京，中国国际广播出版社2006年版，第82页。

志愿者精神的生成。

（一）20世纪60年代初期雷锋精神的产生

在20世纪60年代，有一首歌广为传唱，这就是《学习雷锋好榜样》。雷锋是那个年代的风云人物之一，雷锋精神至今仍在彰显着它的魅力。我国志愿者精神的形成可以直接追溯到雷锋精神。有一些人认为由于传统计划经济体制的影响，新中国成立后的30年中慈善活动和志愿行动处于停滞状态，其实不然，孕育了几代青少年的雷锋精神就是一个最好的例证。回顾我国志愿者精神产生和发展的历史过程，可以说雷锋精神是我国志愿者精神的本土依托。

任何社会意识都是社会存在的反映，属于社会意识层次的雷锋精神也不例外。雷锋精神作为一种思想意识，一方面是对当时社会存在的映照，另一方面对社会存在有着重要的反作用。1956~1966年，我国处于社会主义建设探索时期。在政治方面，这10年间政治领域的主要任务由在建设社会主义过程中如何处理人民内部矛盾，渐渐转变为“以阶级斗争为纲”，即“如何防止来自国内外乃至党内外对中国共产党的执政地位和新中国国家政权的攻击与颠覆。”[①] 由于对阶级斗争的错误估计，这10年间的政治运动不断，阶级斗争愈加激烈，为我们留下了深刻的教训。具体来讲，通过之前的三大改造（农业、手工业和资本主义工商业的社会主义改造），社会主义基本经济制度得到确立。中共八大明确了这一时期国内的主要任务是发展生产力，这是由当时主要矛盾“人民对于经济文化迅速发展的需要同当前经济文化不能满足人民需要的状况之间的矛盾”[②] 决定的，该矛盾在政治方面就主要表现为人民内部的矛盾。1957年2月，毛泽东发表《关于正确处理人民内部矛盾的问题》的讲话，为了学习、宣传这一讲话，中共中央在同年4月发动了整风运动。这次整风本来的目的是要正确处理人民内部矛盾、整顿党的作风，但由于一些原因，整风运动发展为反右派斗争。20世纪60年代初期，又在全国发动“四清”运动。频繁的政治运动是这一时期中国政治领域的重要表现。在人民民主专政成为无产阶级专政的背景下，我们的主要任务除了对社会主义建设进行组织和领导外，还要对一小撮反对势力和敌对分子实行专政以保卫社会主义制度，这

---

① 齐鹏飞主编：《中华人民共和国史》，北京，中国人民大学出版社2009年版，第127页。

② 齐鹏飞主编：《中华人民共和国史》，北京，中国人民大学出版社2009年版，第110页。

就要求在政治生活中坚持社会主义方向，要实现的理想必须是共产主义。在经济方面，党的八大通过对国内主要矛盾的正确判断作出了将党的工作重心转移到经济建设上来的正确决策，但之后对国内主要矛盾及经济建设速度作出了错误的判断。毛泽东在党的八届三中全会上指出我国社会的主要矛盾是两个对立阶级、两条对立道路的矛盾，即无产阶级与资产阶级、社会主义与资本主义的矛盾。同时这次会议还肯定了反右派斗争、批评反冒进。随着“左”倾错误的发展，1958 年的党的八大二次会议制定了反映、鼓舞群众高涨的生产热情的总路线——鼓足干劲、力争上游、多快好省地建设社会主义，紧接着就是“大跃进”、人民公社化运动。这三面红旗“企图以亿万群众参加的大炼钢铁运动，首先在钢铁等主要工业产品方面赶上甚至超过美英等发达国家，以带动整个国民经济的超常增长；妄图凭借完全幻想出来的粮食高产‘卫星’和逼迫出来的高征购，在一夜之间根本解决中国的粮食问题；企图以‘一大二公’、‘政社合一’的人民公社逐步地向共产主义过渡”[①]。超前于生产力发展的生产关系变革给国民经济带来严重灾难，出现三年经济困难。中间我们党也进行过“纠左”，10 年间的经济建设在取得显著成绩的同时，也伴随着严重的失误和曲折。在文化环境方面，20 世纪 50 年代开展了大规模的“五爱”运动（现在也称“旧五爱”，爱祖国、爱人民、爱劳动、爱科学、爱公共财物），1956 年开始扫除文盲，在文化领域提出“百花齐放、百家争鸣”的方针，同时在全国推广普通话。这些措施对文化事业的发展、文艺作品的宣传和普及起到促进作用。但是，政治领域、经济领域中的“左”倾很快波及文化领域，文化生活中也出现“大跃进”，之后文化思想领域受到政治性批判。全面建设社会主义时期的国际环境也是很复杂的，一是美国因为中国台湾、越南问题所进行的斗争，二是中苏关系出现冲突和破裂，三是与印度因边界问题发生武装冲突。复杂的国际环境给国内的全面经济建设带来极大的压力，这促使我们在意识形态建设上需要明确、加强社会主义的宣传与教育。无论是从政治、经济，还是从文化、国际背景来看，政治性意味较为浓厚，社会主义意识形态的纯洁性得到强化，树立共产主义的思想道德是对全国人民的要求。经济建设上的热情豪迈、政治斗争上的轰轰烈烈、社会主义新文化的意识形态化、国际环境复杂性，60 年代初内外交困的中国需要一些普通民众中的典型人物来号召、团结人民，雷锋精神就是在这

---

① 齐鹏飞主编:《中华人民共和国史》，北京，中国人民大学出版社 2009 年版，第 129 页。

种背景下产生的。雷锋身上所体现出来的不怕困难、挑战困难的积极向上的精神状态、为人民服务的螺丝钉精神以及鲜明的阶级立场恰逢其时地回应了现实的需要。

作为20世纪60年代的英雄人物，雷锋犹如灿烂星空中一颗恒久、闪亮、耀眼的星，映照着那个时代。雷锋精神是那个时代的精神坐标和价值体系，反映着整个时代的精神风貌。雷锋生于旧社会，成长在新中国的红旗下，参加工作后被评为先进多次、受到嘉奖多次。1962年因偶然事故殉职后，其生前所在部队首先掀起学雷锋活动。一些文艺界的著名作家和诗人也开始关注雷锋，并写诗作对颂扬雷锋同志。之后官方媒体开始介入学雷锋活动。1963年2月7日，一篇关于雷锋事迹的通讯稿《毛主席的好战士——雷锋》占用了《人民日报》的3个版面，同时还有评论员文章《伟大的普通一兵》。这些文章的内容所要宣传的主要是雷锋鲜明的阶级立场、为人民服务的螺丝钉精神以及对学习毛泽东著作的积极性。经过《人民日报》的宣传，雷锋事迹从特殊领域——部队走向平民化、社会化。之后，雷锋事迹得到团中央的重视，《中国青年》杂志计划推出学雷锋的专辑，同时还请中央领导为学雷锋活动题词。3月2日，《中国青年》刊登了毛泽东“向雷锋同志学习”的题词，3月5日全国各报刊同时刊登了该题词。《解放军报》3月6日刊登周恩来的题词“向雷锋同志学习憎爱分明的阶级立场，言行一致的革命精神，公而忘私的共产主义风格，奋不顾身的无产阶级斗志”①，这一题词是对“雷锋精神”内容的经典概括，也为之后的学雷锋活动指明了方向。这一年是学雷锋活动的高潮年，“从中央到地方，各级报纸、广播、电视、电影、书刊、宣传画、黑板报等宣传舆论工具以各种形式集中地、大量地宣传雷锋事迹及各地的学雷锋活动，各级机关、部队、工矿、学校、商店和各地农村也举行了形式多样的学雷锋报告会、座谈会等等。”②随着《学习雷锋好榜样》歌声的荡漾，学雷锋活动走入寻常百姓的生活。

伴随着学雷锋活动的深入开展，雷锋精神对社会风尚的影响日益广泛。社会存在对社会意识的产生具有决定性的作用，产生于特定历史时期的雷锋精神必然带有那个阶段的特点，这就是雷锋精神的革命道德性——对共产主义信仰的纯洁性，它表现为对新生的社会主义新中国、对社会主

① 《周恩来选集》(下卷)，北京，人民出版社1984年版，第417页。

② 齐鹏飞主编:《中华人民共和国史》，北京，中国人民大学出版社2009年版，第173页。

义制度、对人民之爱的统一。同时，社会意识又具有相对的独立性，雷锋精神的确有高于现实的一面。在物质条件极其艰苦、生产力水平不高的经济条件下产生的雷锋精神，具有超越现实的崇高性——一心为公的无私奉献，这是中国人民在物质匮乏年代追求高尚精神的表现。从周恩来对学雷锋活动的题词以及《学习雷锋好榜样》的歌词可以看出雷锋精神的内容主要有以下几个方面。

一是爱憎分明的阶级立场。无产阶级的阶级立场主要表现为对党和革命的无限忠诚，对国家、对社会主义、对人民的热爱。雷锋在日记中用“献身于为人民服务，为自己的祖国效忠，为崇高的共产主义理想立功”①来鞭策自己；用“将春天般的温暖送给同志、把严冬般的残酷无情给予敌人”的标准来要求自己，这里的“同志”就是志同道合的革命战友，“敌人”所指的是阶级敌人、反动分子。幼年丧母的雷锋将中国共产党看成自己的母亲，雷锋在入党当天的日记中写道，“伟大的党啊，您是我慈祥的母亲，我所有的一切都是属于您的，我要永远听您的话，在您的身下尽忠效力，永做您忠实的儿子”。②雷锋对党的忠诚，不仅表现在努力做好组织交代的工作、做好事不留名，还表现为对毛泽东主席的敬仰。对毛泽东主席的热爱和敬仰的主要行动方式就是读毛泽东的著作，雷锋在1961年的日记中写道：“我深切地认识到，要想成长进步，要为党做更多的工作，就必须认真读毛主席的书，听毛主席的话，照毛主席的指示办事，才能做毛主席的好战士。”③

二是一心为公、全心全意为人民服务。全心全意为人民服务是雷锋精神本质性的内容。为人民服务是雷锋践行一生的行为准则，1958年他在日记中写道：“一个革命者，当他一进入革命行列的时候，首先要确立坚定不移的革命人生观。树立这样的人生观，就必须培养自己的思想道德品质，处处为党的利益，为人民的利益着想，具有大公无私、舍己为人的风格。要能够为党的利益，为集体的利益不惜牺牲自己的利益。”④即使是作为一颗螺丝钉，也要永远坚守在自己的岗位上。在日常生活中，雷锋甘当人民的勤务员，如放弃看电影的休闲时间帮生产队翻地、在旅途中做列车上的旅客安全代表、放弃休息时间帮炊事班洗菜做饭、利用业余时间扫厕

① 雷锋：《雷锋全集》，北京，人民武警出版社、华文出版社2003年版，第66页。
② 雷锋：《雷锋全集》，北京，人民武警出版社、华文出版社2003年版，第19页。
③ 雷锋：《雷锋全集》，北京，人民武警出版社、华文出版社2003年版，第24页。
④ 雷锋：《雷锋全集》，北京，人民武警出版社、华文出版社2003年版，第11页。

所、掏大粪等，“把有限的生命，投入到无限的为人民服务之中去。”[①]

三是艰苦朴素、勤俭节约的良好作风。这与全面建设社会主义时期经济困难局面紧密相关，勤俭节约是当时国家提倡的响亮口号。雷锋入伍后很快就获得了“节约标兵”的光荣称号，他曾在日记中写道，“为了和人民群众同甘共苦，减轻人民的负担，共同克服目前的困难，我只领了一套单军服，一双新胶鞋……以前用过的东西，我都修补好了，继续使用”[②]，并且认为有补丁的黄军装是最美的。当然雷锋精神还包括不怕困难的乐观主义等。雷锋精神所反映的是如何正确处理个人与国家、集体、他人的关系，在实质上它是一种共产主义的人生观。这种人生观以为了国家和人民活着、以迎着困难前进的态度活着，以追求为人民服务、做人民的勤卫兵的人生意义为中心内容。虽然在特定的年代里，它具有鲜明的阶级性，但这丝毫不能抹煞其共产主义人生观的本质。

产生于革命建设年代的雷锋精神，继承的是中国革命道德传统，并对此加以弘扬。虽然雷锋精神的本质是确定的，但其内涵具有时代性。回顾几十年来的学雷锋活动我们可以看到，不同时期所宣扬的雷锋精神的侧重点是不同的。20 世纪 60 年代对雷锋精神的宣传更侧重于其鲜明的阶级立场，这是由当时的特定历史背景所决定的。一些人认为 60 年代过度强调雷锋精神鲜明的阶级性、无私奉献的崇高性，这种意识形态的宣传习惯使雷锋精神在后面一段时期内减弱了其应有的生命力。这样的指责未免过于粗陋化。这是特定年代、特定背景造成的，并不是雷锋精神本身的问题。

其一，我们要看到的是雷锋精神的崇高性、鲜明的阶级性，不是宣传媒体主观强加给它的，而是时代赋予的，一定的意识决定于一定的存在。雷锋精神的这个特点，恰好符合当时内外交困的社会主义新中国对于国家文化认同的需要、经济建设的需要。在中国共产党领导下所创立的新中国必然需要大众对国家、对党保持百分之百的忠诚，经济建设的困难局面也需要群众具备高昂的奉献热情，以保障新生的社会主义制度。在这样庞大国家要完成国家文化认同，需要这样一个对敌对阶级无比仇恨、对共产党感恩热爱的人，在经济困难时期需要这样一个不计个人得失、全力为集体和国家奉献一切的人，同时这个人又必须是来源于现实生活中的、具有亲和性的英雄人物，以其平凡性来唤起大众对其崇高政治性的接受和践行，

① 雷锋:《雷锋全集》，北京，人民武警出版社、华文出版社 2003 年版，第 53 页。

② 雷锋:《雷锋全集》，北京，人民武警出版社、华文出版社 2003 年版，第 74 页。

雷锋事迹满足了以上需求。其二，我们也要看到雷锋精神中还有其他的内容，如乐于助人、言行一致等，阶级性并不是雷锋精神中唯一的内容。在特定年代对于崇高性的宣扬、弱化道德性，并不代表在任何时代都要这样做。就像列宁在苏维埃政权成立初期所提倡的共产主义星期六义务劳动一样。星期六义务劳动是苏俄工人不计报酬地为公共利益自发地所做的额外工作，它反映的是在苏俄对外战争危机、对内亟须建设时期，民众对于新生政权的支援和高昂的建设热情。列宁将星期六义务劳动归结为共产主义精神，并将其视为共产主义的实际开端。为了鼓励大家积极参与义务劳动，用星期六义务劳动来纯洁党性，并以此作为吸纳新党员、检验老党员党性的标准。这种用参加义务劳动方式来培养共产主义接班人的方式，仅仅适用于苏俄内外交困的紧急时期，若人民群众的基本生活长期得不到保障，同时又要付出大量的额外劳动，这显然不是长久之计。单凭激起群众崇高的政治热情来建设新生的苏俄政权是不够的。因为“革命精神是非常宝贵的，没有革命精神就没有革命行动。但是，革命是在物质利益的基础上产生的，如果只讲牺牲精神，不讲物质利益，那就是唯心论”[①]。因此，在不同的时代，雷锋精神有着不同的时代内容，我们也要根据时代特点来弘扬雷锋精神。

（二）20世纪80年代初期青年服务队的出现

这一时期出现了青年服务队，可以说是我国志愿者精神的最初活动载体。总的来看，从20世纪60年代中期到80年代初，学雷锋活动经历了一个极其复杂曲折的过程，即从极端政治化到初步恢复再到制度化、常态化的过程。为了更好地理解和评价这一时期学雷锋活动的典型形式——青年服务队，需要对这一时期的历史进行简要回顾。

十年之久的“文化大革命”使我国社会主义事业遭遇新中国成立以来最严重的曲折。以防止资本主义复辟进行“反修防修”而发动的“文化大革命”，因对当时形势的错误判断再加上一些政治野心家的利用，给党、国家和人民带来严重的灾难，这是一场对社会主义具有破坏作用的内乱。

十年内乱以“四人帮”的粉碎而结束，对“四人帮”影响的清除使社会秩序得以恢复。但“两个凡是”的提出使刚刚好转的社会出现徘徊中前进的局面。在“文化大革命”结束后的两年中，中国的发展是沉重而缓慢

---

① 《邓小平文选》第2卷，北京，人民出版社1994年版，第146页。

的，一场新的变革正在酝酿。党的十一届三中全会作出了将工作重心转移到社会主义现代化建设上来的战略决策，中国由此进入了改革开放的新时期。党和国家的建设逐步走上正轨，提出加强物质文明建设的同时要加强精神文明建设，将社会主义精神文明建设作为有中国特色社会主义的重要内容和任务。最早提出社会主义精神文明建设直接针对的就是转变“文革”所造成的不良社会风气和党风。邓小平同志在1980年的中共中央工作会议上指出，建设社会主义要同时兼顾物质文明和精神文明，“所谓精神文明，不但是指教育、科学、文化（这是完全必要的），而且是指共产主义的思想、理想、信念、道德、纪律，革命的立场和原则，人与人的同志式关系，等等”①，并且要求中共党员遵守优良的革命道德将其弘扬到社会中以滋养中国精神文明。此后，群众性的精神文明创建活动渐渐开展起来。团中央分管青年思想道德的领导针对青年的道德滑坡现象，根据新中国成立初期的“旧五爱”提出在青年中开展“五讲四美”活动的倡议，以塑造新青年。1981年2月25日，共青团中央牵头全国总工会等9家单位联合发出《关于开展文明礼貌活动的倡议》。2月28日，中宣部、教育部等中央部门发出通知，将“五讲四美（讲文明、讲礼貌、讲卫生、讲秩序、讲道德和心灵美、语言美、行为美、环境美）”文明礼貌活动称作社会主义精神文明建设的重要工作和具体形式。同年3月，中共中央、国务院在总结精神文明建设经验的基础上建议开展“全民文明礼貌月活动”。在文明礼貌月活动中，很多地方结合“学雷锋、讲礼貌”开展了丰富多彩的活动，如“学雷锋义务劳动、卫生运动、青年服务队、军队的‘四有、三讲、两不怕’”②。1982年2月，中共中央办公厅建议将每年的3月作为“全民文明礼貌月”。此后，“学雷锋、树新风”“五讲四美”活动得以制度化。1983年1月，“三热爱（爱祖国、爱社会主义、爱中国共产党）”增添到“五讲四美”中来，“五讲四美三热爱”活动逐渐经常化、普遍化，社会风气得到较好的改善，社会环境中的文明之风弥散开来。

这一时期出现的义务劳动、青年服务队，可以说是我国志愿者精神的最初活动载体。“五讲四美”文明礼貌活动中的青年服务队、义务劳动仍然跟学雷锋活动紧密相连。十年内乱期间，是非善恶美丑的标准颠倒，学雷锋活动被扭曲。1978年之后，党和国家的建设逐步走上正轨，提出加

---

① 《邓小平文选》第2卷，北京，人民出版社1994年版，第367页。

② 《三中全会以来重要文献选编》（下），北京，人民出版社1982年版，第1285页。

强物质文明建设的同时要加强精神文明建设，“五讲四美”活动是当时精神文明建设的有效载体。在这些活动当中，不计其数的青少年、解放军走上街头，走进老百姓的日常生活当中去学雷锋、做好事。与20世纪60年代学雷锋活动突出的政治性和拼命精神相比，80年代初的“五讲四美三热爱”活动凸显的是个人力所能及式的助人为乐、不计经济回报等贴近群众生活实际的社会风尚，不重崇高口号重实际重小事、争先进的“五讲四美三热爱”活动实际上反映出十年内乱后人民对于社会主义建设的热情和期待，纠正了之前讽刺打击先进人物的不正之风，极大地改善了“文化大革命”中那种相互猜忌、相互打击的人际关系，表达了改革开放初期群众对国家、集体和人民的热爱。这些活动使革命道德在社会中得到弘扬，共产主义道德风尚通过激发人们工作、生活的热情而转化为物质力量，极大地促进了社会生产。“五讲四美三热爱”活动发起的初衷主要是为了帮助青年正确面对在道德上的困境、在人生问题上的迷惘和苦闷。1980年，《中国青年》刊登了反映青年对人生充满困惑的题为《人生的路呵，怎么越走越窄……》的读者来信，这封信引发了一场历时半年、很多普通大众参与的“人生观大讨论”，讨论的主题就是“人活着是为了什么，究竟是为自己还是为他人”。从这点我们可以看出，“五讲四美三热爱”活动实质是一场共产主义思想道德教育，其目的就是使广大人民群众树立起共产主义的人生观。

（三）20世纪90年代初期志愿者精神的生成

这一阶段中国处于改革开放和社会主义现代化建设的新时期。经济上，在“调整、改革、整顿、提高”的正确方针指导下，“六五”计划于1985年超额完成，国民经济发展处于兴旺期，经济产量的增加使得消费品供应相对充足，基本取消票证（除粮票、油票外），但同时也存在一些问题。对农业投入的放松、工业增长过快导致粮食产量下降、工业内部比利失调以致“七五”期间出现经济过热等现象。1985~1988年的通货膨胀达到新中国成立以来的高峰，由于对经济问题的严重性认识不足，所实行的价格工资改革直接导致了很多城市的疯狂抢购，使得社会不稳定因素增加，对于计划和市场的争论也日益激烈。1988年9月开始对经济领域进行的长达3年的重点治理，这使经济形势得到好转。对农村进行了家庭联产承包责任制为中心的改革，政社分开，民营经济得到快速发展；国企改革从扩权让利到全面承包，在扩大企业自主权的同时实现了分配方式的转变，即从“大锅饭”的平均主义到按劳分配为主体、多种分配方式并存；创办经济特区、形成较为完善的对外开放的格局。政治上，正确分析中国国情，作出我国处于社会主义初级阶段的正确判断，形成社会主义初级阶段理论，确立了社会主义初级阶段的基本路线，勾画了政治体制改革的蓝图，平息了“八九政治风波”，实现了第二、第三代中央领导核心的顺利交接等。在文化方面，20世纪80年代初的“五讲四美三热爱”活动继续开展，进一步推进了群众性精神文明创建活动，出现了一批如张海迪式的社会偶像人物，人民的精神风貌更加美好，社会风尚更加文明。1986年党的十二届六中全会通过了《中共中央关于社会主义精神文明建设指导方针决议》(以下简称1986年《决议》)，该决议对之后10年的精神文明建设工作作出总的部署。在此指导下，我国的体育事业取得了辉煌的成就，这不仅表现在许海峰夺得奥运会第一枚金牌、中国女排实现三连冠等，还表现在成功举办第11届亚洲运动会上。随着经济、政治、文化的发展，中国的社会生活和社会风尚也在发生着改变，人们更注重对现实物质生活的追求，经济利益、物质利益逐渐成为日常生活的重要衡量标准。“发财致富”成为社会生活中的重要口号，同时也出现一些如“一切向钱看”式的极端经济利益至上观念。这些变化是人们价值观念变化的反映。追求正当物质利益本身是无可非议的，但若违背社会的伦理道德和法律规范而不择手段地去谋取利益，则应该受到谴责。

改革开放的深入全面发展给社会主义精神文明建设带来了双重影响。它在促进精神文明发展的同时也带来很多的难题和严峻的挑战。随着社会主义商品经济和社会主义民主的发展，人们的思想观念、精神状态发生了广泛而深刻的变化，这一方面促进了社会主义精神文明建设的发展，另一方面也挑战着精神文明建设。思想观念领域中的变化对社会主义精神文明建设提出的要求就是：能否在全社会形成积极的舆论氛围、价值观念，规避资本主义和封建主义的消极影响，防止出现方向性的错误，使全国人民以高涨的热情和饱满的创造精神来进行社会主义现代化建设。1986年《决议》针对的就是精神文明建设面临的现实考验，该决议指出社会主义精神建设的主要内容包括理想建设、道德建设、文化建设、民主法制观念建设，以4个方面的建设来培育“四有”公民。理想建设和道德建设是思想道德建设的核心组成部分，从这点上来看，“四有”的培育在实质上是对公民世界观、人生观、价值观的培育。理想教育是方向性的教育，道德教育是日常生活中的道德规范教育。1986年《决议》指出在发展商品经济、允许鼓励先富的情况下，现阶段的道德建设“就应当肯定由此而来的人们在分配方面的合理差别，同时鼓励人们发扬国家利益、集体利益、个人利益相结合的社会主义集体主义精神，发扬顾全大局、诚实守信、互助友爱和扶贫济困的精神”①。这个决议给新形势下的思想道德建设指明了方向。改革开放的全面发展也给社会建设带来了挑战。商品经济能够给人们带来正当的物质利益，但平等竞争的前提下，人的素质是有差别的，这必然会对弱势群体造成一定的疏漏，市场并不能解决一切问题。这些问题的解决一方面需要政府来进行社会福利和社会保障工作，另一方面需要民间力量自觉地扶危济困。在官方推动和民间自觉的结合下，志愿服务在20世纪80年代末出现。

改革开放对人们的影响不仅仅是经济上的，还有文化和社会生活方面的。在80年代末“雷锋精神出国”②的同时，国外志愿服务也开始传入我国。由于东南沿海地区改革开放的时间较早，所以这些地方易于也敢于接受新鲜事物，80年代广东人开始借鉴国外和近邻香港关于志愿服务的经验，尝试着改进学雷锋活动来进行志愿服务。1987年，第一条志愿者服务热线——中学生心声热线在广州诞生，主要是倾听并与中学生沟通他们在学习和生活中遇到的问题。我们知道此时由于改革受挫、拜金主义等思潮以及青春期情感问题的影响，青少年在思想上存在一定程度的迷惘和困惑，他们需要有人来倾听、帮助。由共青团广州市委所创立的中学生心声热线是中国志愿服务的雏形。1988年，第一个社区志愿者服务小组——“为民服务志愿者小组”出现，这个小组是由天津市和平区新兴街道的13名社区居民以“上为党和政府分忧、下为居民群众解愁”为目的自发组织起来的。“为民服务志愿者小组”以为弱势群体提供无偿服务受到社区居民的欢迎，并引起该街道办事处的重视。此后，新兴街道成立了首家社区志愿服务协会，社区志愿服务的序幕由此拉开。社区志愿服务对于群众困难的解决、邻里关系的和谐、居民社会责任感的增强、社会的稳定起到重要的推动作用。1990年，由深圳市委发起、旨在为市民特别是青少年服务的第一个正式注册的志愿社团组织——“义务工作者联合会”出现。1992年，广东佛山诞生“义工团”。无论是社会上的志愿服务组织，还是社区志愿服务小组，他们都是学雷锋活动以新形式的继续，所体现的都是

① 《社会主义精神文明建设文献选编》，北京，中央文献出版社1996年版，第248~249页。
② 指的是美国西点军校在校园内张贴雷锋画像、发起学雷锋活动。

自愿承担社会责任、乐于奉献的价值观念，友爱、互助的社会氛围。至此，志愿者精神在中国形成。

从我国志愿者精神的形成过程可以看出，虽然“志愿者”“志愿服务”这些名词是外来的，但志愿者精神并不是舶来品。志愿者精神所承袭的是20世纪60年代产生的雷锋精神，志愿服务承袭的是进行了20多年的学雷锋活动。从精神实质内容上来看，雷锋精神的主导性内容就是全心全意为人民服务的奉献精神，这与我国志愿者精神的乐于奉献相一致；从活动形式来看，志愿服务既继承了学雷锋活动的形式，又开创了新形式，如志愿组织的出现、以进行心理疏导为内容的志愿服务热线的出现等。志愿者精神之所以在20世纪80年代末产生，是因为雷锋精神、学雷锋活动在现实中遭遇挑战和质疑。因为受到市场经济以及资产阶级自由化思潮的冲击，这一时期相当一部分人认为雷锋精神过时或超前，对雷锋精神或学雷锋活动存在的异议和误解主要有“超前论”“吃亏论”“过时论”“冲突论”。“超前论”认为雷锋精神提倡的大公无私的奉献精神是共产主义社会所要求的思想道德，而我们目前所需要的是与社会主义初级阶段相对应的社会主义思想道德，在社会主义初级阶段提倡雷锋精神就是搞穷过渡。不可否认，20世纪六七十年代的学雷锋活动中存在只提倡共产主义道德而忽略社会主义道德的现象，但是目前提倡雷锋精神并不是“左”的错误的延续，雷锋精神虽然倡导无私奉献、全心全意为人民服务的共产主义道德，但是它并不否认社会主义道德，不仅因为作为雷锋精神的核心——为人民服务是有层次性的，而且在社会主义初级阶段提倡共产主义的崇高理想是当然的，再就是雷锋精神的内容并不仅仅是共产主义道德，还有我们日常生活中都可以做到的互助、友爱等。“吃亏论”将个人利益与集体利益对立起来，认为学雷锋有益于集体，但对个人没有好处。这种论调成为那些仅仅沉浸在狭隘个人主义中的一些人的说辞。雷锋精神倡导个人利益与集体利益的统一，当个人利益与集体利益发生冲突时，个人利益要无条件地服从集体利益。倘若人人只讲个人利益，整个社会必将陷入个人主义狭小的圈子里，集体利益得不到保障，个人利益便无从谈起。“过时论”认为产生于20世纪60年代的雷锋精神已经不能适用于改革开放后的八九十年代，将目光停留在学雷锋活动中的缺点和问题上，用学雷锋活动中存在的一定程度的形式主义来诋毁雷锋精神。不可否认，学雷锋活动中存在长效机制不健全的问题，但是雷锋精神本身是没有任何问题的，这些问题的出现是因为在实践活动中没有很好地践行真正的雷锋精神。“冲突论”认为雷锋精神与社会主义有计划的商品经济是对立的，这种观点是错误的。雷锋精神在根本上与社会主义商品经济观念是一致的。因为在社会主义公有制基础上产生的社会主义商品经济观念与集体主义道德原则的雷锋精神在意识形态上是一致的，都是社会主义性质的；雷锋精神所倡导的为人民服务的集体主义价值取向与公平竞争、等价交换的市场伦理也是一致的。从这个意义上讲，雷锋精神对社会主义商品经济秩序的良好发展具有保证作用，因为雷锋精神可以对资本主义商品经济观念中的极端利己主义和拜金主义进行制约。虽然这一时期对雷锋精神的诘难都是站不住脚的，但是雷锋精神的确面临着这些挑战。再加上 20 多年学雷锋活动中所存在“三月来四月走”的形式化等问题，需要学雷锋活动作出相应的改变，志愿服务正是顺应这一现实需要而产生的，志愿者精神由此在中国生成。

我国的志愿者精神虽然是雷锋精神的延续，但它是穿着新装的雷锋精神。从前面的梳理中我们可以看出，雷锋精神在每个发展阶段的侧重点是不同的。在 20 世纪 60 年代，雷锋精神侧重于无产阶级好战士的政治性内容，主要强调的是阶级性和崇高的无私奉献性，主张真善美的统一；70 年代，雷锋精神侧重于爱憎分明的阶级立场；80 年代初的“五讲四美三热爱”中的雷锋精神所侧重的是助人为乐、不计经济回报等贴近群众生活实际的社会风尚。但无论在哪个阶段，为人民服务都是雷锋精神的基本内容。80 年代末 90 年代初的志愿者精神与官方指导的学雷锋活动不同，它是在民间自发产生的，是在对学雷锋活动进行总结的基础上产生的志愿服务所孕育出来的，它强调的是自我参与性、责任感和互助性。这并不是说雷锋精神中不包括这些，只是这一时期的志愿者精神更侧重于这点，自我参与的积极性主动性所体现出来的对国家、集体的责任感，是雷锋精神与志愿者精神高度一致的地方。一些人认为雷锋精神中以国家、集体利益为重的螺丝钉精神是工具论的典型，认为雷锋精神是对个性和自我的压抑，使人失去主动性，这是对雷锋精神的误解和诋毁。雷锋精神中的全心全意为人民服务、无私奉献，正是雷锋精神主动性和自觉性的体现。雷锋精神所倡导的主动性和自觉性，体现在它高度的主人翁意识中。这种主人翁意识源于个人强烈的社会责任感，正是由于这种强烈的责任感，雷锋不顾自身利益，将有限的生命奉献到无限的为人民服务当中。这种无私的奉献将国家、集体利益放在第一位，同时由于高度的社会责任感的驱动使其具有积极主动性，雷锋精神的高度自愿自觉的精神并不是一种工具主义，而是积极地将个人利益与国家、集体利益结合起来，在国家与集体利益实现的过程当中实现个人价值的一种高尚的精神追求。我们所要高扬的主体性不是极端个人主义至上的“一心为己”的主体性，而是“天下为公”的主体性。雷锋精神和志愿者精神的高度一致就表现在它们的精神实质是一样的，强调的都是个人自觉自愿地承担社会责任的意识，体现了以集体主义为原则来处理个人利益与集体、国家利益之间关系的价值观，体现了为人民服务的人生观。

二、志愿者精神的发展

如果说志愿者精神的产生是一个自发探索的过程，那么在其产生之后的发展过程更多的是官方推动、多元发展、全员参与和制度保障相结合的过程。具体来讲，我国志愿者精神的发展过程可以分为以下 4 个阶段。

（一）官方推动阶段

这一阶段的时间覆盖范围大概是在 1993 年年底至 2000 年。以 1993 年 12 月共青团作出实施以“青年志愿者行动”为主要内容的“跨世纪青年文明工程”的决定为起点，以 2000 年江泽民对青年志愿者来信的批示为终点。与 20 世纪 80 年代末 90 年代初志愿者精神的自发探索相比，这一阶段志愿者精神的发展更多的是官方推动。为什么在民间自发产生的志愿者精神很快就得到官方的重视与推进呢？我们来看一下这个阶段的历史背景。

1989 年的政治风波之后，理论界掀起一股所有事情都要以“资”或“社”作为评价标准的歪风，这股“左”倾思潮实质上是否定改革开放、否定市场经济，成为我国改革开放过程中的思想障碍。1992 年邓小平发表的南方谈话提出了作为经济手段的计划与市场并不是社会主义与资本主义的本质区别，提出改革开放是否成功要用“三个有利于”的标准来衡量。在南方谈话的基础上，党的十四大明确提出了我国经济体制改革的目标就是要建立社会主义市场经济体制。至此，关于姓“资”还是姓“社”的困惑得到成功解决，在“三个有利于”标准的指导下，经济体制改革（国企改革、财政金融体制改革等）得以顺利进行，经济进入加速发展的新阶段。与经济体制改革相适应，政治体制改革也在进行。市场经济作为一种契约经济，它在要求人们自主、平等、竞争的同时，也要求人们具有法治意识，建立与社会主义市场经济相适应的法律体系、实行“依法治国”，是中国当代政治的重大进步；政府机构的改革，使得小政府大社会的结构初现端倪。这一时期在精神文明和文化建设方面吸取七八十年代在教育方面的失误，将物质文明与精神文明一起抓，一是1995年提出在全国实施“科教兴国”战略，二是1996年10月党的十四届六中全会通过了《中共中央关于加强社会主义精神文明建设若干重要问题的决议》(以下简称1996年《决议》)，对之后十几年的思想道德和文化建设作出部署。

市场经济浪潮在这一阶段席卷了整个中国，“下海”“大款”成为流行词汇。在市场经济的影响下，社会的世俗化程度加深、物欲主义盛行、拜金主义风气弥漫、道德失范现象频发。面对社会现实变化的冲击，因对现实中人文精神危机的忧虑，人们在文化领域中掀起关于“人文精神大讨论”。人文精神大讨论反映了知识分子对经济建设过程中的文化建设的关注，对于整个社会能否形成价值认同的关注。在这个过程中，大众文化的兴起引起人们的关注。作为消费性的大众文化注重对感官的满足、对当下心理的满足，跟着感觉走成为真善美的标准，这对整个社会造成的影响就是价值认同的缺失、社会心理上的焦虑。之所以出现这些问题，一个很重要的原因就是在进行物质文明建设时在一定程度上忽视了精神文明建设，“一手硬，一手软”的问题没有得到很好的解决。虽然社会主义市场经济可以解放和发展生产力，可以增强独立意识、开拓精神等，但市场经济固有的消极面也会映射到精神生活中来，前面所说的问题就是市场经济消极影响的表现。1996年《决议》对于这些问题的解决提供了一个很好的思路，加强精神文明建设以引导人们形成正确的义利观和健康有序的生活规范。1996年《决议》在谈到如何加强青少年思想道德教育时指出：“充分发挥共青团、少先队团结和引导广大青少年进步的重要作用，深入开展‘希望工程’、‘青年志愿者’和‘手拉手’等活动，发扬互相关心、助人为乐的精神。”[①] 将志愿者行动作为加强青少年思想道德的重要载体。不仅在进行精神文明建设时需要志愿服务这一载体，而且其他社会建设也对志愿服务提出现实需要。国企改革所造成的大量下岗人员给社会福利事业带来一定的压力，允许一部分人一部分地区先富裕起来所造成的区域贫富差距、阶层性贫富差距、劳动力流动所带来的社会问题等都需要关注和

① 《改革开放三十年重要文献选编》(上)，北京，中央文献出版社2008年版，第876页。

解决，“大政府”在积极解决这些问题，但同时更需要“大社会”的支持。志愿服务是“大社会”中的重要力量。

这个阶段我国志愿者精神最亮丽的风景线便是“中国青年志愿者行动”的提出与开展。社会主义市场经济体制基本框架的确立，对经济、社会以及青年工作产生重大影响，为了使广大青年更好地服务于经济建设的中心任务，共青团中央根据青年工作状况和青年发展战略调研情况，制定了《在建立社会主义市场经济体制进程中我国青年工作战略发展规划》（以下简称《规划》），1993年12月的共青团第十三届二中全会审议通过该《规划》。《规划》将“跨世纪青年文明工程”“跨世纪青年人才工程”作为新时期青年工作突破口，“跨世纪青年文明工程”的主要任务之一就是通过社会实践活动对青年人进行思想道德素质教育，帮助他们树立起正确的理想信念、人生观、价值观，以青年的精神力量来促进物质文明建设。其中，“青年志愿者行动”作为“跨世纪青年文明工程”的重要组成部分在实践中最先启动。《规划》指出，青年志愿者活动作为学雷锋活动的一种长效机制，它是新形势下学雷锋活动的发展，主要是为了保持团结友爱、助人为乐的社会风气。至此，我国两支主要的志愿者队伍——民政部主管的社区志愿者和共青团主管的中国青年志愿者形成。1993年12月的春运高峰期，铁路系统的青年们开展“铁路青年志愿者学雷锋迎春运志愿活动”，率先打出了青年志愿者的旗帜，这标志着青年志愿者行动的正式开始。之后，全国很多的大学生、中学生投入到志愿者活动当中，服务的方式有大型志愿服务（如第六届“远东及南太平洋地区运动会”义务服务队）、“一助一”长期服务计划、扶贫计划服务队等。与之相适应的是中国青年志愿者协会在1994年的国际志愿者日（12月5日）成立，该协会是专门管理青年志愿服务具体事务的社会团体，协会成立后有力地促进了青年志愿者活动的规范化和制度化。1997年年底，为了更好地促进志愿者服务活动与社区服务的结合，共青团中央等部门联合下发《关于开展青年文明社区活动》和《关于开展青年志愿者社区援助活动》的两个文件。在此指导下，青年志愿者活动中的“一助一”服务计划开始扩展到社区援助活动中，并形成21世纪社区青年志愿者服务这一新的品牌。1993年年底至2000年，志愿服务活动在官方的推动下发展迅速，这一时期具有代表性的志愿服务项目主要有以下几项。一是1994年开始的“一助一”服务计划。这个计划主要是青年志愿服务队伍或志愿者个人与孤寡老人、空巢老人、烈军属、残疾人结成对，定期上门进行帮扶。二是1996年开始的成人预备期志愿者活动。这个活动主要对象是16~18岁的中学生，倡议正处于向成人公民过渡期的中学生每年提供不少于48小时的志愿服务。成人预备期志愿者活动的宣传口号是“迈好成人第一步、先做青年志愿者”“帮助他人、完善自己、服务社会、弘扬新风”①。活动将青年志愿者行动与成人仪式教育紧密结合起来，有力促进了新时期青少年道德实践教育。三是1996年开始的志愿者接力扶贫项目。这个项目起因是希望工程在保障贫困地区的硬件设施的同时不能解决软件即师资的问题，一些青年志愿者自愿进入贫困地区当教师、农业技术人员和医疗人员等，有力地促进了贫困地区的发展。四是大学生“三下乡”志愿者活动。这项活动主要是为了贯彻1996年《决议》的精神、推进农村的精神文明建设，服务内容主要包括文化下乡、科技下乡、卫生下乡。1997年，由中宣部、教育部、共青团中央和全国学联共同发动了以“受教育、长才干、做贡献”为宗旨的大中专学生志愿者暑假“三下乡”活动，掀起了该活动的高潮。“三下乡”活动具有广泛的社会影响，它为农村的物质文明和精神文明建设作出了巨大的贡献，同时也是大学生进行社会实践锻炼的有效途径。五是研究生支教团活动。为了做好扶贫接力计划，1999年共青团中央、教育部联合下发了《关于做好青年志愿者扶贫接力计划支教工作的通知》，将研究生支教团作为该计划的有效形式固定下来。这项活动的具体做法是选拔部分重点高校的一些具有保研资格的应届本科生，到中西部贫困地区中小学进行一年的志愿支教工作。六是保护母亲河行动。1999年年初，团中央等单位共同发起该行动，这次行动以生态环境的保护为宗旨，号召社会力量从身边小事做起，来保护孕育了中华文明的母亲河。除了这些官方推动下的志愿服务活动外，还有一些民间的志愿服务活动，如1994年成立首家民间环保组织“自然之友”、中华全国慈善总会、中国老科技工作者协会、红枫妇女服务中心等。这些民间志愿服务也为志愿者精神的发展作出了突出的贡献。

这一时期志愿者精神得到迅速发展的一个很重要的原因就是官方的推动。以上所列举的代表性项目便是一个很好的例证，这些项目都是在官方指导下发起的。党和国家都很重视志愿服务，1994年江泽民曾为社区志愿服务题词：提倡社会互助，促进精神文明；李鹏的题词为：为民解忧、

① 董文华编:《青春奉献：共青团中央发起中国青年志愿者行动》，长春，吉林出版集团有限责任公司2010年版，第25页。

为国分忧；1994年2月，时任中央政治局常委胡锦涛在看望青年志愿者时指出“青年志愿者行动是在社会主义市场经济条件下建设精神文明的一种好形式，是雷锋精神在新时代的发扬光大”[①]；江泽民在2000年给青年志愿者来信的批语中写道：“青年志愿者行动，是当代社会主义中国一项十分高尚的事业，体现了中华民族助人为乐和扶贫济困的传统美德，是大有希望的事业。努力进行好这项事业，有利于在全社会树立奉献、友爱、互助、进步的时代新风。”[②]2000年3月，共青团中央将每年3月5日正式定为“中国青年志愿者日”。在共青团、民政部等各部门的指导和支持下，志愿服务迅速扩展到社会的方方面面，伴随着志愿服务传播和扩散，志愿者精神得到培育和弘扬。这一时期，我国志愿者精神的基本内容——奉献、友爱、互助、进步得到准确概括。

（二）载体多元发展阶段

这一阶段的时间范围大概是在2001~2007年。以2001年的国际志愿者年在全世界、全社会宣传志愿服务为开端，以2008年我国志愿者元年的前一年为末端。这一时期，因为作为志愿者精神实践载体的志愿服务的多元发展，志愿者精神的社会影响得到进一步扩大，社会认同得到增强。志愿服务在原有项目的基础上拓展的同时又开发一些新的活动，最为重要的是民间志愿组织得到很大的发展，志愿者精神的认同度得到加深。

在这一阶段，经济、文化、社会的发展给志愿者精神的发展注入活力。经济上，加入世界贸易组织标志着我国的改革开放达到一个新阶段，在给我国经济带来重大发展机遇外，与国际接轨、与国际交流的便利性同时也给文化建设带来很大挑战；作为21世纪经济发展基本战略之一的西部大开发直接催生了“大学生志愿服务西部计划”；可持续发展与“五个统筹”的战略目标，在给经济发展指明方向的同时也给志愿服务的发展确立了目标。文化上，2001年江泽民在全国宣传部长会议上明确提出了依法治国与以德治国相结合的治国方略，以德治国与发展社会主义精神文明建设相适应。他在强调全面建设小康社会时指出：“要建立与社会主义市场经济相适应、与社会主义法律规范相协调、与中华民族传统美德相承接的社会主义思想道德体系……引导人们树立中国特色社会主义共同理

① 安国启主编：《志愿行动在中国：中国青年志愿者行动研究》，北京，中央文献出版社2002年版，第33页。

② 《江泽民文选》第3卷，北京，人民出版社2006年版，第508页。

想，树立正确的世界观、人生观和价值观。认真贯彻公民道德建设实施纲要，弘扬爱国主义精神，以为人民服务为核心、以集体主义为原则、以诚实守信为重点，加强社会公德、职业道德和家庭美德教育，特别要加强青少年的思想道德建设，引导人们在遵守基本行为准则的基础上，追求更高的思想道德目标。加强和改进思想政治工作，广泛开展群众性精神文明创建活动。"[①] 以德治国的方略强调思想道德的精神力量对社会风尚的引导，这为旨在形成良好社会风尚的志愿者精神的发展提供了指导方略。中国共产党成立 80 周年大会上的讲话对"三个代表"重要思想的科学内涵进行全面阐释，其中代表中国先进文化的前进方向就是要促进全民族思想道德素质和科学文化素质的不断提高，为经济、社会发展提供精神动力和智力支持。2006 年，党的十六届六中全会通过的《中共中央关于构建社会主义和谐社会若干重大问题的决定》在提出构建和谐文化的同时将社会主义核心价值体系作为构建和谐文化的根本，在提及和谐文化建构的具体措施时将城乡社会志愿服务活动作为和谐创建活动的有效形式。随着社会主义市场经济体制的初步建立，我国社会生活发生了深刻的变化，"经济成分和经济利益多样化、社会生活方式多样化、社会组织形式多样化、就业岗位和就业方式多样化日趋明显，给思想政治工作带来大量新情况、新问题"[②]；城乡差距的日益扩大使得"三农"问题成为这一时期的焦点问题，这给志愿服务提供更为广阔的农村空间。在对外开放方面，我们积极贯彻"走出去"与"引进来"相结合的方针，不断扩大对外开放的力度，这给我国与国际上的志愿服务交流提供了很好的平台。经济、文化、社会的有利条件促进志愿者精神在该阶段的发展。

这一时期促进志愿者精神发展的主要活动如下。一是 2001 年国际志愿者年的系列活动。这些活动标志着中国青年志愿者协会与联合国志愿人员组织开始合作，也为中国志愿者精神走向国际创造了一个好的开端。以"认知、支持、发展"为主题的志愿服务国际会议，有力地促进了志愿服务在全社会的宣传，使社会对于志愿服务的全民性有了进一步的认识。二是中国青年志愿者海外服务计划。作为中国青年志愿者的品牌项目之一，海外服务计划于 2002 年 3 月在共青团中央、中国青年志愿者协会组织下正式启动。该计划主要是根据受助国的实际需求，由主办单位与受助国签

---

① 《中国共产党第十六次全国代表大会文件汇编》，北京，人民出版社 2002 年版，第 38~39 页。

② 教育部思想政治工作司组编：《加强和改进大学生思想政治教育主要文献选编（1978—2008）》，北京，中国人民大学出版社 2008 年版，第 279 页。

订协议，我国在协议约定的时间内派遣青年志愿者到达受助国进行 6 个月的志愿服务，同时也引进他国志愿者到国内服务。三是百万青年志愿者助残行动。该行动是“一助一”服务计划在 21 世纪的拓展，由共青团中央、残联共同实施，计划用 3 年时间来招募一支 300 多万名志愿者助残骨干队伍，让助残服务基地和助残服务站基本覆盖残疾人比较多的区域，通过结对服务方式来建立助残服务的长效机制。四是抗击非典“志愿者爱心包”捐赠活动。2003 年非典型肺炎疫情波及全国 26 个省、自治区、直辖市，这场疫情给人民群众的健康和生命带来威胁，也给经济社会生活带来很多困难。同非典作斗争，是全国人民的共同责任。在这样的背景下，共青团中央、中国青年志愿者协会、中国青少年发展基金会等共同发起抗击非典“志愿者爱心包”捐赠活动。五是大学生志愿服务西部计划。西部大开发是进入 21 世纪我国经济发展的基本战略之一，为了积极配合这一战略，2003 年共青团中央、教育部、财政部、人事部联合下发《关于实施大学生志愿服务西部计划的通知》。该计划每年从普通高等院校应届毕业生中招募定量的志愿者到西部贫困县的乡镇从事为期 1~2 年的教育、卫生、农技、扶贫以及青年中心建设和管理等方面的工作。西部志愿服务计划为西部大开发作出了很大的贡献，同时也使志愿者精神在西部得到传播。六是真情暖万家活动。这项活动是共青团中央在 2004 年春节前夕针对青年中的困难群体（如下岗失业青年、农村贫困青年、进城务工青年、特困大学生、残疾青年等）所开展的，并将每年的 12 月 30 日定为全国统一行动日。七是关注未成年人成长的一些志愿活动，如心手相连——社区志愿者与未成年人结对活动、青春红丝带行动——以招募老年人加入“金晖志愿者”关爱未成年人健康成长为主要内容的“爱心助成长”志愿服务计划、青少年防治艾滋病志愿者“面对面”宣传教育活动等。这些活动加深了未成年人对志愿者精神的认知度，在一定程度上促进未成年人思想道德教育。八是社区志愿服务和谐行动。2004 年党的十六届四中全会提出构建社会主义和谐社会后，该课题成为社会热点。为了学习和贯彻这一精神，共青团中央开始启动社区志愿服务和谐行动，此外还有针对老年人的敬老服务月活动等。与 2000 年之前相比，这一阶段社区志愿服务与青年志愿服务更为紧密，相伴相随。青年志愿者通过系列活动参与社区志愿服务，社区志愿者通过“金晖志愿者”也参与青年志愿行动。

除了两支传统的志愿者队伍外，这一阶段民间志愿组织的力量得到很快发展。以保护环境为宗旨的组织有绿家园志愿者、大学生绿色营、中国绿色志愿者网等；以助学为宗旨的多背一公斤、阳光助学、我们的自由天空（OFS）公益助学、中国爱心网、春苗助学网等；以综合服务为宗旨的中国青基会美新路公益基金、温州 182 义工协会、徐州心缘志愿者服务中心、开封市爱心之家志愿者协会等。这些民间志愿服务一方面说明了社会人对于解决社会性问题的责任担当；另一方面这些活动的开展是对两支传统志愿者队伍的有益补充，完善了社会志愿服务体系，极大地扩大了志愿者精神在民间的影响。

（三）全员参与阶段

这一阶段的时间范围大概是在 2008~2012 年。在志愿者精神实践载体多元化的阶段，我们可以看到青年志愿者与社区志愿者的联系是十分紧密的，民间志愿组织虽然得到充分发展，但是与官方主管的两支志愿者队伍相比，民间志愿组织更多的是单独行动、各自探索。2008 年当中的两件大事——汶川大地震和北京奥运会改变了这种状态，不计其数的、各种类型的志愿者参与这两件大事，志愿服务的全员参与标志着中国志愿者元年的到来。

2008 年对于中国志愿服务来说是特别重要的一年，因为这一年志愿服务不仅面临着严峻的考验，更重要的是志愿者们顺利克服了这些困难，“志愿者”成为该年度热门话题。伴随着“志愿者”这一群体称谓的走红，人们对支撑着志愿服务的内在动力——志愿者精神有了更进一步的关注和领会。2008 年的新年，一场 50 年一遇的雪灾袭击了我国 20 多个省份，给人们的生产和生活带来诸多不便。因为接近春节，雪灾给交通带来了很大的压力，数百万归心似箭的旅客滞留在车站和机场，数万辆客车滞留在雪灾严重的京珠高速路段。志愿者们不顾严寒，为灾区提供各种各样的服务，如清理冰雪、运送食品衣物、疏导交通、心理辅导、号召群众参与救援等，因此志愿者们被人们称为“冰雪中跳动的火焰”，这些“火焰”为人们送去温暖、为抗冰救灾贡献出自己的力量。抗击雪灾中所形成的抗冰雪精神，凝聚着志愿者们的奉献、互助的精神特质，体现了中华民族 5000 多年形成的和衷共济、同甘共苦的民族精神。2008 年 5 月 12 日，四川省汶川发生了一场突如其来的灾难——汶川地震，这一震惊世界的大灾难给当地人民生命财产和当地的经济社会发展造成巨大的损失，给全国人民带来巨大的伤痛。由于地震灾害所波及的范围广、人员伤亡多，再加上恶劣的天气环境，使救援的难度系数上升，抗震救灾工作面临着巨大的挑战和困难。在抗震救灾的队伍中，除了人民子弟兵、公安民警、医务工作者之外，还有一群群自发前来救援的队伍，这些队伍中虽然包括学生、教师、农民、商人等，但他们拥有一个统一的名字——志愿者。在救援工作的方方面面都出现了志愿者的身影，现场救援、医院病房、安置帐篷、献血车上、运送救灾物资的途中都有他们忙碌的身影，涌现出许多可歌可泣的人物。被人们称为“地震中救人最多的志愿者”陈岩是一名普通商人，他是震后最早进入都江堰参加救援的志愿者之一，5 天 5 夜战斗在救援第一线，一共从废墟中救出 29 个孩子。具有“唐山 13 义士”之称的宋志永爱心志愿小分队，由 13 位农民组成，在 5 月 12 日的当天下午辗转来到灾区，是最早进入北川的志愿者之一。他们用最原始的徒手刨、用铁锤砸的方式来寻找废墟中的幸存者，共抢救出 25 名幸存者、60 名遇难者遗体。这些农民家境并不富裕，他们跟灾区群众素不相识，他们却能够在第一时间出手相援、雪中送炭，支撑着他们进行救助的不仅仅是农民的淳朴和善良，更多的是他们心中对于同胞的大爱之情。在地震中还有很多值得歌颂的志愿者，他们参加救援与职业使命和法律规定的责任无关，作为在废墟上站得最高的群体，他们是出于人性中的善，是出于个人对社会责任的担当而自觉参与救灾。各种职业、群体中的人参与志愿服务，在提供志愿服务的过程中，他们通过自身示范影响，使人们对志愿者有了进一步的认识，同时感染了一批又一批人加入志愿者队伍，极大地培育和弘扬了志愿者精神。中华民族在抗震救灾中谱写了一首大爱无疆的颂歌，在这首颂歌里志愿者是最为活跃的音符。他们与全中国人一起共同铸就了“万众一心、众志成城，不畏艰险、百折不挠，以人为本、尊重科学的伟大抗震救灾精神。”[①] 在 2008 年北京奥运会、残奥会期间，共有 170 万名志愿者参与志愿服务，在 10 万赛会志愿者、40 万城市志愿者、100 万社会志愿者、20 万啦啦队志愿者的真诚微笑和精心服务中，在“我参与、我奉献、我快乐”声中，奥运会取得圆满成功。在奥运会闭幕式上，国际奥委会委员亲自向志愿者代表献花以示赞赏和感谢，感谢他们的奉献和微笑，这在历史上是第一次。北京奥运会的举办，为我国与国外的交流提供了一个很好的平台，同时，北京奥运会留下的重要遗产——奥运精神也成为推动中外交流的精神资源。海外媒体称中国志愿者是中国在运动会赛事之外所获得的“另一枚金牌”。通过北京奥运会，中国志愿者精神

---

① 《十七大以来重要文献选编》(上)，北京，中央文献出版社 2009 年版，第 527 页。

不仅在国内得到国人的一致认可和推崇，而且在国际上也备受赞誉。之后，上海世博会上的“小白菜”，广州亚运会上的“绿羊羊”，深圳大运会上的“小青葱”“向日葵”“U哥U姐”们进一步促进我国志愿者精神的弘扬与培育。

2008年中央文明委制定下发《关于深入开展志愿服务活动的意见》以来，志愿服务活动得到广泛开展。2008年以来，除了大型赛事中的志愿服务外，共青团中央组织实施了关爱空巢老人活动、关爱农民工子女活动、关爱农民工活动等，文化部、中央文明办组织开展了“春雨工程”——文化志愿者边疆行工作，这些活动有力地促进了精神文明创建工作。在这些活动开展的同时，志愿服务得到全员参与。在全员参与的背景下，志愿服务已经成为一种生活时尚。时尚意味着流行，很多流行的东西都会在短时间内陨落，那么如何将这种时尚的志愿服务转变为一种稳定的生活方式，志愿服务的经常化、志愿者精神的日常化问题得到社会各界的关注。志愿者已经从刚开始不被人认知的“奇怪的好人”转变为现在的“平常的好人”，那么如何使“平常的好人”经常做好事，如何使少数人拥有的“高尚”的志愿者精神传播为平常人所拥有的“平凡”的志愿者精神，即如何弘扬与培育志愿者精神，这是今后志愿者精神发展过程中所要解决的重要课题。

（四）制度保障阶段

党的十八大以来，我国志愿者精神的发展进入了一个新的历史性阶段即制度保障阶段。在这一阶段，习近平总书记从统筹推进“五位一体”总体布局和协调推进“四个全面”战略布局、实现中华民族伟大复兴中国梦的战略高度，多次给志愿者群体回信、寄语。在2013年12月5日中国青年志愿者行动实施20周年之际，习近平总书记给华中农业大学“本禹志愿服务队”回信，希望他们继续“弘扬奉献、友爱、互助、进步的志愿精神，坚持与祖国同行、为人民奉献，以青春梦想、用实际行动为实现中国梦作出新的更大贡献。”[①] 在2014年3月5日学雷锋日到来之际，习近平总书记给“郭明义爱心团队”回信，对他们服务社会、助人为乐、爱岗敬业给予充分肯定，并向全国广大志愿者和爱心人士致以崇高敬意，希望他们“努力践行社会主义核心价值观，积极向上向善，从‘赠人玫瑰、手有

① 习近平：《给华中农业大学“本禹志愿服务队”回信》，《光明日报》2013年12月6日。

余香’中感受善的力量，以实际行动书写新时代的雷锋故事，为实现中国梦有一分热发一分光。”[①]在2014年7月第二届夏季青年奥林匹克运动会开幕前夕，习近平总书记给“南京青奥会志愿者”回信，对他们积极参与志愿服务的精神给予充分肯定，并希望他们“弘扬奥林匹克精神和志愿服务精神，热情参与、真情奉献，提供细致周到的服务，积极传播中华文化、讲好中国故事，用青春的激情打造最美的‘中国名片’，促进中国梦和各国人民的梦相通相融，共同为人类和平与发展的崇高事业作出贡献。”[②]这些重要论述集中体现了党中央对青年一代的殷切关怀和深情期望，是推动志愿服务发展的指导方针，是弘扬培育志愿者精神的根本遵循。2015年10月在联合国教科文组织第九届青年论坛开幕式上，习近平总书记说“中国重视、关怀、信任青年，支持青年发展自身、贡献社会、造福人民，在实现中国梦的历史进程中放飞青春梦想。”[③]在党的十九大上，习近平总书记提出要“推进诚信建设和志愿服务制度化，强化社会责任意识、规则意识、奉献意识。”[④]2019年1月，习近平总书记在中央政法工作会议上指出“要完善基层群众自治机制，调动城乡群众、企事业单位、社会组织自主自治的积极性，打造人人有责、人人尽责的社会治理共同体。要健全社会心理服务体系和疏导机制、危机干预机制，塑造自尊自信、理性平和、亲善友爱的社会心态。”[⑤]几天后，习近平总书记参观天津和平区朝阳里志愿服务馆，并为社区志愿者点赞。同年7月，中国志愿服务联合会第二届会员代表大会召开之际，习近平总书记在贺信中对党的十八大以来的志愿者和志愿服务给出很高的评价，说他们是“弘扬和践行社会主义核心价值观……为他人送温暖、为社会作贡献，充分彰显了理想信念、爱心善意、责任担当，成为人民有信仰、国家有力量、民族有希望的生动体现。”[⑥]2020年突发新冠肺炎疫情，习近平总书记在多次讲话中表达了对志愿服务的高

---

① 习近平:《给“郭明义爱心团队”回信》,《光明日报》2014年3月5日。

② 习近平:《用青春激情打造最美“中国名片”》,《光明日报》2014年7月17日。

③ 习近平:《习近平主席在联合国教科文组织第九届青年论坛开幕式上的贺词》,《人民日报》2015年10月27日。

④ 习近平:《决胜全面建成小康社会夺取新时代中国特色社会主义伟大胜利》，北京，人民出版社2017年版，第43页。

⑤ 习近平:《全面深入做好新时代政法各项工作　促进社会公平正义保障人民安居乐业》,《人民日报》2019年1月17日。

⑥ 习近平:《习近平致中国志愿服务联合会第二届会员代表大会的贺信》,《人民日报》2019年7月25日。

度重视、对志愿者重大贡献的高度肯定。

习近平总书记的这些重要论述，不仅引起了全国范围内广泛的学习讨论，而且推动了志愿者精神弘扬的制度化常态化。为此，一系列关于弘扬志愿者精神的举措得以制定实施。首先，开展丰富多样的活动。为贯彻落实党的十八大提出的“广泛开展志愿服务，推动学雷锋活动、学习宣传道德楷模常态化”和党的十八届三中全会提出的“支持和发展志愿服务组织”战略任务，2013 年 12 月，由志愿者组织、志愿者自愿组成的全国性、联合性、非营利性社会组织——中国志愿服务联合会在北京成立。其宗旨是普及志愿理念，弘扬志愿精神，培育志愿文化，组织开展志愿服务活动，推动形成我为人人、人人为我的社会风尚。自成立以来，联合会紧紧围绕建设和谐社会和人民群众需求出发，设计开展了诸如“志愿服务·共筑中国梦”主题征文和“邻里守望”“学雷锋”等形式多样、意义重大的志愿服务活动，这对树立良好社会文明风尚，培育践行社会主义核心价值观，推动社会主义精神文明建设的发展有着重要的意义。中国志愿服务联合会的成立，能够从整体上规范目前志愿服务活动，促进志愿服务行业的发展，推动志愿服务活动制度化，实现弘扬志愿者精神的常态化。为推动志愿服务制度化和常态化，中宣部、中央文明办启动 2019 年全国宣传推选学雷锋志愿服务“四个 100”先进典型活动和“志愿者扶贫 50 佳案例”，通过多层面持续、高标准的激励来扩大志愿服务的影响力和发展。党的十九届四中全会接着提出了“健全志愿服务体系”，肯定了志愿服务是培养和践行社会主义核心价值观的重要渠道。2019 年 9 月，开展了“一块钱做好事”的线上 99 公益日活动，“公益双十一”线上线下相结合的活动，借助互联网来推动志愿服务的参与范围。2020 年 10 月全国妇联举办第三届新时代巾帼志愿服务征集展示活动。文化和旅游部举办了 2020 年全国文化和旅游志愿服务项目线上大赛。

其次，党和国家根据时代的发展、社会的变化出台了一系列相关文件。这里择其要者进行阐释。2012 年 10 月 23 日，为了促进和规范志愿服务记录工作，维护志愿者和志愿服务对象的合法权益，推动志愿服务健康有序发展，民政部印发了《志愿服务记录办法》(以下简称《办法》)，该《办法》对志愿服务记录的内涵、遵循的基本原则、监控管理以及志愿者的个人基本信息、志愿服务信息、培训信息、表彰奖励信息、被投诉信息等方面给予明确的规定，并对志愿服务时间的计算、志愿服务记录服务记载信息的保护、志愿服务记录跨地区跨组织的转移共享、志愿者的星级评定等进行了详细的阐述。该《办法》是新中国成立以来第一个对志愿服务记录进行科学、统一、规范的文件，这不仅有利于加强志愿服务的有序健康发展，而且有利于志愿服务体系制度的建立和完善，必将对志愿者精神的弘扬产生巨大的推动作用。该办法出台实施以后的两年多时间里，在全国 137 个地方启动了志愿服务记录制度试点工作，取得了良好的效果，但也存在诸如主体不清、格式不一、内容不全、随意性等突出的问题，这不仅影响了志愿服务记录的公信力和志愿服务证明的权威性，而且不利于志愿服务事业的健康发展。为此，中央文明办、民政部、教育部和共青团中央决定联合出台了《关于规范志愿服务记录证明的指导意见》（以下简称《指导意见》），该《指导意见》对志愿服务记录证明的出具主体、基本格式、主要内容、工作流程、责任追究、监督管理和组织领导进行了明确的规范。该《指导意见》是对《志愿服务记录办法》的补充和完善，是规范志愿服务记录证明工作的纲领性文件，也是提升志愿服制度化水平、推进志愿服务事业发展的政策举措。2013 年 12 月，团中央颁行了修订版的《中国注册志愿者管理办法》（以下简称《办法》）。该《办法》总共分 7 个部分，其中第一部分是总则，对志愿者、志愿者精神、志愿者标识、志愿者日进行了阐释，该《办法》明确概括了志愿者精神的主要内容即“奉献、友爱、互助、进步”，并对志愿者的权利与义务、注册程序、基本要求、组织管理、激励制度等方面作出了详细的规定。这是一个规范志愿服务发展的又一得力举措，势必对志愿者精神的弘扬产生巨大影响力。

2014 年 1 月，民政部出台了《中国社会服务志愿者队伍建设指导纲要（2013—2020 年）》（以下简称《纲要》），该《纲要》详细规定了当前我国志愿者队伍建设的发展现状、面临形势、指导思想、基本原则和总体目标、主要任务、保障措施。同年 2 月，中央文明委下印发了《关于推进志愿服务制度化的意见》（以下简称《意见》），其主要分为 3 个部分：推进志愿服务制度化的重要意义和指导思想；建立健全志愿服务制度；加强对志愿服务制度化的组织推动。该《意见》有利于促进我国志愿服务的制度化、常态化和长效化，有利于志愿者精神的彰显。同年 11 月，国务院印发《国务院关于促进慈善事业健康发展的指导意见》（国发〔2014〕61 号）（以下简称《意见》），该《意见》是新中国成立以来，第一个以中央政府名义出台的指导、规范和促进慈善事业发展的文件，确定了鼓励和规范慈善事业发展的一系列重大政策措施，明确了促进我国慈善事业健康发展的指导思想、基本原则和发展目标，确立了慈善活动的开展应以扶贫济困为重点，指出了各类慈善组织应加以培育和规范，强调了对慈善组织和慈善活动的监督管理。2015 年 3 月，教育部专门印发了《学生志愿服务管理暂行办法》，该文件对学生志愿服务的工作机构、组织实施、认定记录、教育培训、条件保障等方面进行了规定，这对推进学生志愿服务工作科学化、规范化、制度化建设和对学生志愿者在志愿服务过程中弘扬“奉献、友爱、互助、进步”的志愿者精神有着重要的作用。同年 7 月，民政部下发了《志愿服务信息系统基本规范》行业标准，这是我国第一个全国性的志愿服务信息化建设领域行业标准，是推进志愿服务制度化建设的重要举措，也是弘扬志愿者精神的规范性文件。

2016 年 3 月，第十二届全国人民代表大会第四次会议通过《中华人民共和国慈善法》，并于 2016 年 9 月 1 日正式实施。该法是我国慈善史上第一部基础性、综合性法律，首次从法律层面明确了慈善的一系列问题，这让社会主义核心价值观得到更好弘扬。同年 7 月，中央宣传部、中央文明办、民政部、教育部八部门联合印发了《关于支持和发展志愿服务组织的意见》，该《意见》指明了我国志愿服务组织的发展方向，为推动我国志愿服务的制度化、规范化、常态化奠定了政策基础，也为弘扬志愿者精神提供了动力。同月文化部下发了《文化志愿服务管理办法》，这进一步推动了文化志愿服务的规范化、制度化，有利于构建参与广泛、内容丰富、形式多样、机制健全的文化志愿服务体系。同年 12 月，中宣部、中央文明办、民政部等 7 部门联合颁发了《关于公共文化设施开展学雷锋志愿服务的实施意见》，这对大力弘扬“奉献、友爱、互助、进步”的志愿者精神，丰富人民的精神世界，有着重要的影响。为落实党的十九大报告提出的志愿服务制度化问题，2018 年全国两会期间，李克强在《政府工作报告》中首次提出“志愿服务健康发展”，同年 9 月中共中央、国务院印发《乡村振兴战略规划（2018—2022）》中提到要用志愿服务来繁荣发展乡村文化、健全现代乡村治理体系，民政部印发《“互联网 + 社会组织（社会工作、志愿服务）”行动方案（2018—2020 年）》以推动“互联网 + 志愿服务”。同年 7 月，团中央、教育部印发《关于在高校实施共青团“第二课堂成绩单”制度的意见》，将志愿服务纳入高校“第二课堂”。多个省市开始探索制定并实施学生志愿服务的相关政策。2019 年 10 月，《关于新时代文明实践志愿服务机制建设的实施方案》印发。2019 年 12 月，民政部出台《志愿服务记录与证明出具办法》。2020 年的“十四五”规划建议再次提到志愿服务体系的健全问题，5 月教育部发布相关课程标准，将志愿服务纳入高中必修课。此外，各地方根据法律法规要求，结合自身实际，纷纷出台了地方性志愿服务条例，如《北京市志愿服务促进条例》《上海市志愿服务条例》《广州市志愿服务条例》等，这是志愿者精神弘扬制度化的重要体现。

最后，推动志愿服务的理论研究。随着实践活动的不断发展，理论研究的任务也提上日程。这一阶段，志愿服务理论研究取得重大发展。全国统一的志愿服务示范性培训教材相继出版，如魏娜的《志愿服务概论》、王忠平的《志愿服务组织建设与项目管理》。2019 年 3 月，“学雷锋志愿服务重大理论和实践问题”课题研究项目启动实施。同年 10 月，中国社科院成立中国志愿服务研究中心，一方面是为了推进志愿服务的理论研究工作，一方面是为了促进全国志愿服务研究机构的交流与合作。同年 12 月志愿服务相关的 13 个课题被列入国家社科基金项目。2020 年 9 月，新时代文明实践志愿服务研讨会暨《中国志愿服务研究》首刊仪式开幕，这开启了志愿服务研究类期刊的元时代，为今后的理论研究和交流提供了平台。

虽然上述分析侧重党和国家对志愿服务的重视，很多文件是直接关于志愿服务的，但是志愿服务的开展离不开志愿者的参与。在志愿者参与志愿服务的过程中，直接彰显着志愿者精神。因此，党和国家在推动志愿服务制度化、法制化、常态化的过程中，也必然体现着对弘扬志愿者精神的制度倡导。党的十八大以来，志愿精神的弘扬与培育从以前非官方的、零星的、分散的状态逐步向官方的、有组织的、全国性的状态迈进，呈现出健康良好之态势。

从志愿者精神的历史沿革可以看出，作为思想政治教育重要内容的志愿者精神与社会主义精神文明、社会主义和谐文化和社会主义核心价值体系、社会主义核心价值观有着紧密联系。可以说，志愿者精神的每一步发展都在促进着这四者的建设。为什么这样说呢？这可以从志愿者精神与社会主义精神文明、社会主义和谐文化、社会主义核心价值体系、社会主义价值观的关系分析中得出答案。之所以将这些关系按照这样的顺序罗列出来，主要是因为在梳理党的文献和学术界文献时这三对关系是按时间先后顺序摆在大家面前的，而且在这些文献中，这几对关系是被频繁关注和涉及的。

第一，志愿者精神与社会主义精神文明建设。社会主义精神文明建设的主要内容包括思想道德建设和教育科学文化建设，它在我国现代化建设中具有重要战略地位和作用，这主要体现在以下方面。其一，社会主义精神文明是社会主义社会的重要特征和社会主义制度优越性的重要表现。社会主义这一社会形态不仅具有经济和政治上的特征，而且应该具备思想文化上的特征，这一特征主要是通过社会主义精神文明体现出来。只有结合社会主义精神文明建设才能够全面理解和建设社会主义。社会主义制度优越性，不仅表现在高度的物质文明上，“而且表现在它能够消除资本主义和其他剥削制度所必然产生的种种贪婪和腐败现象，创造出高度的精神文明。”[①] 其二，社会主义精神文明建设是现代化建设的重要目标和重要保证。在世界现代化的历史进程中，各个国家逐渐由单纯追求经济增长向经济、技术、社会、文化和人的协调发展转变，我国的现代化建设也逐渐丰富为经济、政治、文化和社会建设“四位一体”的现代化，这里的文化建设就是社会主义精神文明建设。江泽民在庆祝中国共产党成立 80 周年大会上的讲话中曾指出：“在当代中国，发展先进文化，就是发展有中国特色社会主义文化，就是建设社会主义精神文明。”[②] 同时，将社会主义精神文明作为我国现代化的建设目标，是在我国经济文化还比较落后的基本国情之上，并结合现代化建设过程中出现的“一手比较硬、一手比较软”教训中得出的正确认识。社会主义精神文明建设为社会主义现代化建设提供思想保障、精神动力和智力支持。其中的思想道德建设，可以帮助人们树立中国特色社会主义共同理想以及正确的世界观、人生观和价值观，提高人们的思想政治觉悟，为社会主义现代化建设作出应有的贡献和牺牲，激发人们投身现代化建设的热情和创造力，从而为现代化建设提供思想保证和精神动力。其中的教育科学文化建设，通过源源不断地培养各方面的优秀人才来为现代化建设提供智力支持。社会主义精神文明建设具有重要的战略地位。在进行这项建设时，我国确立了根本目标和阶段性的目标，以指导现实的精神文明创建活动。党的十二届六中全会决议明确指出：“社会主义精神文明建设的根本任务，是适应社会主义现代化建设的需要，培育有理想、有道德、有文化、有纪律的社会主义公民，提高整个中华民族的思想道德素质和科学文化素质。”[③] 党的十四届六中全会根据这个根本任务确立了今后十五年我国社会主义精神文明建设的“两个牢固树立”“三个显著提高”“一个良好局面”的重要目标，也就是“在全民族牢固树立建设有中国特色社会主义的共同理想，牢固树立坚持党的基本路线不动摇的坚

① 《十四大以来重要文献选编》(上)，北京，人民出版社 1996 年版，第 624 页。

② 《改革开放三十年重要文献选编》(下)，北京，中央文献出版社 2008 年版，第 1172 页。

③ 《改革开放三十年重要文献选编》(上)，北京，中央文献出版社 2008 年版，第 431 页。

定信念；实现以思想道德修养、科学教育水平、民主法制观念为主要内容的公民素质的显著提高，实现以积极健康、丰富多彩、服务人民为主要要求的文化生活质量的显著提高，实现以社会风气、公共秩序、生活环境为主要标志的城乡文明程度的显著提高；在全国范围形成物质文明建设和精神文明建设协调发展的良好局面。”①

在之后十几年的精神文明建设实践中，我们采取了一些有效措施来加强精神文明建设。其中，较为重要、效果较为显著的举措有：大力加强社会主义思想道德建设、广泛开展群众性精神文明创建活动。社会主义思想道德建设侧重于对人们进行“爱国主义、集体主义、社会主义教育，加强社会公德、职业道德、家庭美德建设，引导人们树立建设有中国特色社会主义的共同理想和正确的世界观、价值观、人生观”②；群众性精神文明创建活动侧重于“讲文明树新风”，通过群众自觉参与创建活动来提高人们的文明素质、形成良好的社会风尚。虽然这两项举措侧重点不同，但二者同是塑造高尚精神的有效形式，高尚的精神将二者紧密联系起来，塑造高尚的精神本就是精神文明建设的根本。因为在精神领域搞建设，说到底就是要塑造高尚的精神。再者，群众性精神文明创建活动是思想道德教育的重要载体。《中共中央关于加强和改进思想政治工作的若干意见》指出：“以‘讲文明、树新风’为主要内容的精神文明创建活动，是对群众进行思想教育、提高全社会文明程度的有效途径”③，强调“把群众性精神文明创建活动作为思想政治工作的重要载体”④；2003年李长春在全国宣传思想工作会议上谈到形成思想道德建设的合力时指出：“要广泛开展以讲文明树新风为主要内容，以创建文明城市、文明村镇、文明行业为主要载体的群众性精神文明创建活动。”⑤志愿者精神与思想道德教育、群众性精神文明创建活动关系密切，作为意识层面的志愿者精神是思想道德建设的重要成果，是思想道德教育的重要内容；作为实践层面的志愿服务活动，既是思想道德教育的实践载体，又是群众性精神文明创建的有效形式。作为我国群众性精神文明创建活动最初形式的“五讲四美”活动，它的中心环节“是要坚持用共产主义思想、道德教育人民……使全国各族人民都成

① 《改革开放三十年重要文献选编》(上)，北京，中央文献出版社2008年版，第873页。
② 《改革开放三十年重要文献选编》(上)，北京，中央文献出版社2008年版，第874页。
③ 《十五大以来重要文献选编》(中)，北京，人民出版社2001年版，第200页。
④ 《十五大以来重要文献选编》(中)，北京，人民出版社2001年版，第200页。
⑤ 《十六大以来重要文献选编》(上)，北京，人民出版社2005年版，第539页。

为有理想、有道德、有文化、有纪律的人”[①]，中共中央在对“五讲四美”活动进行总结时认为，“‘五讲四美’作为当前进行共产主义思想、道德教育的具体形式，其正确性和有效性已被实践所证实，为社会所公认。”[②]志愿服务是新时期群众性精神文明创建的有效形式，1996年参与“青年志愿者行动与精神文明建设”理论研讨会的专家一致认为：青年志愿者行动是“共青团组织广大青年积极参与群众性精神文明创建活动的一项探索和尝试”[③]；在1997年中央文明委作出在全国开展讲文明树新风活动后，共青团中央、全国总工会和妇联纷纷号召大家以志愿服务的形式参与这项活动；2008年刘云山在“迎奥运讲文明树新风”志愿服务行动座谈会上指出，“志愿服务是新形势下推进精神文明建设的有力抓手……它为精神文明创建活动注入新的生机与活力”[④]，并强调要把志愿服务的开展作为人们参与精神文明创建的有效途径；2011年党的十七届六中全会指出：“深化群众性精神文明创建活动，广泛开展志愿服务，拓展各类道德实践活动。”[⑤]作为志愿者精神现实载体的志愿服务是思想政治教育的有效途径和实践载体，党的十四届六中全会决议在谈到加强青少年的思想道德教育时强调，要“深入开展‘希望工程’、‘青年志愿者’和‘手拉手’等活动，发扬互相关心、助人为乐的精神”[⑥]；2000年刘云山在谈到社区志愿者队伍的建设时曾强调要将思想道德教育贯穿始终；2004年《中共中央国务院关于进一步加强和改进大学生思想政治教育的意见》中指出要组织大学生参加志愿服务、公益活动等；2008年《中央精神文明建设指导委员会关于深入开展志愿服务活动的意见》在谈到志愿理念如何普及、志愿者精神如何弘扬时指出：“要把志愿精神作为未成年人思想道德建设和大学生思想政治教育的重要内容，纳入学校的教育教学，体现到课堂教学、课外活动和社会实践中，不断增强广大青少年的志愿服务意识。”[⑦]由此可见，无论是作为群众性精神文明创建有效形式的志愿服务，还是思想政治教育有

---

① 《三中全会以来重要文献选编》（下），北京，人民出版社1982年版，第1291页。

② 《三中全会以来重要文献选编》（下），北京，人民出版社1982年版，第1292页。

③ 《青年志愿者行动与精神文明建设》，《人民日报》1996年10月8日。

④ 刘云山：《大力弘扬志愿精神　广泛开展志愿服务》，《人民日报》2008年9月9日。

⑤ 《中共中央关于深化文化体制改革推动社会主义文化大发展大繁荣若干重大问题的决定》，《人民日报》2011年10月26日。

⑥ 《十四大以来重要文献选编》（下），北京，人民出版社1999年版，第143页。

⑦ 《中央精神文明建设指导委员会关于深入开展志愿服务活动的意见》，《人民日报》2008年10月10日。

效途径和载体的志愿服务，它的实践活动的开展过程都要贯穿思想政治教育，所以说志愿服务是思想政治教育的有效途径，志愿者精神是思想政治教育的重要内容。

第二，志愿者精神与社会主义和谐文化建设。和谐文化建设是作为构建社会主义和谐社会的重要任务和措施被提出来的。2006年5月胡锦涛在对云南落实科学发展观、构建社会主义和谐社会等情况进行调查研究时正式提出了和谐文化建设。胡锦涛指出："要树立共同理想、打牢共同思想基础，特别是要宣传和树立'八荣八耻'为主要内容的社会主义荣辱观，促进和谐文化建设，为构建社会主义和谐社会提供强大的思想道德力量。"①2006年7月初，李长春在辽宁进行考察时结合如何振兴东北老工业基地的问题全面阐述了和谐文化的重要性和意义，他指出："建设和谐文化是构建社会主义社会的重要内容。积极促进和谐文化建设，就是要树立共同理想信念，增强全社会的凝聚力和创造力，为构建社会主义和谐社会打下坚实的思想基础；就是要加强社会主义精神文明建设，建立与社会主义市场经济相适应、与社会主义法律规范相协调、与中华民族传统美德相承接的社会主义思想道德体系，营造团结互助、和睦相处的社会风尚，为构建社会主义和谐社会提供强大的道德支撑；就是要大力发展公益性文化事业和经营性文化产业，不断丰富人们的精神文化生活，形成和谐的人际关系，保持社会稳定，为构建社会主义和谐社会创造良好的人文环境。"②同年6月底，刘云山在宁夏进行调研时提出当前宣传思想工作的新任务，这就是："大力发展与社会主义和谐社会相适应的思想文化，着力树立共同理想、激发社会活力、营造和谐舆论、倡导和谐精神，打牢全党全国人民团结奋斗的共同思想基础"③；在提到如何调动宣传思想工作的积极性时，刘云山指出要"坚持团结稳定鼓劲、正面宣传为主，牢牢把握正确导向，巩固发展积极健康向上的主流舆论，使有利于国家富强、民族振兴、社会和谐、人民幸福的思想和精神成为时代最强音。要继承发扬中华民族'和合'文化传统，倡导和谐的思想观念，使崇尚和谐、维护和谐成为全

---

① 胡锦涛:《认真解决群众关心的利益问题　大力促进各民族共同繁荣发展》,《人民日报》2006年5月16日。

② 李长春:《大力加强社会主义和谐文化建设　为振兴东北老工业基地提供思想保证和动力支持》,《人民日报》2006年7月6日。

③《积极促进和谐文化建设　为构建社会主义和谐社会提供强大思想道德力量》,《人民日报》2006年6月27日。

社会的共同追求，推动形成诚信友爱、融洽和睦的人际关系。”[①] 党的十六届六中全会通过的《中共中央关于构建社会主义和谐社会若干重大问题的决定》对社会主义和谐文化建设作出了明确表述：“建设和谐文化，是构建社会主义和谐社会的重要任务。社会主义核心价值体系是建设和谐文化的根本。必须坚持马克思主义在意识形态领域的指导地位，牢牢把握社会主义先进文化的前进方向，弘扬民族优秀文化传统，借鉴人类有益文明成果，倡导和谐理念，培育和谐精神，进一步形成全社会共同的理想信念和道德规范，打牢全党全国各族人民团结奋斗的思想道德基础。”[②] 从以上内容我们可以看出，和谐文化是与社会主义和谐社会相适应的先进文化，“和谐”是和谐文化的核心价值观，和谐文化是和谐舆论、和谐理念、和谐精神的总和，它是“和谐”的思想观念、理想信念、社会风尚、道德规范、制度体制的统一体，它反映的是个体之间、个体与社会之间、个体与自然之间的和谐关系。

志愿者精神与社会主义和谐文化建设是一致的，是作为时代最强音的思想和精神，能够促进国家富强、民族振兴、社会和谐、人民幸福。我国志愿者精神虽然早在社会主义和谐文化之前就已形成，但二者皆以追求“和谐”为价值目标，以中国传统文化中的“和衷共济”“和为贵”等和谐观念为思想渊源，可以说在当前构建社会主义和谐社会的背景下，志愿者精神既是构建社会主义和谐社会的精神层面的需要，同时它也是社会主义和谐文化建设的重要内容和推动者。在总的价值目标上，志愿者精神所要实现的是“更加美好的世界”，这个美好的世界首先就是一个和谐的世界，是人的各个方面的能力和素质的和谐发展，是人与人、民族与民族、国与国之间的和谐发展，是人与社会、自然的和谐发展，这与社会主义和谐文化所代表的社会个体之间、个体与社会之间、个体与自然之间“和谐”的价值目标是一致的。

具体来讲，志愿者精神所倡导的互助、友爱体现了人与人之间的相互关爱，这与社会主义和谐文化所追求的互帮互助、平等友爱、融洽相处的诚信友爱的社会氛围是相通的；志愿者精神所倡导的自觉承担社会责任、积极地为国家和社会作出奉献的观念，能够促进社会城乡、区域的和谐发

① 《积极促进和谐文化建设　为构建社会主义和谐社会提供强大思想道德力量》，《人民日报》2006年6月27日。

② 《中共中央关于构建社会主义和谐社会若干重大问题的决定》，北京，人民出版社2006年版，第21~22页。

展，这与和谐文化弘扬的公平正义的价值理念是相通的；志愿者精神所倡导的保护环境以实现人类生态环境的可持续美好，这与和谐文化所追求的人与自然和谐相处的目标追求是相通的。由此看来，我国志愿者精神与社会主义和谐文化在内容上具有一致性，志愿者精神是和谐文化的重要内容。同时在实践当中，志愿服务是促进社会主义和谐文化建设的内在要求和重要形式。2005年召开的“首届中国社区志愿服务高层论坛”将志愿者精神与和谐社会的关系作为重要论题，与会者认同志愿服务在构建社会主义和谐社会中的重要作用。2006年重阳节，共青团中央倡导以社区志愿服务和谐行动为主题的“参与志愿服务，共建和谐社会”项目开始启动，这一项目是构建和谐社区、和谐社会的重要举措。党的十六届六中全会决议中将城乡志愿服务活动作为和谐创建活动的重要措施以推动和谐文化建设。2011年中宣部、中央文明办部署的“讲文明树新风”志愿服务活动是为建党90周年营造文明的社会环境，由此所形成的良好社会风尚已经成为和谐文化创建的重要内容，志愿服务成为建设和谐文化的重要方式。

第三，志愿者精神与社会主义核心价值体系建设。作为社会主义和谐文化建设的根本，社会主义核心价值体系是在党的十六届六中全会上第一次被提出来的。这次会议通过的《中共中央关于构建社会主义和谐社会若干重大问题的决定》对社会主义核心价值体系的内容构成作出明确阐述，即“马克思主义指导思想，中国特色社会主义共同理想，以爱国主义为核心的民族精神和以改革创新为核心的时代精神，社会主义荣辱观，构成社会主义核心价值体系的基本内容。”① 此后，社会上掀起了社会主义核心价值体系建设和理论研究的高潮。2009年李长春在全国精神文明建设工作表彰大会上的讲话中强调：“把建设社会主义核心价值体系作为精神文明建设的主线……把建设社会主义核心价值体系作为重要的基础工程和灵魂工程，融入精神文明建设全过程。”② 党的十七届六中全会在谈到社会主义核心价值体系建设时指出，“社会主义核心价值体系是兴国之魂，是社会主义先进文化的精髓，决定着中国特色社会主义发展方向。”③ 这是自社会主义核心价值体系提出后，党的文献对其作出的最高定位，同时也是最

① 《中共中央关于构建社会主义和谐社会若干重大问题的决定》，北京，人民出版社2006年版，第22页。

② 李长春：《在全国精神文明建设工作表彰大会上的讲话》，《人民日报》2009年1月22日。

③ 《中共中央关于深化文化体制改革推动社会主义文化大发展大繁荣若干重大问题的决定》，《人民日报》2011年10月26日。

精炼、最准确的表述。

社会主义核心价值体系建设之所以能够得到这么高的理论定位，是因为它能够在社会思潮纷繁复杂的背景下为社会主义现代化建设提供指导思想的认同、共同理想信念的认同、强大精神动力的认同、体现底线伦理的道德规范的认同。社会主义核心价值体系在社会主义现代化建设中的突出作用是由其内容构成所决定的。其中，作为指导思想的马克思主义所解决的是人们对人类社会发展规律的认同问题。马克思主义作为一种思想体系，它是人们改造客观世界和主观世界的思想武器，在社会主义核心价值体系中处于灵魂地位。中国特色社会主义共同理想解决的是共同的理想信念问题，这里的理想信念特指社会主义和共产主义的理想信念。社会主义和共产主义的理想信念是在人类社会不断地向共产主义社会迈进的社会历史规律和“两个必然”的基础上建立起来的，它解决的是我们的现代化建设要走什么路、要实现什么样的目标追求的重要问题，既有对当前建设实践的目标定位，又有对社会未来走向的价值定位；既反映了实现国家富强、人民幸福安康的路径走向，又反映了当前人们对美好未来的憧憬与期望。作为社会主义核心价值体系的主题，中国特色社会主义共同理想能够使人们在共同理想信念下形成强大的凝聚力，在这种凝聚力作用下，中国必将向更加美好的社会迈进。以爱国主义为核心的民族精神和以改革创新为核心的时代精神解决的是实现共同理想的动力支撑的认同问题，它能够使人们在为共同理想抛头颅洒热血的进程中保持昂扬的精神状态和最好的精神面貌，从而为理想社会的实现提供精神动力。社会主义荣辱观解决的是人们对思想行为选择标准的认同问题，它是社会主义核心价值体系的落脚之处，不管是指导思想、共同理想还是民族精神和时代精神，最终都要体现在人们的行为上。在实现共同理想的历史进程中，社会主义荣辱观能够对人们的行为得失提供道德规范，帮助人们树立正确的价值取向，在引领社会风尚的同时提高人们的道德素质。

志愿者精神不仅与社会主义核心价值体系所凝练的价值追求是一致的，而且实践中的志愿服务能够有力地促进社会主义核心价值体系建设。志愿者精神虽然没有社会主义核心价值体系的宏大，但它以自己的微小来反映这种宏大。志愿者精神中所包含的追求进步以实现国家、社会和个人发展的目标，与社会主义核心价值体系中的社会主义和共产主义的理想信念是一致的，我国志愿者精神的最终价值追求就是实现人的自由而全面的发展，进入共产主义社会。同时，我国志愿者精神作为雷锋精神的继承者，它汲取了中华民族精神的精华和时代精神的精华而成为民族精神的时代内容。志愿者精神所倡导的互助、友爱，甘于奉献，本身就是一种正确的荣辱观，志愿者精神在本质上是一种为人民服务的人生观，这与社会主义荣辱观中以热爱祖国为荣、以服务人民为荣、以团结互助为荣、以艰苦奋斗为荣的要求是一致的。志愿者精神与社会主义核心价值体系中的荣辱观是最为密切的，人们积极参与志愿服务，能够在全社会形成扶贫济困、互帮互助、融洽和谐的人际关系和健康文明的生活风尚，这也正是社会主义荣辱观建设所要达到的目标，所以党的十七大报告将完善志愿服务体系作为培育文明风尚的重要举措，所以刘云山指出："志愿服务以自愿、无偿为前提，以弘扬志愿精神为核心，能够把服务他人、服务社会与实现个人价值有机结合起来，引导人们在做好事、献爱心的过程中陶冶情操、提升境界，有利于倡导爱国、敬业、诚信、友善等基本道德规范，提高公民思想道德素质，把建设社会主义核心价值体系的任务落到实处。"① 党的十七届六中全会提出要在全社会广泛开展志愿服务并壮大志愿者队伍。

第四，志愿者精神与社会主义核心价值观的关系。党的十八大以后，培育和践行社会主义核心价值观成为思想文化领域的热点问题。而且，党和国家主要领导人在不同的场合多次强调开展志愿服务，弘扬志愿者精神，因为它是培育和弘扬社会主义核心价值观的重要载体，对社会主义核心价值观的培育践行有着重要的意义。因此，要看到社会主义核心价值观与志愿者精神之间的契合性。首先，从现实基础上看，二者都是基于中国特色社会主义的伟大实践，都离不开我们的现实国情，这是二者的立足点。其次，从文化渊源上看，二者都与中华优秀传统文化有着密切的关系，深深植根于传统文化的沃土之中，并且从传统文化中，都能够找到直接的文化资源与之相对应。再次，从道德属性上，二者都体现着鲜明的道德属性，都指向人的向善，且都是一种德，是个人之德与国家之德的有机统一。最后，从重要作用上看，二者都对提升个人的素养，促进我国的意识形态安全、推进社会主义精神文明建设，实现中华民族伟大复兴的中国梦等方面有着积极的作用。

综上可知，志愿者精神与社会主义精神文明建设、社会主义和谐文化建设、社会主义核心价值观建设的关系是很密切的。在实践上，体现着志愿者精神的志愿服务是推进精神文明建设、和谐文化建设和社会主义核心

① 刘云山：《大力弘扬志愿精神　广泛开展志愿服务》，《人民日报》2008 年 9 月 9 日。

价值观建设的抓手；在精神内容上，志愿者精神是精神文明建设、和谐文化建设和社会主义核心价值观建设的重要内容。社会主义核心价值观是和谐文化建设的根本内容，和谐文化建设是精神文明建设在构建和谐社会背景下的时代内容。不论是精神文明建设、和谐文化建设，还是核心价值观建设，都要以思想政治教育贯穿始终，因为思想道德建设决定着社会主义精神文明建设的方向。同属于精神文明建设、和谐文化建设和核心价值观建设重要内容的中国志愿者精神，它本身就是思想政治教育的重要内容。从思想政治教育的根本目的来看，我们进行思想政治教育的最根本目的就是要在改造客观世界的同时改造主观世界，帮助人们树立正确的世界观、人生观、价值观，我国志愿者精神在本质上是为人民服务的人生观，这种科学的人生观同时也是正确的价值观和世界观，与思想政治教育根本目的的一致性决定了志愿者精神是思想政治教育的重要内容。从思想政治教育的外延来看，思想政治教育包括思想教育、政治教育和道德教育，思想教育主要是帮助人们树立正确的“三观”，政治教育主要是帮助人们确立正确的政治立场、政治信念等，道德教育主要是帮助人们正确处理与他人和社会的关系，这 3 个教育在我国志愿者精神中都可以得到实现。志愿者精神所包含的奉献及其所承载的特定政治意义可以帮助人们解决思想教育和政治教育中的“三观”和政治立场、政治信念问题，所包含的友爱互助可以满足人们对于道德素质提升的需要。所以，志愿者精神是思想政治教育的重要内容。

三、中西志愿者精神的比较分析

从时间的先后顺序来看，西方志愿者精神的产生要早于我国。西方志愿者精神的产生与发展大致经历了 19 世纪初到中后期的萌芽阶段、19 世纪末到 20 世纪初的扩展阶段、第二次世界大战后的完善发展阶段。虽然西方志愿者精神的出现要早于我国，西方的乡镇精神、社群主义是我国志愿者精神的思想渊源，但是我们的志愿者精神承袭的并不是西方意义上的志愿者精神，从我国志愿者精神的产生过程我们可以看出，我们所说的志愿者精神从一开始就不是西方志愿者精神。当然，二者也有相通之处。对二者进行比较分析，主要是为了突出我国志愿者精神的独特性。

比较是主体对自我进行认识的一种方式，这种方式是从“自我”与

“他者”的比较中来认清“我是谁”，从而对“我”的本质属性进行更深层次的确认。在世界各国都在积极加强主流意识形态建设的时空中，作为思想政治教育时代化内容的志愿者精神，其突出的意识形态性使得中西志愿者精神之间的比较是可能且必须的。两个相联系的事物总有相同点或不同点，这成为我们进行比较的客观基础，也就是说事物之间的异同是客观存在的，我们只是借助实践对这些异同进行认识而已。从中西志愿者精神的理论基础、思想渊源、产生过程的分析当中，我们可以看到作为实践活动产物的中西志愿者精神具有可比性。黑格尔说：“假如一个人能看出当下显而易见之异，譬如，能区别一支笔与一个骆驼，则我们不会说这个人有了不起的聪明。同样另一方面，一个人能比较两个近似的东西，如橡树与槐树，或寺院与教堂，而知其相似，我们也不能说他们有很高的比较能力，我们所要求的，是要能看出异中之同，或同中之异。”① 关于二者的比较，是以我国志愿者精神为中心与西方志愿者精神进行共时态和历时态的比较，通过比较，不仅要找出二者的共通之处，更重要的是要确认它们的区别，形成对我国志愿者精神的清晰认识。这一过程不仅仅是描述性的比较，更重要的是价值性的比较，在比较基础上作出价值性的评价才是我们对二者进行比较的真实目的。倘若仅仅是描述二者的异同，在西方志愿服务活动繁荣发展的今天，未免会使人们在对待中西志愿者精神上产生相对主义危机，最终使我国志愿者精神在全球化的时代失语。所以，对二者进行比较的过程，同时也是价值判断的过程，对二者的评价重点体现在二者的区别上。

（一）中西志愿者精神的共通之处

任何事物之间的联系都是普遍存在的，同类事物之间更是相互联系的。找出异中之同是进行比较分析的要求之一，尽管中西志愿者精神所产生的土壤不同，二者产生的时间也不相同，但同属志愿者精神现象使得二者具有类同性。中西志愿者精神的共通之处便成为我们进行比较分析的任务之一，二者的共通之处体现在：友爱互助的人际关系、勇于担当的责任意识、不断拓展的人的素质。

友爱互助的人际关系。友爱互助是志愿者精神内容的重要体现，人与人之间的友爱互助体现的是和谐的人际关系。友爱互助是人类所共有的一

① ［德］黑格尔：《小逻辑》，贺麟译，北京，商务印书馆1980年版，第253页。

种社会美德，中西方的志愿者精神在这一点上是相通的。不管是我国志愿者精神还是西方志愿者精神，都包含着友爱互助的人际关系。一方面是从理论基础与思想渊源上来看，二者都有友爱互助的渊源。不管是基督教慈善思想中的爱人如己所倡导的慷慨地给予和帮助他人，进化论中的互助与合作思想所倡导的人与人之间的互相帮助，乡镇精神中蕴涵的深度民主所倡导的为同胞效力的义务，社群主义生活中通过对群体认同和归属所形成的对公共利益的关注，还是我国传统仁爱思想倡导的爱人以及整体主义思想所倡导的先人后己、助人为乐，都使得志愿者精神将互助友爱囊括其中。人的全面发展理论中人的需要从低层次到高层次发展的过程中对于友爱的精神需求，星期六义务劳动思想中为国家需要进行无报酬劳动所体现出的对国家的大爱和同胞的小爱，为人民服务思想中所倡导的“我为人人”，这些都使得友爱互助成为志愿者精神的基本内容。另一方面，从二者产生的实践过程来看，友爱互助融入到志愿者精神的产生与发展当中。不管是传统的慈善服务，还是现当代的志愿服务，都充分体现了西方志愿者精神中的友爱互助。不管是学雷锋活动中的好人好事，还是20世纪80年代末志愿服务中的关爱青少年、帮助邻里，都使友爱互助在中国志愿者精神中得以体现。

勇于担当的责任意识。从前面关于志愿者精神的界定中，可以看出人们之所以能够不求回报地来帮助他人，爱护他人，这种最大的善来自个人勇于担当的责任意识。这种责任意识是中西志愿者精神所共有的。从最根本的意义上来讲，勇于担当的责任意识是由人的本质属性所决定的，即人的社会性决定人为了更加美好的生活就必然要在自己扮演的社会角色里承担相应的责任和义务，这种责任和义务是指向社会公共利益的。我们可以从志愿者精神的理论来源和思想渊源中细细分析。乡镇精神告诉我们，在西方每个人都有权利和义务来参与公共生活，同时地方性的自由使人们认识到他们生活的区域是一个整体，力量有限的个人帮助区域中的他人就是在帮助自己，因为乡镇是独立的并且有走向强大的美好期望，这种强大需要乡镇中的成员来共同努力，社会繁荣需要成员具备担当意识。在社群主义者看来，社群的公共利益是社群的最高目标，个人利益只有在社群公共利益实现后才能得到保障，对公共利益的共享使个人要同时关注自身利益和他人利益，对社会具有充分的责任意识。星期六义务劳动思想告诉我们，在国家的困难时刻，个人要有为国奉献的主动意识，只有帮助国家渡过难关、为大多数人谋利益，个人才能得到发展。这种主动献身、不计报酬的义务劳动就是个人责任意识的体现。为人民服务思想所倡导的无私奉献，为了国家和集体利益不惜牺牲个人利益的原则，更是体现了个人对社会的担当意识。所以，我们说勇于担当的责任意识是中西志愿者精神的共通之处。

不断拓展的人的素质。志愿者精神为什么在近现代产生，而不是更早呢？其中一个很重要的原因便是近现代人的素质发展对志愿者精神产生了需求。随着社会的发展，人的素质也在不断地发展。人的素质特别是思想品德和需要的不断发展，催生着志愿者精神。其中，思想品德的发展是指人们的世界观、人生观、价值观以及道德品质由低级到高级的变化，需要的发展是指个体对内外环境的客观需求随着社会的进步从低级到高级、简单到复杂过程。一方面，人的知识素质和能力素质的发展使人们有能力来进行志愿服务。另一方面，人们对生存目的、价值和意义的看法的不断变化使人生观更加积极，这种积极的人生观能够引导人们正确处理与社会、他人的关系，使个人认识到“我”应该承担的社会责任。再者，随着经济的发展，人们的物质需要得到满足后，精神满足的需求也被提上日程。人们已经不仅仅止步于经济利益的获得，他们同时也注重精神生活的涵养，注重自我价值的充分实现，从事志愿服务是人们自我价值实现的有效途径。随着人们对志愿服务的参与，社会意识层面上的志愿者精神便得以产生。中西志愿者精神都得益于人的素质的不断拓展，同时也促进人的素质的继续发展。

（二）中西志愿者精神的本质区别

识同、辨异是比较分析的基本功能，也即比较分析的另一个要求就是找出同中之异。虽然中西志愿者精神都属于志愿者精神的范畴，但由于二者产生的文化传统和现实环境不同，它们也具有相异的地方。找出区别所在，并不是要夸大二者的对立，而是通过这些异质来帮助我们正确把握中西志愿者精神的本质。对于二者区别的概括，所遵循的是由表及里、由浅入深的逻辑思路，直至揭示出二者在本质上的不同。中西志愿者精神的区别主要表现如下。

词源语义上的不同：“Volunteer”与“志愿”。从词源上来看，英语里的志愿者——Volunteers一词来源于拉丁文Valo或是Velle，这个拉丁词源的意思是“希望、决心或渴望”。作为Velle的衍生词的Voluntas、Voluntarius是Volunteers的直接词源，二者的意思分别为“意愿”“某人的自由意愿”。汉语中的“志愿”一词，作为名词意为“志向、意愿”[①]，作为动词意为“出于自愿”[②]。从“志愿”的英语和汉语的基本涵义中我们可以看到二者都表达了个人对于一件事情的希望或自愿，这种希望和自愿是出于自己的本意，而不是外物的强迫。但是，“志愿”与“Volunteer”有不同的地方，这个不同就在于汉语中的“志愿”在作为名词时除了有“意愿”之义外，还有一个意思就是“志向”。“意愿”的意思是心愿、愿望，这点也与“Volunteer”中的“自由意愿”一致。而作为“志向”的志愿是中文“志愿”所独有的。“志向”的基本意思是立身行事的意图和决心，作为延伸意义上的“志向”，所指的是个人下决心所要达到的奋斗目标或者方向，它主要解决的是“人为什么要活着”的问题，跟人生理想直接相关。志向受到世界观的制约，有什么样的世界观就有什么样的人生志向。同时它决定着个体人生观的价值取向，它体现为人们的日常生活中所作的价值抉择。可见，作为“志向”层面上的“志愿”高于“意愿”。“意愿”所表达的仅仅是个人对于志愿服务的自由选择和希望，“志向”是在个人自由选择的基础上将志愿服务作为人生的奋斗目标或方向，“志向”超越了个人主观自由意愿的范畴进入理想信念的层次。在我们的文化里，“志向”往往与“远大”联系在一起，能称为“远大志向”的志向必然超越了个人目标的局限性，上升到社会理想的层面。对于整个社会的志向来讲，中文里的“志向”不同于剥削阶级以满足个人需要为目标的志向，而是解放全人类、实现人的自由而全面发展的志向。可见，“志愿”与“Volunteer”是有着本质性区别的。

核心价值观念的不同：服务与奉献。价值观念是人们对事物价值进行主观判断后所形成的看法。凝聚在志愿者精神中的核心价值观念就是人们对于志愿服务价值的最主要的看法。如果说西方志愿者精神蕴涵的核心价值观念是服务，那么中国志愿者精神的核心价值观念就是奉献。在梳理西方志愿者精神的过程中，我们发现“Service”（服务）是核心词汇。而在中国志愿者精神的产生过程当中，始终离不开的那个词就是“奉献”。英语中的“Service”意为“服务”，它所指的就是为社会或他人的利益而工作，为别人提供方便和帮助。西方志愿者精神是以为他人提供方便和帮

① 夏征农、陈至立主编:《辞海：第六版缩印本》，上海，上海辞书出版社2010年版，第2454页。

② 夏征农、陈至立主编:《辞海：第六版缩印本》，上海，上海辞书出版社2010年版，第2454页。

助为核心观念的，这种观念对服务的态度、服务有偿与否并没有明确指向。“奉献”中的“奉”，所指的是“捧”，意为“献给”；“献”的原义是“献祭”，现引申为“将东西恭敬而庄严地送给集体或者是令人尊敬的人”。“奉”和“献”合起来的原义就是恭敬地献出、付出，我们现在所讲的“奉献”是饱含热情地为国家或他人服务，作出贡献，并且不计回报、不求回报。中国志愿者精神中的“奉献”不仅仅停留在倡导人们来为他人提供帮助的服务层面，而且明确指出进行这种服务的精神状态是满怀热情、服务的目的纯洁性即不计回报，用一句话来形容“奉献”就是“捧着一颗心来、不带半根草去”。这并不是说中国志愿者精神中不包括服务，服务是奉献的应有之义，中国志愿者精神所倡导的是更高层次的服务——奉献。做到为他人提供便利和帮助的服务相对容易，做到不计回报并且满怀热情地为国家、为他人奉献，有时甚至要牺牲个人利益来换取集体利益式的奉献相对较难，这一点正是中西志愿者精神的区别所在。与资本主义的“民主”紧密相连并有可能将个人利益放在第一位的“Service”并没有对如何处理个人与国家利益关系作出明确导向，而“奉献”所体现的以国家和集体利益为重的价值导向是中西志愿者精神的重要区别。

价值旨归的不同：人对物的依赖与人的自由而全面发展。从人的发展状况即从自然和社会对人的发展影响程度、生产力发展水平、经济形态3个方面的综合考虑，马克思将人类历史划分为三大历史形态：人的依赖性阶段、以物的依赖为基础同时保持人的独立性阶段、人的全面发展与自由个性的阶段。第一阶段是以血缘关系为基础所形成的人身依附关系的人对人的依赖性阶段，这个阶段人的发展因受到他所依附或者是被依附的人的限制而得不到全面的发展；第二阶段的人与第一阶段相比，已经获得了独立性，但这种独立性是以对物的依赖为前提的，因为此时资本主义私有制下商品经济的发展使得社会关系物化，人只有通过物化的货币才能取得自身的独立性进而与他人发生关系，物代替人成为人的目的，使人异化；第三阶段是人的自由个性得以实现的阶段，此时独立而自由的个人通过自觉联合实现对生产资料的共同占有，具有社会性的个人由于社会需要而进行交换，交换失去第二阶段中的中介性质而成为社会人内在的需要和目的，由此所形成的社会关系是自觉、丰富、全面的，个人将会得到自由而全面的发展。根据三大历史形态理论，可以看出，从中西志愿者精神所追求的终极价值来看，西方志愿者精神所反映的是以物的依赖为基础同时保持人的独立性的社会发展阶段，并且它无法超越并只能停滞在这个阶段；中国志愿者精神所反映的是向第三阶段转型过程中的精神状态，并以人的自由而全面发展作为自己的终极价值目标。西方志愿者精神产生于资本主义社会中，它只能由资本主义私有制的经济基础来决定而不能超越该基础。可能会有人反问，既然如此，那为什么在资本主义私有制的前提下还能产生具有积极社会意义的志愿者精神呢？我们要看到，资本主义的发展虽然造成贫富悬殊、城乡对立，但资本主义的商品经济要比第一阶段中自然经济的生产力先进得多，它带来生产力的迅猛发展，同时在这个社会形态下，人的主动性和独立性得到发展。回顾西方志愿者精神的产生与发展可以看出，西方志愿者精神是与战争、经济危机等带来的失业、贫困、污染、种族歧视、吸毒等社会病相伴而生的。在社会问题渐增、人在享受物质的同时精神危机日益严重的情况下，商品经济所培养出的具有主动性和独立性的社会人必然会思索解决这些问题的对策。在解决问题的过程当中，西方志愿者精神应运而生，从某种意义上说这种寻找自我在社会上位置的志愿者精神是西方世界应对精神空虚的产物。但即使有志愿者精神作为精神食粮，也不能从根本上解决资本主义私有制所带来的根本矛盾，无法真正实现人的自由个性，它必将会被新的更高级的社会形态所代替。可见，西方志愿者精神不能超越并只能停滞在以物的依赖为基础同时保持人的独立性的社会发展阶段。相反，中国志愿者精神产生于社会主义公有制的基础之上，它所反映的是向第三阶段转型过程中的精神状态。虽然中国特色社会主义中也有市场经济这种资源配置手段，但此时的市场经济是与社会主义制度相结合，它虽具有市场经济的一般特征，但社会主义市场经济是以公有制和按劳分配为主体、以实现共同富裕为目标的。社会主义市场经济体制不仅能够使商品经济得到充分发展，也能够引导人们正确处理好利益关系。社会主义和将来的共产主义能够从根本上克服资本主义的历史局限性，社会主义是以共产主义社会的实现作为自己的理想追求的，并以人的自由而全面发展作为自己的终极价值目标。但共产主义的实现是一个艰难而漫长的历史过程，它需要物质产品的极大丰富为前提，在为这个前提作准备的过程中我们需要发展社会主义市场经济。在发展社会主义市场经济的过程中，尽管我们将消除商品经济的负面影响和固有矛盾作为重要目标，但向产品社会过渡的进程中还是不可避免地存在一些问题，如一定程度的贫富差距、精神迷惘、环境污染等问题，这些社会问题的出现迫使人们对现实承担责任并作出改变，在这样的背景下中国志愿者精神产生了。我们要看到的是，这些问题的解决势必要经历一个过程，但在中国志愿者精神的指引下，终归会圆满解决并走向人的自由而全面发展的新阶段。

人生观的不同：个人主义与集体主义。中西志愿者精神的根本性区别在于二者所反映的是两种截然不同的人生观、价值观，即西方志愿者精神在本质上是一种个人主义的人生观，“美国的志愿服务精神逐渐在衰退或者美国至少已经变得更加个人主义化了”①,中国志愿者精神在本质上是为人民服务的人生观和集体主义的价值观。在一项关于个人主义文化和集体主义文化下所开展的心理调查研究表明：互惠式助人②在两种文化背景下都是普遍的，基于社会责任规范③下的帮助在集体主义文化氛围中更受欢迎，“集体主义文化下的成年人不仅更可能帮助他们的内群体成员，并且在完成这些社会义务时表现出更多的愉快感觉……出现这些文化差异的一个可能的原因是集体主义者比个人主义者可能更重视内群体的合作以及个人的奉献。在这种背景长大的人，就比那些出身于较少群体取向环境中的人更可能会感觉有道德义务去帮助别人。”④之所以在两种文化背景下会出现这样的差异，根本性的原因就是两种文化代表的是两种不同的人生观、价值观，在不同的人生观、价值观指导下所作出的行为选择自然会有所不同。我们可以从人生观的具体内容来对比两种志愿者精神的不同。从人生目的上来看，虽然志愿者精神所反映的是为国家、社会和他人利益服务的人生观，但是作为个人主义人生观的西方志愿者精神体现的是主观为自己、客观为他人。中国志愿者精神体现的主观动机和客观效果的统一，也就是说作为中国志愿者精神更重视整体内的合作和个人的奉献。西方志愿者精神根本上体现的是个人利益至上，为自己而活，中国志愿者精神体现的是为国家和集体而活，在存在价值冲突的关键时刻能够将个人利益放在国家、集体利益之后的为人民服务的人生观。从人生价值上来看，志愿者精神所反映的是人生的自我价值与社会价值的统一、个人利益与社会利益的统一。具体到中西志愿者精神上来看，西方志愿者精神在倡导个人利益与社会利益统一的同时，更强调的是个人利益为中心，有时甚至是少数富人的利益，他们对穷人进行救助的根本目的不是帮助穷人，而是保护富

---

① ［美］罗伯特·S. 奥格尔维：《志愿服务、社区生活与伦理道德》，杨敏译，上海财经大学出版社 2018 年版，第 1 页。

② 这里是指人们在提供帮助时希望受助者回报以相同的行为，即互相帮助。

③ 这种规范认为人们应该为那些处于危难中的人以及依赖我们的人提供帮助。

④ ［美］斯蒂芬·弗兰佐：《社会心理学》，葛鉴桥等译，上海，上海人民出版社 2010 年版，第 462~463 页。

人的利益，“如果自由社会不能帮助众多的穷人，就不能保全少数富人。”[①]在西方志愿者精神那里，社会只是个人利益最大化的工具，个人的一切成为人生追求的最高价值。对于中国志愿者精神来讲，它不仅反映的是个人利益与国家利益、集体利益常态统一，还反映了非常态时“舍小家、顾大家”的英雄的集体主义价值观，人民群众的利益、国家利益、社会利益成为衡量人生价值大小的评价标准。这里的集体利益和个人利益并不是相冲突的，社会主义的集体主义是以个人的独立性和自由发展为基础的，只有真正的集体主义才能确保个人利益的实现。

综上，中西志愿者精神的本质区别就在于它们代表着不同的人生观，西方志愿者精神代表的是个人主义人生观，中国志愿者精神代表的是集体主义人生观。西方志愿者精神终究无法超越西式“自由”支配下的个人主义局限性，也只能仰望集体主义指导下的中国志愿者精神所表现出的宏大叙事与日常叙事的统一。

① 彭树志主编：《世界史　现代史编》（下卷），北京，高等教育出版社2011年版，第224页。

第五章 志愿者精神发展的经验总结与规律探索

志愿者精神在长期的发展历程中积累了弥足珍贵的经验，彰显着不以人的意志为转移的重要规律。总结志愿者精神发展的基本经验，探讨其发展规律，对进一步开展志愿者服务活动具有重要的指导意义。那么，具有本土特色的志愿者精神在其产生发展过程中积累了什么样的经验？内含着什么样的规律？对这些问题的阐释构成了本章的主要内容。

一、志愿者精神发展的经验总结

我国志愿者精神发展的过程，是从少数人发起到官方推动再到全员参与，最后被大多数人们知晓并践行的过程。志愿者精神从不被人知到广为人知，实现了飞跃式的发展。在这个过程中，积累了许多宝贵的经验。站在马克思主义的立场上，坚持实事求是的态度，秉承科学求真的方法，审视志愿者精神的发展过程，可以总结出一些富有指导意义的基本经验。这主要表现为官方的重视与推动、公民的自觉参与、相应制度法规的保障和大众传媒的充分利用等 4 个方面。

（一）官方的重视与推动

不管雷锋精神还是志愿者精神，在它们的产生与发展的过程中有很多因素起着重要的作用，其中一个重要的因素就是官方的重视与推动。利用官方来进行大规模的社会动员是中国志愿者精神发展的特点也是优势所在。在进行社会动员的过程中，领导人和一些官方或半官方的部门起着重要的推动作用。

一方面是党和国家领导人对于志愿服务的开展、对于志愿者精神的弘扬与培育起着重要的推动作用。早在雷锋精神产生时，中央领导人对学雷锋活动就很重视，并纷纷为该活动题词。其中1963年3月5日毛泽东“向雷锋同志学习”的题词在全国各大报刊同时刊登；周恩来“向雷锋同志学习憎爱分明的阶级立场，言行一致的革命精神，公而忘私的共产主义风格，奋不顾身的无产阶级斗志”[①]的4句题词成为对雷锋精神的经典概括，并指导着后来的学雷锋活动；刘少奇、朱德、林彪、陈云、邓小平等也为学雷锋活动进行了题词。由此可见，党和国家领导人对学雷锋活动的重视和支持，极大地促进了雷锋精神在全国的传播。

我国志愿服务的发展，得到党和国家领导人的关心和重视。1994年在《关于开展社区服务志愿者活动的通知》中要求各级政府都要加强社区服务工作，时任国家主席江泽民和国务院总理李鹏分别为社区志愿服务题词。江泽民的题词为“提倡社会互助、促进精神文明”，李鹏的题词为“为民解忧、为国分忧”，两位领导人对社区服务进行题词以示政府对志愿服务的重视和支持。同年，时任中共中央政治局常委的胡锦涛对新发起的青年志愿者行动作出了评价，他认为“青年志愿者行动是在社会主义市场经济条件下建设精神文明的一种好形式，是雷锋精神在新时代的发扬光大”[②]；人大常委会委员长乔石在当年的五四青年节亲自为青年志愿者队伍授予锦旗。1997年年底，江泽民为青年志愿者行动亲笔题名。2000年，他在给青年志愿者来信的批语中写道：“青年志愿者行动，是当代社会主义中国一项十分高尚的事业，体现了中华民族助人为乐和扶贫济困的传统美德，是大有希望的事业。努力进行好这项事业，有利于在全社会树立奉献、友爱、互助、进步的时代新风。”[③]2011年5月在收到北京大学第十二届研究生支教团成员的来信后，胡锦涛回信赞誉青年志愿者们“不怕艰苦，竭诚奉献，为推动西部地区教育事业发展发挥了积极作用”[④]，并对青年学生提出希望和祝福，这封信极大地激励和鼓舞了青年志愿者在实践中继续践行志愿者精神。此外，胡锦涛、李克强等曾参加2009年11月在

① 《周恩来选集》（下卷），北京，人民出版社1984年版，第417页。

② 安国启主编：《志愿行动在中国：中国青年志愿者行动研究》，北京，中央文献出版社2002年版，第33页。

③ 《江泽民文选》第3卷，北京，人民出版社2006年版，第508页。

④ 李斌：《让青春在实践中闪耀——胡锦涛给北京大学第十二届研究生支教团成员的回信使全校师生受到极大鼓舞和激励》，《人民日报》2011年5月25日。

北京举办的首都防治艾滋病志愿者活动，并同青年志愿者们同唱《让世界充满爱》。

党的十八大以来，习近平总书记分别于 2013 年 12 月，2014 年 3 月、7 月，给“本禹志愿服务队”“郭明义爱心团队”“南京青奥会志愿者”3 支志愿者服务队回信，希望他们“大家搭把手、出份力”，弘扬“奉献、友爱、互助、进步”的志愿者精神，坚持与祖国呼吸共命运，积极为人民作贡献，用实际行动为实现中国梦作贡献。习近平总书记自党的十八大以来连续 9 次参加义务植树活动，为“好传统”赋予高质量发展、高品质生活、世界性引领的“新内涵”。2019 年 1 月，习近平总书记亲自到天津市和平区新兴街朝阳里社区志愿服务馆，并为他们点赞，指出志愿服务要围绕中国梦来展开。2014 年 9 月，李克强总理回信勉励吉大白求恩志愿者协会，“希望大家继续以爱心和知识帮助需要帮助的人，与千千万万志愿者在一起传播守望相助的正能量，在全社会形成崇德向善的好风尚。”① 党和国家领导人对志愿者精神的号召或题词或亲自参与志愿活动，虽然并不具备法律效力和制度效应，但是它对于社会公众具有强大的感召力，因为国家领导人在人们心目中是这个国家人格化的象征，虽然领导人的身上承载着国家的主流意识形态，但是此时人们更加关注的是领导人所代表的积极向上的民族精神和国家整体利益。在国家整体利益的氛围中，人们容易被这种整体利益所激起的高尚精神所打动，因此，国家领导人对于志愿服务的重视和高度评价在客观上能够有力地提升人们对志愿服务的关注度和参与度。

另一方面是官方、半官方政府部门的重视与推动。我国志愿者精神发展至今，形成了两支主要志愿者队伍。一支就是青年志愿者队伍，共青团中央制定的《关于推进青年志愿服务工作改革发展的意见》提出到 2025 年，实名注册的青年志愿者总数突破 1 亿人。另一支是社区志愿者队伍，社区志愿者队伍在 2007 年注册志愿者人数已有 700 多万。这两支队伍分属于不同的部门，中国青年志愿者协会下的青年志愿者属于共青团中央主管，中国社会工作协会下的社区志愿者属于国家民政部主管。除了这两支主要的志愿者队伍外，其他很多志愿组织都是依托共青团、妇联、社区等建立。这些组织与政府的关系较为紧密，因为政府给它们提供大部分的运作资金和项目。目前，在国内影响较大、知名度较高的是成立于 2013

① 《李克强给吉林大学白求恩志愿者协会回信》,《吉林日报》2014 年 10 月 7 日。

年 12 月的中国志愿服务联合会，其在中央文明委指导下开展工作，中共中央政治局原委员、中央文明委原副主任、北京市委原书记刘淇任会长。截至 2021 年年底，在全国志愿服务信息系统实名注册的志愿者人数超过 2.21 亿，志愿服务组织在册登记超过 123 万。作为全国志愿服务组织的“国家队”，联合会坚持项目化运作、专业化发展、信息化支撑和前瞻性研究，并在全国范围内开展了“邻里守望”志愿服务活动、“志愿之城”试点工作等方面的活动，社会影响力很大，成效明显。由于对社会团体管理和立法的不完善，即使是那些由公民自发联合组成的民间志愿组织也必须挂靠在主管单位名下，这些主管单位包括政府部门、事业单位或群众团体。可见，我国志愿服务发展的一个很重要的领导力量便是官方、半官方政府部门。无论是党和国家领导人对志愿服务的重视还是官方、半官方政府部门对志愿服务的推动，都能够起到社会动员的作用。且不说大规模社会动员对于真正意义上志愿组织发展的利弊，它在客观上促进了志愿者精神的扩展和传播是一个不可否认的事实。

（二）公民的自觉参与

官方推动虽然在客观上促进了志愿者精神在社会上的广泛传播，但是对于官方所传达的信息，公民必须内化为自身所认同的价值观念，然后才能外化为自觉地参与志愿服务的行为中。所以，归根到底，我国志愿者精神之所以得到发展，一个更重要的原因就是公民的自觉参与。公民之所以能够产生志愿服务的意识，一方面是由个人素质的发展对人的需要提出更高层次要求所致，另一方面是由官方对志愿服务的宣传和推动所致。为什么在 20 世纪八九十年代参与志愿服务的人为数尚少，而到了全面建成小康社会的过程中会出现志愿服务参与的“井喷”现象呢？这虽然与大灾难和大型赛事所提供的契机有关，但最主要的原因是在从物质匮乏社会向物质富裕社会前进的过程中，人们的需求层次逐渐提高，由过去的对物质需要的满足向高层次精神需要的满足的转变。随着现代化的推进，人也要实现现代化，人的素质的全面提升是人的现代化程度的重要衡量标准。人的需要层次的不断提升是推进人的现代化的必然要求。人们对于高层次需求的追求，一个很重要的方面就表现在对于公共服务的责任担当，而在实践中参与志愿服务则是满足人们对于社会担当需求的一个重要途径。在经济欠发达时，虽然物质匮乏，整个社会在建设物质文明的过程中需要高尚精神的支撑，但这时的志愿者精神表现为实践中的少数、沉默中的大多数；

经济得到一定发展后，高尚精神已经成为人们内在的精神需要，在实践中表现为大多数。同时，志愿者精神的发展还要归功于官方对志愿服务的宣传和推动。从这点上来说，这些宣传和推动实际上是在对社会成员进行思想政治教育。在对社会成员进行思想政治教育的过程中，离不开内化和外化这两个环节。具体来讲，教育者将志愿者精神的相关信息传达给受教育者之后，受教育者对志愿者精神所代表的思想、观念和规范首先要有一个自我认知和确认，在认同这些内容之后人们就将它们纳入自己的意识体系，这些意识内容对人们的思想、情感和行为起着内在的调控作用。这个过程就是内化，这个过程是告诉自己“我要这样做”。在将志愿者精神内化后，在人们的实践中这种精神会得到体现，这就需要人们来参与志愿服务。这个过程就是外化，外化就是人们将内心所接受的志愿者精神践行在志愿服务当中。经过内化外化的螺旋进行，自觉参与志愿服务成为人们的行为习惯，志愿者精神成为支配人们活动的精神力量。我国目前的志愿服务结构是公民自下而上地自觉参与志愿服务与官方自上而下地推动志愿服务的有机结合，它必将朝着社会中的大多成员自下而上地自觉参与志愿服务的方向发展。

随着志愿服务的制度化、体系化的发展和现实事件的需要，越来越多的社会成员选择自觉加入志愿者队伍。比如，在最近几年新冠肺炎疫情防控中的“志愿红”。这支红色队伍中有专业的志愿者，也有自觉加入的新成员，其中有很多都是青年学生。比如，21 岁的程世雄，他是华中师范大学的在校生，在疫情暴发的后，他第一时间报名参加了隔离点的志愿服务工作，负责管理、协调、发放后勤物资。他跟他的同学们每天在搬运物资的时候累得不行，同时还面临着被感染的风险。程世雄认为个人力量虽然渺小，但全国人民都挺身而出的话就会汇聚成强大的力量，年轻人更应该挺身而出。被称为“生命摆渡人”的顺丰快递员汪勇也是在此期间自觉加入志愿者并组织起运输志愿者队伍。当汪勇无意间看到武汉金银潭医院医生打车的求助信息时，他毅然接下这个单子，害怕家人担心，他找了个借口坚持去往医院。汪勇心疼已经劳累疲惫的医生护士，冒着被感染的风险坚持接送他们。考虑到医生护士人数较多，汪勇自觉组织起了一支志愿者车队，负责接送医护人员和送餐服务。后面随着需求越来越大，汪勇专门组建了医护服务群，为医护人员提供修眼镜、修手机、买衣物等生活服务。他们成为金银潭医院的“后勤服务保障中心”。这些挺身而出的普通人造就了人间的英雄。所以，习近平总书记说他们“真诚奉献、不辞劳苦，为疫情防控做出了重大贡献”。[①]

（三）相应制度法规的保障

相应的制度法规是志愿者精神得到发展的制度保障。在我国志愿者精神发展的过程中，所建立的制度发挥起着重要的规范和激励作用。一是关于志愿组织管理的法规或意见。中国青年志愿者协会成立后，对协会的日常管理和工作作出了一些有益的探索，如协会的组织原则、组织的职责、经费的筹措和使用等，并于 1995 年制定了《青年志愿服务站实施方案（试行）》，对该组织的具体事宜作出规定。1996 年年初，共青团中央相继颁发了一系列文件来规范青年志愿者活动的相关事项，如针对大型活动和应急行动的《关于青年志愿者为大型活动提供志愿服务的暂行规定》《关于青年志愿者参加抢险救灾的暂行规定》，针对如何管理青年志愿者的《关于加强青年志愿者规范管理的暂行规定》，针对志愿者激励措施的《中国青年志愿者行动评选表彰工作条例（试行）》等。1998 年国务院颁布施行的《社会团体登记管理条例》《民办非企业单位登记管理暂行条例》对志愿者组织的建立进行了法规上的规范。一些国家部门所颁布的政策、意见为志愿服务提供了政策支持，如 1994 年民政部和中国社会工作协会所发出的《关于进一步开展社区服务志愿者活动的通知》，2002 年共青团中央制定的《中国青年志愿者注册管理办法》，中央精神文明建设指导委员会制定的《关于深入开展志愿服务活动的意见》等。2012 年民政部印发《志愿服务记录办法》，2013 年民政部下发《关于在全国推广“菜单式”志愿服务的通知》，2014 年中央文明委颁发《关于推进志愿服务制度化的意见》和《社区志愿服务方案》，2015 年教育部出台《学生志愿服务管理暂行办法》，民政部下发《志愿服务信息系统基本规范》行业标准，中央文明办、民政部、教育部、共青团中央颁发《关于规范志愿服务记录证明的指导意见》，2016 年十二届全国人大通过了《中华人民共和国慈善法》，中宣部、中央文明办、民政部等部门联合印发《关于支持和发展志愿服务组织的意见》，文化部下发了《文化志愿服务管理办法》，中宣部、中央文明办、中国科协等 7 部门联合印发《关于公共文化设施开展学雷锋志愿服务的实施意见》。同年 7 月，中宣部、中央文明办、民政部、教育部 8 部

① 习近平：《在统筹推进新冠肺炎疫情防控和经济社会发展工作部署会议上的讲话》，《人民日报》2020 年 2 月 24 日。

门联合印发了《关于支持和发展志愿服务组织的意见》。同月文化部下发了《文化志愿服务管理办法》。同年12月，中宣部、中央文明办、民政部等7部门联合颁发了《关于公共文化设施开展学雷锋志愿服务的实施意见》。2018年9月中共中央、国务院印发《乡村振兴战略规划（2018—2022）》中提到要用志愿服务来繁荣发展乡村文化、健全现代乡村治理体系，民政部印发《"互联网+社会组织（社会工作、志愿服务）"行动方案（2018—2020年）》以推动"互联网+志愿服务"。同年7月，团中央、教育部印发《关于在高校实施共青团"第二课堂成绩单"制度的意见》，将志愿服务纳入高校"第二课堂"。2019年10月，《关于新时代文明实践志愿服务机制建设的实施方案》印发。12月，民政部出台《志愿服务记录与证明出具办法》。2020年5月教育部发布相关课程标准，将志愿服务纳入高中必修课。

2017年6月国务院第175次常务会议审议通过《志愿服务条例》，这对志愿服务组织的法律地位、规范管理和活动开展等进行了系统规定。与此同时，各地开始对志愿服务的立法工作，并相继颁布一些地方性法规，如《北京市志愿服务促进条例》《上海市志愿服务条例》《广东志愿服务条例》《浙江省志愿服务条例》《江苏省志愿服务条例》《吉林省志愿服务条例》《福建省青年志愿者条例》《新疆维吾尔自治区志愿服务条例》《西藏自治区志愿服务条例》《重庆市志愿服务条例》《河南省关于深入开展青年志愿服务活动的决定》《山东省青年志愿服务规定》等，这些地方性法规为青年志愿服务的规范化提供了法律上的支撑，将进一步推动志愿服务制度化、常态化发展，提升志愿服务整体效能。

二是建立志愿服务奖励制度。《中国青年志愿者行动评选表彰工作条例（试行）》对志愿服务的奖励规则进行了详细规定，其中所设立的奖项有中国青年志愿者行动星级"荣誉奖"（共有三星）"杰出青年志愿者奖""青年志愿服务杰出集体奖""青年志愿者行动组织奖""青年志愿者行动特别贡献奖"，目前所实施的"十杰百优"制度就是在该条例基础上形成的。此后又设置了志愿服务的金、银、铜和服务奖章，当志愿者所提供的志愿服务累计达到400小时、600小时、800小时、1000小时相应就会获得中国青年志愿服务奖的服务奖章、铜奖奖章、银奖奖章、金奖奖章。2013年共青团中央颁发的《中国注册志愿者管理办法》规定，团组织、志愿者组织应完善志愿者评价机制，组织实施星级认证制度，评选表彰和奖章授予制度等。志愿者注册后，参加志愿服务时间累计达到

100 小时、300 小时、600 小时、1000 小时、1500 小时的，分别认定为“一星志愿者”“二星志愿者”“三星志愿者”“四星志愿者”和“五星志愿者”。2014 年中央精神文明建设指导委员会印发的《关于推进志愿服务制度化的意见》指出，要建立健全志愿服务制度，规范志愿者招募注册，依托全国志愿者队伍建设信息系统志愿服务信息平台，为有意愿、能胜任的社区居民进行登记注册。要加强志愿者培训管理，对志愿者进行相关知识和技能培训，提高服务意识、服务能力和服务水平。要建立志愿服务记录制度，根据统一的内容、格式和记录方式，对志愿者的服务进行及时、完整、准确记录，实行服务记录的异地转移和接续，使志愿者的服务记录不因工作岗位和居住地的变动而失效。要健全志愿服务激励机制，对志愿者给予相应的星级认定；建立志愿者嘉许制度，褒扬和嘉奖优秀志愿者，授予荣誉称号；建立志愿服务回馈制度，志愿者利用参加志愿服务的工时，换取一定的社区服务，同时在就学、就业、就医等方面享受优惠或优待同时，要完善政策和法律保障。另外一些地方还实行“时间银行”或“道德银行”的措施来激励人们参与志愿服务，具体来说就是志愿者所提供的服务按照一定标准折算成相应时间量登记在“时间银行”里，待将来有需要时可以从社会上获得相应时间量的志愿服务。与此同时各种形式的志愿服务大赛、优秀志愿者评选和展示活动也在如火如荼地开展，如中国青年志愿服务项目大赛、巾帼志愿者暖心故事点赞活动、“四个 100”先进典型活动、“志愿者扶贫 50 佳案例”评选活动等。

三是逐渐推广志愿者注册制度。中国青年志愿者协会于 2001 年的 3 月 5 日开始在全国推行注册志愿者制度，该制度主要是为了规范志愿者的管理，建立一支稳定的志愿者队伍，为志愿服务提供持久的后备力量。目前，我国已经形成过了超过 2.21 亿人的注册志愿者队伍，包括将近 123 万支志愿者队伍，891 万个志愿项目，服务总时数达 373039 万小时。这些制度性的法规促进了志愿服务的规范化和制度化，对于志愿者精神的长效传播机制有着重要的作用。

（四）大众传媒的充分利用

大众传媒是大众传播媒介的简称，它主要包括报纸、杂志、广播、电视、网络等，通过这些媒介来传播信息具有时效性、广泛性等优势。在我国志愿者精神产生与发展的过程中，大众传媒起到重要的宣传、舆论监督、文化代际传播与积累的作用。

早在雷锋精神产生的时候，作为国家宣传喉舌重要阵地的《人民日报》《解放军报》曾对雷锋事迹进行很多的报道和宣传，并刊登部分领导人对雷锋事迹的题词；广播电台也在大张旗鼓地对雷锋精神进行宣传。这些以报纸、广播电台为主要传播手段对雷锋精神进行的信息宣传，在保证正确社会舆论导向的同时使大众对于雷锋精神的认知、认同快速上升。在我国志愿者精神的发展过程中，除了利用报纸这一媒介外，还充分利用了电视、电影等在市场化进程中成为大众文化载体的一些媒介。1996 年上映的电影《离开雷锋的日子》获得“五个一工程奖”，这部电影不仅讲述了雷锋最亲密的战友乔安山在雷锋牺牲后如何继续发扬雷锋精神，而且在电影的结尾将雷锋的继承者——青年志愿者切入画面，来告诉人们雷锋不曾远去，他就在我们身边，雷锋精神将来会一直延续下去。该电影是宣传雷锋精神和作为雷锋精神继承者的志愿者精神的佳作，使志愿服务在中国青年志愿者的启动阶段得到具有震撼力的宣传效果，人们在回想起雷锋那段美好日子的同时对当下新出现的志愿者有了更深刻的认识：原来志愿者不是“奇怪的好人”，而是“老好人”。

在志愿者行动的社会影响的日益扩大的背景下，1998 年 8 月一部关于青年志愿者平凡而崇高事迹的纪实体电视系列剧《中国青年志愿者》在中央电视台黄金时段开播，该片是献给共青团中央第四次代表大会的礼物。它主要以青年志愿者平凡而感人的事例来展现改革开放之后新时期青年的精神风貌，弘扬青年志愿者的 16 字精神（帮助他人、完善自己、服务社会、弘扬新风）。改变以往官方“刻板”面孔，擅长生活喜剧的梁天导演了以青年志愿者为主题的轻喜剧《请让我来帮助你》在 2004 年开播，以幽默生动代替传统主旋律作品的严肃和拘谨，在剧情的悲喜中表现出志愿者互助、奉献精神。在 2008 年奥运会举办前夕，由共青团中央青年志愿者工作部、教育部思想政治工作司与北京飞雨时代文化传媒有限公司联合摄制的青春励志电影《志愿者》放映，电影所讲述的是青年学子放弃优越条件，通过自愿参加大学生志愿服务西部计划实现人生价值的故事，反映了青年学子不怕苦不怕累、敢于并甘于奉献的精神。共青团中央办公厅和教育部办公厅在 2008 年 12 月联合发出关于《关于做好电影〈志愿者〉宣传推介工作的通知》以推进该片的宣传工作，发挥该电影在大学生思想政治教育中的引导作用，引导广大学生积极献身于志愿服务，弘扬“奉献、友爱、互助、进步”的志愿者精神，为构建社会主义和谐社会出力。该电影所走的是青春偶像与主旋律相结合的路线，这种主流文化在一定程度上的娱乐倾向，使人们在视觉盛宴中得到思想的共鸣与洗礼，这对于志愿者精神的大众化是很有利的。2020 年在新冠肺炎疫情防控过程中，我们推出了《中国好青年》“青春战役”系列视频：《ICU 里的守护天使》《我叫志愿者》《青春的样子》。这些视频记录了中国青年志愿者最忙碌的身影、最真诚的奉献、最崇高的信念，视频上线以后各大报纸线上终端、各大主流媒体公众号、视频网站纷纷转发。这让大家对青年志愿者有了更为具体的认识和了解，感动着也激励着观众参与志愿者的队伍。

此外，志愿者精神在发展的过程中利用了互联网的优势。2001 年 3 月 5 日，由共青团中央、科技部主管，中国青年志愿者协会主办的中国志愿服务网开通试运行，这一新兴媒介开辟了我国志愿服务管理、动员和志愿信息实效性的新窗口。随着网络信息化的迅猛发展，“互联网 +”志愿服务也得到了高速发展。比如，2019 年的 99 公益日举办了线上线下相结合的“以一块钱做好事”的公益活动。这次活动创下筹款额度、透明度、覆盖面的新高，一共有 4800 万人次、2500 家企业累计捐款接近 21 亿元，共有 3585 家机构参与，覆盖了 200 多个城市圈，全网用户累计互动次数超过 8.8 亿次。特别是近年新冠肺炎疫情以来，线下接触成为一种不确定的事情，借助于网络线上来举办在线活动成为灵活的选择。

2020 年的第五届中国青年志愿服务项目大赛全国赛终评就是采取线上线下相结合的方式进行的。同时，“全国志愿服务云展馆”平台也上线了。而且，志愿者精神在发展的过程中还得益于一些仪式化的活动，如志愿项目的启动仪式、专场文艺演出等。在大型志愿活动开始前，都要进行启动仪式。比如，在赴老挝的志愿者出国开展服务之前，中国青年志愿者协会为他们举行海外服务团欢送会；在社区志愿者与未成年人一对一计划实行后，团中央社区、团北京市委等联合举行了“心手相连——社区志愿者与未成年人结对活动”启动仪式；2003 年，在青年志愿者行动 10 周年之际，共青团中央、中国青年志愿者协会在北京举办“爱心彩虹”——中国青年志愿者行动十年庆典晚会暨“志愿者：时尚先锋”公益巡演活动；2004 年，共青团中央、教育部在清华大学大礼堂举办话剧《托起明天的太阳》专场汇报演出。2021 年的 5 月，浙大城市学院邀请志愿者形象大使白岩松为本校即将参与杭州亚运会的青年学生志愿者进行现场交流。这些仪式化的活动能够营造出激情澎湃的氛围，人们在这种氛围中情绪容易受到志愿者精神的感染，加深人们对志愿者的感性认识，这无疑有助于志愿者精神的培育和弘扬。当今时代，随着移动互联网技术的进步，微博、微信、客户端、短视频等新兴媒体在传播志愿者精神方面起着十分重要的作用。

二、志愿者精神发展的规律探索

规律是客观事物在发展变化的过程中体现出来的本质联系和必然趋势。规律作为事物本身固有的本质的联系，规定了事物存在发展的客观性；作为事物发展的一种必然趋势，决定着事物的发展方向。因此，规律带有必然性，表现出稳定、重复、不变的特质。规律具有客观性，即规律的存在与发展不以人的意志、愿望或意识为转移。违背客观规律要受到惩罚，但这不能说人在规律面前无能为力，人可以充分发挥主观能动性，发现、认识和利用规律，以此来指导实践，为人类服务。志愿者精神在发展的过程当中，呈现出一定的规律性。总结归纳出志愿者精神发展中的规律对今后的志愿者精神的培育与弘扬有着重要的理论指导意义。我国志愿者精神的发展所表现出来的规律主要有与物质文明之间的适应超越律、与人的素质之间的辩证互动律、与民族精神之间的传承发展律。

（一）与物质文明之间的适应超越律

文明是“人类在认识和改造世界（物质世界和精神世界）的活动中所创造的物质财富和精神财富的总和”①，主要包括物质文明和精神文明两个组成部分。从人类告别蒙昧、野蛮时代进入文明社会之后，人类社会在物质文明与精神文明相互制约、相互作用中向前发展。在社会的发展当中，二者就如同车之两轮、鸟之双翼。物质文明是人们在改造客观世界所进行的生产实践活动中取得的成果之和，它主要体现在生产力水平、生产规模、物质财富的增长和物质生活条件的改善上，其中生产力状况对物质文明起着决定性的作用，是物质文明程度的主要衡量标准。精神文明主要是指人们在改造客观世界和改造主观世界过程中所进行的精神生产的成果之和，是与社会存在相对应的社会意识，是上层建筑的重要组成部分。物质文明与精神文明是相互制约、相互作用的。精神文明的产生以物质文明为基础，物质文明以精神文明为灵魂。具体来讲，物质文明对于精神文明的基础性

① 李淮春主编:《马克思主义哲学全书》，北京，中国人民大学出版社 1996 年版，第 709 页。

作用体现在：一是为文明生产的主体提供物质生活保障，人们在从事生产时总要先获得最基本的物质需要才能怀着极大的热情投入生产；二是为精神文明生产提供硬件设施，如实验室、仪器、书籍、计算机等，只有借助于一定的物质载体才能进行相应的精神生产；三是促进科学技术进步的同时也促使人的精神状态和思维方式的转变。同时，物质文明也离不开精神文明，一是因为精神文明为物质文明提供智力支持。精神文明中的教育活动所培养的人才为物质文明提供人力资源；富有生命力的科学技术通过提高生产力水平来促进物质文明的发展；作为软实力的文化也是潜在的生产力。二是精神文明中的思想道德素质的提高能够促使人们形成共同理想和道德规范从而为物质文明提供精神动力。从人类社会的历史进程来看，两个文明是适应而发展的，有什么样的物质文明就有什么样的精神文明与之相适应，但是二者的发展也存在不平衡的现象。这是因为作为意识形式和上层建筑的精神文明具有相对独立性。两个文明发展的不平衡性表现为两种情况：一种情况是精神文明的发展滞后于物质文明的发展，因为当物质文明发生变化时，旧的社会意识可能在一段时期内还会存在，从而对经济发展起到阻碍作用；另一种情况是精神文明超越物质文明的发展，先进的社会意识有可能超越物质文明发展的现状，促进物质文明发展。

志愿服务是精神文明创建的一种有效形式。志愿者精神作为一种社会意识，属于精神文明的范畴，与物质文明的发展是密切相连的，总体上它与物质文明是基本一致的，但也会出现超前或滞后的现象。志愿者精神在发展的过程中存在这样不平衡的现象：在经济发展水平较低时，志愿者精神（这里指雷锋精神）发展水平高；在经济发展水平较高时，志愿者精神相对滞后。在我国，志愿者精神的发展与物质文明的发展基本上是相适应的，在社会主义物质文明建设越来越强的同时，志愿者精神的影响力也越来越大，参与志愿服务的人越来越多，参与的频率也越来越高。“截至2016年年底，全国累计志愿服务时长达4.2亿小时，人均志愿服务时长11.93小时，他们在扶贫开发、社区建设、环境保护、大型活动、应急救援、海外服务等领域为社会提供志愿服务。”[①] 我国志愿者精神与物质文明的发展也有不平衡的情况。20世纪60年代雷锋精神产生的时候，我国的经济虽然得到新的发展，但是总体来说生产力不发达、人们的物质生活条件很艰苦，但就是在这样的背景下，雷锋精神产生了，有千千万万的人参

① 王冬梅:《“志愿者”已成年轻人“精神时尚”》,《工人日报》2010年12月5日。

与学雷锋做好事的活动。相对于当时的物质文明来讲，雷锋精神倡导的高尚的无私奉献是超越于当时的生产力发展水平的。在经济困难时期，雷锋精神极大地鼓舞了人民群众进行社会主义经济建设的斗志。在改革开放初期，社会主义市场经济还不完善，虽然经济发展取得一定成就，但精神文化领域内还存在着复杂状况，如拜金主义、享乐主义、个人主义的蔓延滋长，假冒伪劣、坑蒙拐骗式的道德失范现象等，雷锋精神、志愿者精神在此时被很多人置于脑后，雷锋成了“傻冒”。此时，志愿者精神滞后于物质文明的发展。

从总体上看，志愿者精神与物质文明的发展是同步的。比如，新时代文明实践中心试点工作的推进。进入新时代，我国GDP总量一直位居世界第二，2019年我国人均GDP首次超过1万美元，相应地人民群众对精神文明的需求越来越高，人民对美好生活期待的内容也越来越丰富。2018年7月，《关于建设新时代文明实践中心试点工作的指导意见》审议通过。该试点工作的目的就是通过在全国县一级建设新时代文明实践中心来推动习近平新时代中国特色社会主义思想在农村基层的宣传，加强和改进农村基层的精神文明建设，切实做到宣传群众、教育群众、关心群众、服务群众一体化，同时动员和激励广大农村人民群众投入社会主义现代化建设。新时代文明实践中心建设的总体要求是有效调动农村老百姓的积极性主动性来进行自我教育、自我提高、自我服务，整合各方面各领域的力量建设一支群众身边的志愿者队伍。光明日报评论员对新时代文明实践中心建设工作是这样评价的：新时代文明实践中心“成为加强基层思想政治工作的坚强阵地，成为培养时代新人、弘扬时代新风的精神家园，成为开展中国特色志愿服务的广阔舞台”①。志愿者是新时代文明实践的主体力量，一批批实践中心的建成，为志愿者精神的弘扬提供了前所未有的广阔天地和发展机遇。

（二）与人的素质之间的辩证互动律

人的自由而全面的发展内在地包括了人的综合素质的提高。人的素质与志愿者精神的发展之间的关系是辩证互动的。一方面，人的素质的提高可以推动志愿者精神的发展；另一方面，志愿者精神的发展有助于人的素质的提高。二者为什么存在这样的互动呢？首先来看一下人的素质相关内

① 本报评论员：《推动新时代文明实践中心建设更进一步》，《光明日报》2020年7月6日。

容。人的素质是构成人的基本要素当中那些具有内在规定性要素的总和，即是具体表现在个人身上的各种属性、特性。人的要素主要是由自然要素和社会要素组成，但人的本质是由它的社会性所决定的，这里人的素质主要指的是由社会性所带来的社会性素质。这些素质是人在社会生活中逐渐形成的，而不是与生俱来的生理素质。社会性素质主要包括智能素质和非智能素质。智能素质主要包括知识结构和能力结构，非智能素质主要包括思想政治品德素质和心理品格素质。在人的素质结构当中，与志愿者精神直接发生关系的就是思想政治品德素质和心理品格素质。

思想政治品德素质，指的是表现在人们实践活动当中的较为稳定的人格化的思想观念、政治品质和道德品质的总和。思想观念主要体现为人们的世界观、人生观、价值观；政治品质主要体现为政治立场、政治信念、政治觉悟等；道德品质主要体现为在社会生活当中处理个人与他人、社会关系时所形成的社会公德、职业道德、家庭美德和个人品德。思想政治品德素质在我国人才培养的目标体系中处于首位。这是因为我们所进行的社会主义精神文明建设的目标之一就是要培养千千万万合格的社会主义建设者和接班人，在所培养的社会主义建设者和接班人身上，思想政治品德素质是首先要具备的素质。我们的社会主义建设者和接班人是有理想、有道德、有文化、有纪律的“四有”新人，这与思想政治品德素质中的理想信念、政治立场、价值观念、道德品质基本是相对应的。今天，我们培养担当民族复兴大任的时代新人，更需要在思想政治品德素质锤炼上下功夫。一个人只有具备了崇高的理想信念，才能够为社会主义现代化建设、为共产主义社会的实现提供奋斗的动力支持。在现阶段，这个崇高的理想信念就表现为把我国建设成为富强、民主、文明、和谐、美丽的社会主义现代化国家，实现中华民族伟大复兴。个体只有树立了这个伟大理想后，才能够在伟大旗帜的指引下，将个人的发展与国家的发展、民族的复兴、社会的进步紧密联系在一起，才能恰当处理国家、集体与个人的利益，才能真正实现个人与国家良性互动式发展，才能彰显个体的社会责任感。这种对于社会的责任感、能够与他人互帮互助的友爱之德和伦理精神，正是我国志愿者精神所要求的。从这个意义上来讲，良好思想政治品德素质推动着我国志愿者精神的发展。反过来，志愿者精神的发展，也可以帮助人们来正确认识个人利益与集体利益的关系，帮助人们认识个人对于社会发展的重要作用，促使个人树立为国家、为社会奋斗的目标，从而促进人们思想政治品德素质的提高。心理品格素质主要包括需要、动机、兴趣、情感、意志等内容。特别是其中的需要，它是随着人的社会实践的发展变化而不断变化的。人的需要的变化与我国志愿者精神的产生与发展有着密切的联系。在我国，志愿者精神产生，正是由于人们的物质需要得到基本满足后，对于精神需要的满足逐渐显现的必然结果。随着人们的物质生活水平日益提高并逐渐丰裕，人们对于较高层次的精神需要更为强烈，这种强烈的实现个人价值的需要激励着人们参与社会公共事务承担社会责任，此时，人的需要层次的提高推动着志愿者精神继续向前发展。同时，逐渐发展起来的志愿者精神日益被广大人民群众认知、接受，有助于人们原有需要的满足和新需要的产生。所以，在人的素质与志愿者精神之间存在着辩证互动的本质联系。

举例来说，韩城市新城办车站社区荣获 2019 年度全国学雷锋志愿服务“四个 100 最美志愿服务社区”。这个社区志愿服务队成立 6 年来，一共吸引来 796 名志愿者。社区志愿服务队根据志愿者的特点和特长，将服务队细分为巾帼志愿者服务小组、党员先锋志愿服务小组、邻里守望志愿服务小组、科教文艺志愿服务小组、爱心志愿者志愿服务小组，经常性开展道德宣讲、严格的创文督导、暖心的扶贫救助、有序的环境整治、生动的普法宣传、细致的生活互助等志愿活动。通过开展这些活动，建立了和谐友爱的邻里关系，宣传了优秀的传统文化、提升了社区治理能力和效率。目前，车站社区辖区内志愿服务已经成为一张文化名片和生活方式，居民知晓率和参与率达到 90% 以上。为什么这个社区的志愿者参与率这么高、志愿者精神这么高涨？那是因为社区居民的素质和素养整体水平较高，各有各的专业特长，他们更容易被志愿者精神所感染，更愿意也更能够提供相应的志愿服务，同时也更能促进志愿者精神的传播。各大最美志愿服务社区是人的素质和志愿者精神辩证互动的充分体现。

（三）与民族精神之间的传承发展律

民族精神是一个民族的灵魂，是一个民族的文化核心。它反映的是一个民族共同的精神品质和精神风貌，是该民族在长期共同生活和实践中所形成和培育起来的思想观念、价值观念、思维方式与心理品格的总和，主要体现在该民族共同的思想品格、价值取向和道德规范上。民族精神为民族的生存和发展提供精神支撑和精神动力，具有对内动员凝聚力量、对外展示民族形象的重要功能。中华民族在长期的历史发展过程中，不仅创造了源远流长、博大精深的中华文化，而且形成了历久弥新的伟大民族精神，即以爱国主义为核心的团结统一、爱好和平、勤劳勇敢、自强不息的伟大民族精神。在新的时代条件下，习近平总书记概括的伟大创造精神、伟大奋斗精神、伟大团结精神、伟大梦想精神是对中华民族精神的最新阐释，进一步丰富了中国精神的内涵。在改革开放和社会主义现代化建设新时期形成、发展起来的志愿者精神，是中华民族精神的时代展现。在一定意义说，它是对中华民族精神的继承和发展。这可以从纵向时间和横向内容两个方面来分析。

从纵向来看，中华民族的民族精神虽然是以爱国主义为核心，但在不同历史时期、不同社会发展阶段，有着不同的时代化内容。在近代中国，伴随着鸦片战争觉醒的是中华民族的爱国精神，伴随着甲午战争觉醒的是中华民族的改革精神，伴随着辛亥时期的到来觉醒的是中华民族的革命精神，伴随着五四运动的到来觉醒的是中华民族的启蒙精神。鸦片战争中的爱国精神、甲午战争中的改革精神、辛亥革命精神与五四启蒙精神，这是中华民族精神在近代的继承和发展。在现代中国，也形成了具有时代特征的民族精神。中国共产党创立和大革命时期的勇于探索的精神、发动群众的实践精神、敢于斗争的革命精神，第二次国内革命战争时期的井冈山精神、长征精神，抗日战争时期的抗战精神、延安精神，解放战争时期反对专制的民主精神、力求和平的团结精神以及西柏坡精神。社会主义过渡时期的艰苦创业精神、抗美援朝的国际主义精神，社会主义建设新时期的“两弹一星”精神、20 世纪 60 年代初期克服困难的精神、大庆精神与铁人精神、雷锋精神。在当代中国，中华民族精神又有了新内容。改革开放新时期形成的“解放思想、实事求是”精神、“64 字”创业精神、九八抗洪精神、抗击“非典”精神、载人航天精神、志愿者精神、抗震救灾精神、奥运精神等，中国特色社会主义进入新时代形成的探月精神、新时代北斗精神、丝路精神、伟大抗疫精神、伟大脱贫攻坚精神等。这些具有时代气息的精神谱系是中华民族精神在当代的发展与丰富，彰显了一代又一代中国共产党人“为有牺牲多壮志，敢教日月换新天”的奋斗精神。志愿者精神是民族精神时代化的表现。

从横向内容来看，志愿者精神是对中华民族精神的传承与发展。尽管中华民族精神随着时代的发展具有丰富的时代性内容，但是归根结底还在于爱国主义精神，即中华民族精神是以爱国主义为核心的团结统一、爱好和平、勤劳勇敢、自强不息的伟大民族精神。作为中华民族精神时代化表现的志愿者精神，自然与爱国主义这个核心密切相关。我国志愿者精神的最核心、最首要的要求便是爱国。在《在北京奥运会、残奥会总结表彰大会上的讲话》中，胡锦涛指出：“广大奥运建设者、工作者、志愿者自觉把个人追求融入全民族的奥运理想之中，把个人的命运与祖国的命运紧密结合起来，把实现个人价值与为国家作贡献紧密结合起来，以强烈的使命感、荣誉感、责任感，创造了无愧于祖国、无愧于人民、无愧于时代的光辉业绩。”[①] 习近平总书记在北京冬奥会、冬残奥会总结表彰大会上高度肯定了志愿者的贡献，说他们用青春和奉献向世界展示了蓬勃向上的中国青年形象。作为为人民服务的人生观，志愿者精神倡导的首先就是为国家、为社会作贡献，激励人们将爱国热情化作参与志愿服务的实际行动，以为国家建设奉献自己的力量为行为准则。具体来讲，志愿者精神当中的“友爱”“互助”与中华民族精神中的“团结统一”“爱好和平”是一致的。志愿者精神中的“友爱”“互助”，表现在对内处理人与人之间、民族内部各兄弟民族之间关系时的维护祖国统一、团结友爱、互帮互助，与中华民族精神中的“团结统一”是一致的；表现在海外志愿服务活动中处理我国与世界上其他各国关系时的为人类的共同进步与发展的国际主义，与中华民族精神的“爱好和平”是一致的。“奉献”所倡导的为国家和社会作贡献，根本上是源于志愿者勇于承担社会责任，并且在承担责任进行志愿服务后，不怕苦、不怕累，如西部计划的志愿者都是在明知西部条件艰苦、各方面都比较落后的情况下还毅然决然地参与志愿服务，这正是中华民族“勤劳勇敢”的体现。志愿者精神的“进步”，所说的是个人积极主动地参与志愿服务，不仅可以促进国家和社会的发展，同时个人在实践锻炼中也得到提升和进步。这种主动追求进步、努力向上的精神正是中华民族自强不息的生动体现。志愿者精神不仅是对中华民族精神的传承，同时也是在新的时代条件下，对民族精神的发展和拓展。所以，在我国志愿者精神与中华民族精神之间是传承发展的关系。

---

① 中共中央文献研究室编：《十七大以来重要文献选编》（上），北京，中央文献出版社2009年版，第619~620页。

第六章　志愿者精神的价值意蕴与时代境遇

志愿者精神的价值是志愿者精神对人的发展和社会进步的效用和意义问题。探究志愿者精神的价值意蕴是志愿者精神研究的逻辑要求。在新的时代条件下，要科学认识和理解志愿者精神的地位、作用，就必须从理论和实践相结合的角度回答：志愿者精神的价值表现在哪些方面？如何才能实现这些价值？作为思想政治教育重要内容的志愿者精神，要实现其自身价值，必须全面认识经济全球化、市场经济和网络信息化给其带来的机遇和挑战。

价值作为反映人与外物关系的范畴，所指的是客体属性对主体需要满足关系。一物的价值是在人类实践活动中得到形成、发展和实现的，所以价值既具有客观性和主体性的特点，又具有实践性和历史性的特点。价值按照不同的标准可以分为不同类型，按照现实性和可能性的标准可以分为现实价值和理想价值，按照效果的实现程度可以分为直接价值和间接价值，按照价值主体的标准可以分为个体价值与社会价值。志愿者精神不仅对构建社会主义和谐社会具有重要的社会价值，而且对个人发展具有重要的个体价值。虽然志愿者精神对社会发展的作用最终必然要通过个体社会成员体现出来，但这不等于说志愿者精神的社会价值就是其个体价值，只有突出志愿者精神的个体价值，结合个体价值来讲志愿者精神的社会价值，才能更好地揭示志愿者精神的现实作用，为培育和弘扬志愿者精神提供内在的价值支撑，提高志愿者精神教育活动的实效性。

一、志愿者精神的个体价值

志愿者精神的个体价值，指的是志愿者精神对于作为社会成员个体的成长和发展需要的满足程度。具体来讲，志愿者精神的个体价值主要表现在提高公民思想道德素质、激发人们主体意识、丰富人的需求体系、帮助人们树立正确的人生观上。

（一）提高公民的思想道德素质

“志愿服务以自愿、服务社会与实现个人价值有机结合起来，引导人们在做好事、献爱心的过程中陶冶情操、提升境界，有利于倡导爱国、敬业、诚信、友善等基本道德规范，提高公民思想道德素质。”[①] 志愿者精神在个体成长与发展过程中的作用首先表现在人们思想道德素质的提高上。思想道德素质主要包括思想素质和道德素质，志愿者精神在这方面的意义主要表现为对思想素质和道德素质的积极影响。

思想，也称观念，它是人们通过社会实践所形成的对作为社会性存在的人与周围客观世界关系的主观认识。思想具有多种类型，从思想反映的主要内容来看，人的思想可以分为政治思想、道德思想、法律思想等。这里我们主要谈志愿者精神在人们政治思想素质方面的促进作用。政治思想主要是指个体对自身所处的政治环境的看法和态度，如对社会政治制度、国家性质、政党性质以及它们之间关系的认识等。政治思想素质是个人在政治思想方面具备的基本品质，它是个人在社会实践活动中逐渐形成的。个人的政治思想素质主要体现在政治方向、政治立场、政治鉴别力、政治敏锐性等方面。志愿者精神主要是通过对个人的政治方向和政治立场的影响来提高人们的政治思想素质。一个具备志愿者精神的人，他首先要明确的就是从事志愿服务的目标是什么，笼统来讲，个人从事志愿服务是为了国家、社会的进步和发展。当前我们国家的建设目标就是第二个百年奋斗目标，开启全面建设社会主义现代化国家的新征程，中华民族伟大复兴的实践也进入关键期，这一目标同时也是我国当前要坚持的政治方向。志愿者精神能够号召人们通过参加志愿服务来推动国家的繁荣与发展，这实质上就是将我国建设成为富强、民主、文明、和谐、美丽的社会主义现代化国家的宏伟目标在日常生活实践中的体现，就是在坚持正确的政治方向。同时，志愿者精神能够帮助人们坚定政治立场。我国志愿者精神倡导为人民服务、为人民作贡献，提倡人与人之间的相互关爱、相互帮助，这里的

① 《中央精神文明建设指导委员会关于深入开展志愿服务活动的意见》,《人民日报》2008年10月10日。

"人"是有着鲜明的政治立场的。"为什么人的问题，是一个根本的问题，原则的问题。"[①] 志愿者精神所倡导的为人民服务、人与人之间的友爱与互助，这里的人是有着无产阶级立场的。在当前国际环境复杂的背景下，我国志愿者精神引导人们坚定无产阶级立场，坚定党和国家、民族利益至上的立场无疑有着至关重要的意义，对个人政治思想素质的提高具有重要作用。道德素质是人们在实践活动中以内心信念、社会舆论、传统习惯来处理人与人之间、个人与社会之间关系时形成的基本品质，它是社会性的道德原则和规范在个人思想行为中的体现。社会主义初级阶段提倡的是与其经济基础相适应的社会主义道德，社会主义道德是共产主义道德在社会主义初级阶段的具体体现，社会主义道德建设就是要"以为人民服务为核心，以集体主义为原则，以爱祖国、爱人民、爱劳动、爱科学、爱社会主义为基本要求，开展社会公德、职业道德、家庭美德教育，在全社会形成团结互助、平等友爱、共同前进的人际关系。"[②] 志愿者精神对社会道德建设的作用主要是通过提高社会成员的道德素质来实现的。其中，志愿者精神蕴涵的甘于、勇于为人民作贡献，实质上就是在以为人民服务为核心，以国家和集体的利益为重，就是爱祖国、爱人民、爱社会主义的体现；志愿者精神中所倡导的进步与发展，体现在志愿服务中就包括环境的可持续发展，不计报酬地付出有利于形成文明礼貌的社会氛围，这是对人们进行社会公德教育的有效途径；志愿者精神中所倡导的友爱、互助，可以帮助人们形成良好的社区生活环境和社会和谐氛围，有利于社会公德、家庭美德的形成与扩展。

（二）激发人们的主体意识

一个具有志愿者精神的人，必定是一个主体意识较强的人。志愿者精神在个人成长和发展过程中能够激发人们的主体意识，在个人践行志愿者精神的过程中主体意识又得以强化。主体意识是"作为实践和认识主体的人对于自身的主体地位、主体能力和主体价值的一种自觉意识，是主体自觉能动性和创造性的表现"[③]。其中，人们对自身主体地位的自觉意识就是作为主体的人能够意识到"我"是一切外部客观存在事物的主体，人在整个实践过程中具有主导性和主动性，客观事物是"我"的支配对象；对主

① 《毛泽东选集》第3卷，北京，人民出版社1991年版，第857页。

② 《改革开放三十年重要文献选编》（上），北京，中央文献出版社2008年版，第875页。

③ 金炳华主编：《马克思主义哲学大辞典》，上海，上海辞书出版社2003年版，第186页。

体能力的意识就是作为主体的人对“我”在现实生活和外部事物中的主宰能力具有清晰的认识，意识到“我”有能力来调控实践活动；对主体价值的意识就是作为主体的人能够认识到人是实践活动的目的，人们从事实践活动就是为了人，改造客观世界和改造主观世界的实践最终就是使人得到全面发展，因为人是最有价值的存在，同时在为了人的全面发展而奋斗的过程中，作为个体的人的自我价值也得以实现。

作为包含着自愿自觉地为他人、社会的发展进步承担责任的意识、乐于并勇于奉献的价值观念、积极进取的心理状态的志愿者精神，在实践中无疑可以激发并强化人们的主体意识。志愿者精神可以引导人们在对自身的地位、能力、价值有了初步认识的基础上明晰人们在改造客观世界和主观世界过程中的主导地位和支配地位。人们能够自愿自觉地为他人、社会的发展承担责任，正是因为人们意识到在社会发展当中人民群众是历史的创造者，在创造历史、改变现实、推动社会发展的进程中人民群众的力量是无数作为个体的人的合力组成的，每个现实的个人都可以也应该为社会的发展承担相应的责任、奉献自己的力量，他们才自愿自觉地承担起责任。志愿者精神可以帮助人们认识到“我”有能力来改变这个世界，志愿者精神中所包括的积极的进取心态正是来自对个人能力的确认，正是因为认识到并相信“我”有能力来改变现实使世界变得更加美好，人们才能够保持一种积极向上的进取心态。同时志愿者精神可以帮助人们清晰认识作为主体的人的价值，志愿者精神不仅指引人们将人生价值奉献给国家、社会以及那些需要帮助的人，在奉献中实现自己的人生价值，而且个人作出奉献所带来的社会发展最终将体现在人的发展上，也就是说这种奉献活动的价值指向是具有主体性的人的发展，社会人的发展在千千万万的个人奉献自己的力量的过程中得以实现，同时个人的人生价值也在这个过程中得以实现，个人的发展与社会的发展得到统一。所以，志愿者精神能够激发人们的主体意识，促使人们自觉参与志愿服务，“志愿服务形式多种多样、方式灵活便捷，适应了社会结构、社会组织形式、社会利益格局发生深刻变化的新特点，能够满足不同层次人们关爱他人、服务社会、展示特长的愿望，有利于充分发挥群众的主体作用，激发群众的参与热情，为精神文明创建活动注入新的生机与活力。”①

① 《中央精神文明建设指导委员会关于深入开展志愿服务活动的意见》,《人民日报》2008年10月10日。

（三）丰富人的需要的体系

需要，是个体对内外环境的客观需求。人与动物都有着生物性需要，但二者的根本区别在于人不仅有生物性的需要，更重要的是人还有丰富的社会性需要。与动物消极地以自然物作为需要满足的对象不同，人是积极地通过劳动实践创造出事物来满足自己的需要，也就是说人的需要具有社会性，这说明人的需要的满足是由社会生产和社会发展水平来决定的。随着生产力水平的发展，人的需要也在不断发展变化着。按照美国著名心理学家马斯洛的理论，人的需要是由生理需要、安全需要、社交需要、尊重需要和自我实现需要等组成的由低到高、逐级递升的需要层次。人的需要是具体的，按照不同的标准可以分为不同的种类，按照需要的起源来分，可以将需要分为自然需要和社会需要；按照需要的对象来分，可以将需要分为物质需要和精神需要等。其中精神需要是人所特有的一种需要，它指的是人们对社会精神生活和精神产品的需求，它体现着人的精神世界的发展水平。精神需要是人们生活必不可少的营养物质，这一营养物质具体包括认知的需要、交往的需要、娱乐的需要、审美的需要、自我实现的需要、理想信念的需要等。

志愿者精神对人的需要的价值主要体现在对人的精神需要的满足与丰富上。我国志愿者精神作为社会主义精神生产的产品，在构建社会主义和谐社会当中能够满足人们的部分精神需要，丰富人的需求体系。其一，志愿者精神可以满足人们对于交往的需要，一方面人们通过对志愿者精神内涵的认识和领会产生精神上的交往；另一方面人们在志愿者精神的感召下，通过参与志愿服务为他人提供物质帮助所得到的尊崇与赞赏满足了人与人之间对于团结友爱的需求。其二，志愿者精神可以满足人们对于自我实现的需要。志愿者精神提倡人们自愿自觉地为国家、社会作贡献，在为国、为社会出力的过程中得到发展的不仅仅是我们生活的大集体，而且个人的人生价值在奉献社会的过程中也得到实现，人们对于自我实现的需要便会得到满足。西部计划志愿者们在条件艰苦的西部提供服务，在推动西部发展的同时志愿者们的青春也在自我得以实现的过程中闪光。其三，志愿者精神可以满足人们对于理想信念的需要。人活着总是要有点精神支撑的，一个社会的发展也需要精神支撑，这个支撑就是理想信念。对于我们社会主义社会来讲，社会主义和共产主义就是我们的理想信念。这一理想信念直接关系着我们国家现实发展的动力和将来追求的方向。我国志愿者精神以实现人的全面发展为终极价值，这个最终目标的指向就是共产主义，其现阶段的目标就是要促进国家和社会的发展，也就是为社会主义现代化建设作贡献。志愿者精神当中所包含的社会主义和共产主义的价值目标无疑可以满足人们对于理想信念的需求，促使人们为社会主义和共产主义奋斗终生。

（四）帮助人们树立正确的人生观

作为思想政治教育重要内容，志愿者精神在本质上是一种正确的人生观，它与思想政治教育对人们进行世界观、人生观、价值观教育的根本任务是相一致的。志愿者精神在帮助人们解决人生课题方面具有重要意义，虽然前面所论述的思想道德素质、主体意识和人的需求也属于人生课题的内容，但这些内容只是与人生观相关，与人生观并不属于同一个层面，鉴于思想政治教育在个体确立正确人生观方面的重要作用，这里将志愿者精神在人生观方面的价值单列出来。

培育与弘扬志愿者精神的过程是对人们进行人生观教育的过程。通过对志愿者精神的认识和把握，可以帮助人们解决很多人生课题中的相关问题，人生难题的解决将有助于人们生活质量的提高。人生观是生活在一定社会中的人们对于在实践中所形成的关于人生目的、意义、价值等方面的根本观点和态度，它主要解决的是人活着是为了什么、什么样的人生是有意义的、怎样度过有价值的一生等问题，是人们进行人生道路选择的内在依据。由于人生观是由社会物质生产条件所决定的，所以一个人的人生观与他所处的具体社会关系、经济地位密切相关，这些因素也决定了人生观的社会属性。人的一生中有多种需要，其中对人生观的需要是人们的最高社会性需要，人们需要有正确的人生观来指引人生道路，从人们社会需要的这个角度来讲，人生观是“处于一定社会历史条件和社会关系中的人们，在长期社会实践的基础上逐步形成的，表达人的最高社会需要的一种社会意识形式或社会观念。”[①] 志愿者精神对于人们这种最高社会需要的满足主要体现在以下几个方面。一是志愿者精神有助于人们解决人生目的问题。人生目的指的是人的一生追求并努力达到的目标，它关注的问题是人为什么要活着，为人们生存在这个世界上探究原因。人们只有解决了“我”

① 罗国杰主编：《中国伦理学百科全书·伦理学原理卷》，长春，吉林人民出版社 1993 年版，第 259 页。

为什么要活着的问题，才能以一种积极的态度过有意义的人生。我国志愿者精神告诉人们，一个真正的人应该为社会的发展和人民的整体利益全心全意地付出、奉献，从更长远更崇高的目标来看，时代新人应该为全人类的解放和共产主义事业而奋斗终生。这些看似崇高的理想，表现在日常志愿服务中就是多为他人提供力所能及的帮助、多给别人一些关爱和微笑。志愿者精神对于正确人生目的的引导，为人们奉献社会、服务社会提供了思想和行为的动因支持，激励着他们为实现社会主义现代化国家、为全体人民的幸福而努力奋斗。二是志愿者精神有助于人们解决人生态度问题。人生态度是人们在为人生目的奋斗过程中的精神状态，它解决的是如何看待人生的问题。健康向上的人生态度有利于人们的成长与发展，悲观消极的人生态度可能导致人们心理失衡，给个人和社会带来危害。志愿者精神包含的自觉自愿地承担社会责任、为社会发展和进步积极进取的内容能够满足人们正确人生态度的需求。志愿者精神能够帮助摆脱消极态度的困扰，引导人们端正人生态度，它通过激发主体意识来引导人们发挥主动性和首创精神，告诉人们在为社会作奉献的过程中应该保持乐观自信，应该自强不息、锐意进取。三是志愿者精神有助于人们解决人生意义问题。人生意义是个人对人生价值的理解和认识，它解决的是什么样的人生是有价值的、有意义的问题。在商品经济大潮中，一些人认为人活着就是为了自己，个人名利的获得是人活着的意义表现。这种以个人私利作为衡量人生意义的标准的人生观是片面的、狭隘的。作为有着高尚精神追求的新时代之人，不应该局限在个人私利的小圈子里，应该到社会的广阔天地里去寻找活着的价值。志愿者精神能够帮助人确立正确的人生意义的评价标准，它将人生的意义定位在为国家和社会作奉献上，认为最有意义的生活就是为社会和他人作出个人贡献、为社会的发展乃至全世界的进步而奋斗。志愿者精神使人们认识到人生的意义在于奉献，可以满足人们对人生意义探寻的需要。可见，我国志愿者精神通过满足人们对正确的人生目的、人生态度、人生意义的社会性需要，帮助人们树立正确的人生观，正确处理人生问题，对于个人一生的发展进行引导和激励。

二、志愿者精神的社会价值

与个体价值相对应，社会价值指的是一事物对于社会主体存在和发展需要的满足程度。社会价值最终要通过个体价值体现出来，但是个体价值不能取代社会价值，社会价值是从整个社会的发展来看，在社会发展的过程中，有时社会价值与个体价值之间存在不一致的情况。志愿者精神的社会价值，特指志愿者精神对于构建社会主义和谐社会这一社会事业发展需要的满足程度。胡锦涛在北京奥运会、残奥会总结表彰大会上的讲话中指出："以相互关爱、服务社会为主题，深入开展城乡社会志愿服务活动，不断发挥志愿服务在促进社会和谐方面的重要作用。"[①]那么，志愿者精神在构建和谐友爱社会的过程中有哪些重要作用呢？具体来讲，志愿者精神的社会价值体现为营造和谐的人际关系、完善社会服务职能、增创社会经济效益、满足社会对时尚生活方式的需要等。

（一）营造和谐的人际关系

社会学家费孝通曾经说过："我们中国人讲人与人之间的相处讲了三千年了，忽略了人和物的关系，经济落后了，但是从全世界看人与人相处的问题却越来越重要了。人类应当及早有所自觉，既要充分认识人与环境的关系，更要明白人与人之间怎样相处才能共同生存下去。"[②]强调人与人之间关系在未来社会发展中的重要性。我们所进行的社会主义事业最终都要体现在两种关系的改善上：一种是人与物的关系，另一种是人与人的关系。在人与物关系的和谐中，我们已经通过改造客观世界取得了很大的成绩，但在经济得到发展的同时也存在很多人与自然的不和谐问题；随着社会建设任务日益艰巨，人与人关系的和谐问题逐渐引起人们的高度关注。所以，在进入21世纪全面建设小康社会的过程中，以改善人与自然、人与人之间关系的构建和谐社会的新任务被提上日程。这并不是说在之前的改革开放和社会主义现代化建设的过程中没有顾及这两种关系，在成就社会主义事业的过程中我们一直都在围绕这两种关系的改善上而努力，只是在21世纪新阶段这两种关系的改善的必要性和紧迫性更加突出。胡锦涛在《在省部级主要领导干部提高构建社会主义和谐社会能力专题研讨班上的讲话》中对构建社会主义和谐社会的内涵作出了全面阐述："我们要建设的社会主义和谐社会，应该是民主法治、公平正义、诚信友爱、充满活力、安定有序、人与自然和谐相处的社会。"[③]这就可以看出，我们

① 《十七大以来重要文献选编》（上），北京，中央文献出版社2009年版，第624页。

② 费孝通：《人的研究在中国》，天津，天津人民出版社1993年版，第190页。

③ 《十六大以来重要文献选编》（中），北京，中央文献出版社2006年版，第706页。

所说的社会主义和谐社会，不仅要处理好人与物的关系以构建人与自然和谐相处的社会，更要处理好人与人的关系以构建民主法治、公平正义、诚信友爱、充满活力、安定有序的社会。无论是民主法治、公平正义，还是诚信友爱、充满活力、安定有序，这些都可以通过和谐的人际关系体现出来，社会主义和谐社会必然是一个人际关系融洽、和谐的社会。人际关系是指人们在社会交往的过程中而形成的直接关系，它不仅包括个人与个人之间的关系，还包括个人与所在群体的关系等。志愿者精神对于构建社会主义和谐社会的首要意义在于它对和谐人际关系的营造上。志愿者精神倡导的是社会主义义利观，这种义利观注重义利的统一与并重，主张个人利益与社会利益、道义与功利的统一，但同时也强调社会整体利益、长远利益的重要性，强调对正当个人利益的认同，引导整个社会形成顾全大局、扶贫济困的精神。在志愿者精神的感召和熏陶下，个人能够自觉地将国家利益和社会利益放在首位，必要的时候舍小家顾大家，能够不求回报地伸出救援之手、援助之手，能够将主动承担社会责任、为社会作贡献当成一种快乐，在全社会形成人人为我、我为人人的社会氛围，在全社会形成讲奉献、讲正气的社会风气，从而有利于形成人与人之间、个人与集体或社会之间的和谐关系，使“全社会互帮互助、诚实守信，全体人民平等友爱、融洽相处”①，构建诚信友爱的和谐社会。

（二）完善社会服务职能

社会服务是政府的主要职能之一。作为行政机构，政府担负有社会福利和社会服务的行政职能。社会服务是指为满足社会需要而提供劳务的社会活动。社会服务有广义和狭义之分，这里所说的社会服务是狭义的，即是社会福利服务，指的是为改善和发展社会成员中的弱势群体的生活福利所提供的服务。在市场经济公平竞争法则的影响下，整个社会的利益格局得到深刻的调整，导致一定程度的贫富差距，在这个过程中必然会有一部分人或地区的物质需要得不到保障，这部分社会成员的基本物质文化需要得不到满足的现状必然会给社会主义和谐社会的构建带来压力和挑战。解决这一“不和谐”的社会矛盾，不仅需要政府提供社会服务、需要市场提供营利性的服务，同时也需要社会成员自觉参与来提供力所能及的社会服务。

---

① 《十六大以来重要文献选编》(中)，北京，中央文献出版社 2006 年版，第 706 页。

承载着志愿者精神的志愿服务便是依靠社会成员自身来解决社会不和谐问题的重要力量。《中共中央关于制定国民经济和社会发展第十一个五年规划的建议》提出要“加强社会福利建设，完善优抚保障机制和社会救助体系，支持社会慈善、社会捐赠、群众互助等社会扶助活动”[①]。之后党的十六届六中全会又进一步提出“要以相互关爱、服务社会为主题，深入开展城乡社会志愿服务活动，建立与政府服务、市场服务相衔接的社会志愿服务体系”[②],将社会志愿服务活动定位为作为第一部门的政府职能和作为第二部门的营利组织职能不足的有益补充。党的十九大提出志愿服务制度化，让志愿服务成为共建共享美好生活的抓手。美好生活的音符，需要政府、市场和社会三者的有机配合才能奏起华丽的乐章。政府主要是通过完善收入分配制度、社会保障制度等来为社会主义和谐社会的构建提供制度上的保障；市场主要是通过发展社会主义市场经济、提高生产力水平为和谐社会的构建提供物质基础上的保障。社会服务主要是弥补政府不及、市场不为的空白地带。我国的志愿服务一直都将有特殊困难的群体作为主要服务对象，通过“一助一”服务计划、扶贫接力计划、“三下乡”活动、百万青年助残行动、志愿服务西部计划、关爱农民工子女志愿活动以及居民之间的志愿互助活动等提供扶贫帮困、助老助残等服务，在一定程度上消除了社会上的贫困状况，改善了社会就业、教育、医疗等状况，为社会保障体系的建设减轻压力。志愿服务是社会服务的重要环节，通过为社会提供志愿服务来对社会关系和居民的生活方式进行一定程度的调整，从而有效缓解社会转型带来的社会矛盾和焦躁的社会心理，使社会成员能够和谐相处，维护社会的安定团结，为社会增添和谐成分。

（三）增创社会经济效益

志愿者精神在构建社会主义和谐社会的过程中，不仅能够提供精神支撑和精神动力，而且可以创造经济效益。我国志愿者精神作为先进的共产主义人生观，“为世界上一切要求革命、要求进步的人们所向往，也为世界上许多精神空虚、思想苦闷的人们多所羡慕”[③]。它之所以为进步人士向往、为精神空虚的人们所羡慕，是因为属于精神范畴的志愿者精神能够为

① 《十六大以来重要文献选编》（中），北京，中央文献出版社 2006 年版，第 1080 页。

② 《中共中央关于构建社会主义和谐社会若干重大问题的决定》，北京，人民出版社 2006 年版，第 24~25 页。

③ 《邓小平文选》第 2 卷，北京，人民出版社 1994 年版，第 368 页。

和谐社会提供强大的精神动力，这种动力可以为经济建设提供精神支撑，同时也能够增创经济效益。

志愿者精神为社会增创经济效益的价值主要体现在两个方面。一方面，志愿者精神为生产力的发展提供精神动力。生产力作为经济基础的内容，志愿者精神属于上层建筑的内容，虽然说二者归属不同的范畴，但是二者之间是有着辩证关系的。上层建筑虽然是由经济基础决定的，但同时它对经济基础也具有反作用，这种反作用既有积极的也有消极的。属于上层建筑的志愿者精神，对于生产力的影响是积极的。志愿者精神对经济发展的价值主要是通过生产中的人来体现的。前面在讲到志愿者精神的个体价值时，我们知道志愿者精神可以提高人们的思想品德素质，人是生产力中最主要、最活跃的因素，对于生产力的发展起着主导作用。志愿者精神通过作用于这个最活跃的因素来促进生产力的发展。志愿者精神对人的思想品德素质的提高，不仅可以调动生产者的积极性和创造性来促进经济的发展，而且通过人们思想觉悟的提高来促使人们自觉变革生产关系中的落后要素来反作用于生产力的发展。另一方面，志愿者精神直接创造经济价值。精神是可以变物质的，精神变物质不仅体现在用精神力量来武装人的头脑以促进生产力的发展，而且体现在精神直接创造经济价值上。其一，在志愿者精神支撑下的志愿服务，是不计报酬地为社会提供劳动，志愿者付出劳动却不计报酬或不要报酬，这大大节约了价值的社会成本，从这个角度来看，志愿者精神可以增创经济价值；其二，志愿服务中的直接性的慈善捐赠、志愿性投资也可以为经济增长提供支持；其三，志愿服务所提供的服务可以直接测算成经济价值，“志愿服务所创造的经济价值等于志愿者的小时劳动力价格（L）与服务时间（T）之积，减去后勤保障所花费的资金额（H）。”[①] 按照这种方法来计算，可以将志愿服务创造的经济价值清晰地展现出来。2001 年年底，一项针对全国 6 个省市的志愿服务状况的抽样调查数据显示：“我国 2001 年共有 7.69 亿名年满 18 岁以上的居民以正式或非正式的方式参加志愿服务，志愿服务参与率为 85.2%，他们总共贡献时间为 189.63 亿小时，人均年志愿服务时间为 77 小时，相当于 2980 万个全日劳动力，其贡献值折合人民币 1968 亿元。”[②]《中国志

① 安国启主编：《志愿行动在中国：中国青年志愿者行动研究》，北京，中央文献出版社 2002 年版，第 83 页。

② 丁元竹、江汛清、谭建光主编：《中国志愿服务研究》，北京，北京大学出版社 2007 年版，第 105 页。

愿服务经济价值测度报告》一书认为：“发展志愿服务是我国创新社会治理模式、激发社会活力的重要途径，能为中国进一步发展带来改革红利，中国的转型和发展离不开志愿服务。”[①] 志愿者精神所创造的经济价值可见一斑。

（四）满足社会对文明时尚生活方式的需要

志愿者精神除了具备以上价值之外，还通过对个人或群体价值观念的影响来引导社会生活方式的塑造和选择。生活方式是由社会的物质生产方式来决定的。马克思恩格斯在论述生产方式时，指出生产方式不仅是生活必需资料和进行生产的人的肉体的再生产，更是“这些个人的一定的活动方式，是他们表现自己生命的一定方式、他们的一定的生活方式。个人怎样表现自己的生命，他们自己就是怎样。因此，他们是怎样的，这同他们的生产是一致的——既和他们生产什么一致，又和他们怎样生产一致”[②]。可见，生活方式虽由生产方式来决定，但同时它又体现着社会生产方式。生活方式是人们表现自己生命的一种方式，是社会成员在生产方式和社会主流价值观念引导下所形成的表现在日常生活领域中的活动形式与行为特征，包括日常物质消费方式、精神生活方式和闲暇生活方式等。生活方式具有很强的社会性，当然作为具有主体性和创造性的个人可以根据自己的价值观和兴趣来选择向往的生活方式，但是社会群体的生活方式对个人具有极大的影响力。因为一个社会主导价值观和生活观决定着个人生活方式的选择方向，社会风尚和传统习惯对个人生活方式具有深层次的导向作用，所以这里我们将志愿者精神对社会生活方式的满足纳入其社会价值。

我国志愿者精神对社会生活方式的影响主要是通过影响社会个体的价值选择和心理状态来实现的。卢雍政在《志愿者精神赞》中指出：“志愿者精神大行其道，是现代社会进步的标志，也是社会进步不可阻挡的潮流。让志愿服务从一种生活时尚变成一种生活方式，最终变成人们的生存状态，需要这个世界上有越来越多的人把高尚的精神当作人生的目标。”[③] 志愿者精神引导人们将全心全意为人民作贡献作为人生的高尚追求，引导整个社会形成志愿服务的生活方式。志愿者精神可以满足人们对高尚精神

① 《〈中国志愿服务经济价值测度报告〉在京发布》，中国经济网，http://www.ce.cn/xwzx/gnsz/gdxw/201706/09/t20170609_23542762.shtml。

② 《马克思恩格斯文集》第 1 卷，北京，人民出版社 2009 年版，第 520 页。

③ 卢雍政:《志愿精神赞》,《人民日报海外版》2008 年 6 月 9 日。

的需要，一个秉承志愿者精神的人，必定是对社会具有强烈的责任感、对美好生活充满激情和向往的人。他们选择将志愿服务作为一种生活方式，就是选择与自己的精神生活和生活态度相适应的生存状态，是内在正确价值观和外在高尚行为方式的完美统一。在经济环境活跃、政治环境宽松、文化环境多元的背景下，比起物质上对名牌的享用，选择志愿服务更是一种最潮的生活时尚。时下，有越来越多的年轻人在我国志愿者精神的影响下参与志愿服务，在第八届中国青年志愿者评选活动的个人奖参评总数中，“1970 年至 1989 年之间出生的志愿者所占比例为 87.39%，1990 年以后出生的志愿者比例为 5.09%”①。从全国志愿服务信息系统的统计看，14~35 岁的青年志愿者的注册人数是最多的，志愿者成为年轻人所热衷的生活方式和工作方式，青年人对志愿服务的选择也消除了社会对“垮掉的一代”的误解，使志愿服务在全社会的影响力日益广泛，并成为社会追捧的时尚生活方式。

志愿者精神对社会时尚生活方式的满足，是因为它符合社会主义生产方式的要求，即作为时尚生活方式的志愿服务是与社会主义生产方式相适应的文明、健康、科学、合理的生活方式。志愿服务的生活方式能够指引人们在现实世界中找到生存的意义，解决“存在的空虚”带来的人生困惑，通过个人对社会的无偿奉献或是人与人之间的互助实现社会人之间的交往，以这种来自内心需要的交往打破高科技时代人们之间的孤立与隔绝，在生命与生命的交流中提升个体生命的质量与重量。

三、志愿者精神面临的时代境遇

从全面建设小康社会到全面建成小康社会，再到全面建设社会主义现代化国家，从构建社会主义和谐社会到推进国家治理体系和治理能力现代化，无不需要培育和弘扬志愿者精神。要有效培育弘扬志愿者精神，必须树立大历史观和时代观，认清经济全球化、市场经济和网络信息化给其带来的机遇和挑战。只有如此，才能用好机遇、克服挑战，使志愿者精神的个体和社会价值得以充分彰显。

---

① 王冬梅：《“志愿者”已成年轻人“精神时尚”》，《工人日报》2010 年 12 月 5 日。

（一）经济全球化给志愿者精神带来的机遇和挑战

经济全球化指的是世界经济在发展过程中各个国家和民族的经济呈现出相互渗透和依赖的趋势。在各国经济越来越成为一个整体的过程中，经济全球化与政治多极化、文化多元化等趋势并存。“各个相互影响的活动范围在这个发展进程中越是扩大，各民族的原始封闭状态由于日益完善的生产方式、交往以及因交往而自然形成的不同民族之间的分工消灭得越是彻底，历史也就越是成为世界历史。”[①] 在世界历史形成的过程中，随着人们普遍交往的扩大，国家之间、民族之间的交流会超越经济上的器物交往层面，扩展到制度、文化层面。也就是说，经济全球化不仅对生产方式、经济关系等产生影响，而且对人类的思维方式、行为方式、生存方式等产生影响，这些影响波及具体民族的思想文化、价值观念等。经济全球化的历史进程，一方面给各个国家与民族之间的交流提供国际平台，一方面又使得这种交流中的各种矛盾和冲突成为现实。在此背景下，培育和弘扬志愿者精神不仅面临着有利的机遇，而且面临着严峻的挑战。虽然当前经济全球化遭遇了逆全球化的阻力，但从大历史观的角度审视，经济全球化是不容改变的历史大势，是不以人的意志为转移的客观规律的体现。

1. 经济全球化给志愿者精神带来的机遇。经济全球化给志愿者精神带来的积极影响主要体现如下。一是提供强大的物质保障。经济全球化的加深为国与国之间、区域与区域之间的商品、服务、资本、科技等各种经济要素的流动提供了便利，我国充分利用全球化带来的有利因素，使我们的经济得到快速、持续的发展。经济的持续发展为社会的发展和进步提供坚固的经济基础，也为志愿者精神的发展提供有利因素。从我国志愿者精神产生和发展的过程来看，志愿者精神的发展与社会经济发展水平基本上是一致的。一般来说经济发展水平越高，志愿者精神的影响力和渗透力也就越强，因为人们在基本的物质需要得到满足或是物质基础比较富余的情况下，才更有可能去追求较高层次的精神文化需要。作为一种正确人生观的重要体系，志愿者精神对于个人和整个社会来讲都是一种高尚的精神追求，充分的物质基础虽不是这种高尚追求的充分条件，但物质需要的一定满足是其必要条件。培育和弘扬志愿者精神作为一种教育实践，必然需要相应的经费投入和硬件设施，经济的发展可以满足实践活动的这种需要。

① 《马克思恩格斯文集》第 1 卷，北京，人民出版社 2009 年版，第 540~541 页。

同时，人们在市场经济活动中所形成的积极的社会心理、思想观念、行为态度等也为我国志愿者精神的发展注入丰富的营养成分，如注重合作、讲究效率。这些对于我国志愿者精神内涵的扩展和践行都有着积极作用。

二是促进我国志愿者精神的创新和发展。在经济全球化的背景下，世界性的普遍交往使得各个国家和民族之间形成“你中有我，我中有你”的相互交融的局面，这种交融既有经济上的，也有政治、文化上的。思想文化上的交流与碰撞为我国志愿者精神的发展提供了机遇。全球化进程使得一些国家在弘扬与培育志愿者精神方面所取得的实践经验变得没有国界，这些有益的经验在传播的过程中能够获得其他国家的认同和接受，我们在这个过程中可以借鉴和吸收他国先进成分，结合我国实际情况来促进志愿者精神的发展。同时，志愿者精神作为一种精神现象，在不同的国家的内涵不尽相同，思想本质也会不同，但正是这种不同使得志愿者精神在全球化的世界范围内出现“和”的状况。“和而不同”的状况为两种异质文化——中西方志愿者精神的相互交流、相互补充提供了可能性，全球化的场景为这种交流提供了现实性。

2. 经济全球化给志愿者精神带来的挑战。挑战总是与机遇并存。经济全球化在给志愿者精神带来机遇的同时也带来很大的挑战。这主要体现在以下方面。一是文化软实力的竞争带来的挑战。当前，各个国家之间综合国力的竞争在全球一体化的进程中愈演愈烈，综合国力的竞争虽然离不开经济、军事等硬实力的提升，但作为软实力的文化也越来越成为提高国家综合竞争力的重要因素。21 世纪的中心话题之一便是文化。因为文化软实力已经成为当今世界竞争的主要方面，哪个国家的文化软化力强，哪个国家的文化凝聚力、吸引力、感召力、渗透力就强，那么这个国家就将在这场没有硝烟的文化战争中占据制高点。中国作为发展中的大国，其国际影响力在得到扩大的同时也受到少数国家的非议和排挤。不管外界对我国在全球化当中的发展是肯定还是否定，近几年国际舆论界所盛行的中国崛起论和中国威胁论则说明了中国的软实力问题已经成为世界关注的焦点。随着经济全球化的不断深入，“各种思想文化交流交融交锋更加频繁，文化在综合国力竞争中的地位和作用更加凸显，维护国家文化安全任务更加艰巨，增强国家文化软实力、中华文化国际影响力要求更加紧迫。”① 在

① 《中共中央关于深化文化体制改革推动社会主义文化大发展大繁荣若干重大问题的决定》，《人民日报》2011 年 10 月 26 日。

约瑟夫·奈那里，软实力主要包括“文化和价值观念、社会制度、发展模式、生活方式、意识形态等的吸引力”[①]。文化软实力指的是以文化为基础的国家软实力，作为社会主义先进文化的重要内容的志愿者精神自然也属于我国文化软实力的一部分。随着全球化进程当中面临激烈的软实力竞争的加剧，我国志愿者精神本身及其培育与弘扬的实践活动都经受着严峻的挑战。在这个过程中，如何更好地来提升志愿服务文化以推进国家软实力的增强，是我们在实践中亟须解决的问题。

二是意识形态领域的冲突带来的挑战。意识形态是一个具有综合性和历史性的范畴，“是一定阶级社会中一定的阶级或社会集团的思想家们对特定的经济、政治、社会、文化等关系和利益的自觉反映后而形成的系统的、理论化的、完整的思想体系；是一定的阶级或社会集团的政治纲领和理想、行为准则和规范、价值取向和标准、思维方式等的理论依据或理论表现。”[②]不同的国家有着不同的文化模式、政治制度，代表着各自统治阶级利益的意识形态在各个国家的性质也会不同。随着思想文化在全球化的进程中的流动，代表不同阶级的经济政治利益、反映不同经济形态和政治制度的意识形态领域中的冲突是不可避免的。在这场意识形态领域的冲突中，一些在全球化中占有极大优势的西方资本主义国家在与我国进行经济交流的同时趁机输入他们的价值观念、生活方式和政治理念等，对我国进行意识形态的渗透。再加上网络化对全球化的推动，在成就“世界公民”的过程中，西方国家施行的“和平演变”也变得更为便捷。在西方的价值观念、生活方式等的冲击下，在中西文化的撞击中，我国意识形态多多少少都会受到干扰，严重时还会遭到破坏。在这场思想观念和生活方式的冲突中，体现着共产主义人生观的我国志愿者精神必然会受到以个人主义为本位的西方志愿者精神的蛊惑与侵蚀，这也给我国志愿者精神的弘扬与培育带来压力和挑战。

机遇与挑战的并存局面使得培育弘扬志愿者精神的任务凸显出来，如何在全球化的进程中利用机遇、战胜挑战，大力培育弘扬志愿者精神以促进国家治理体系和治理能力现代化，进而全面建设社会主义现代化国家、实现中华民族伟大复兴，是我们在中国特色社会主义新时代所要应对的重

---

① 沈壮海主编：《软实力　真实力——为什么要提高国家文化软实力》，北京，人民出版社2008年版，第7页。

② 叶启绩等：《当代中国社会主义意识形态与文化和谐发展研究》，北京，人民出版社2010年版，第11页。

大问题。此外，一个不能忽视的重要问题是：在经济全球化时代，国外的一些社会组织尤其是志愿服务组织来到中国，以项目化的形式了解某一方面的情况，这既可以为我们带来先进的志愿服务经验，为解决现实问题提出富有针对性的建议意见，也可能把调查所得信息特别是涉及个人隐私、国家安全的内容传播到国外，危害国家安全。为此我们要增强鉴别力，严格审查国外志愿服务组织，防止他们以志愿服务的名义从事窃取信息的行为。这是经济全球化背景下培育和弘扬志愿者精神要注意的重要问题。

（二）市场经济给志愿者精神带来的机遇和挑战

作为通过市场来配置资源的经济形式，市场经济是世界上绝大多数国家都采取的经济发展道路，是被实践证明了的具有较高效率和活力的经济运行载体。在市场经济条件下，志愿者精神既具有良好的发展机遇，也面临着严峻的挑战。

1. 市场经济给志愿者精神带来的机遇。市场经济促进了经济的快速发展，为志愿者精神弘扬奠定了良好的物质基础。改革开放 40 多年来，我国经济的快速发展、取得的重大成就和我国经济发展方式转变密切相关。党的十一届三中全会开启了我国改革开放和社会主义现代化建设新时期。自此以后，我国始终坚持以经济建设为中心，围绕解放和发展生产力做文章，实现经济发展方式从计划经济体制向市场经济体制的转变，经济发展取得了举世瞩目的成就。正如习近平总书记在庆祝改革开放 40 周年大会上的讲话中指出的："我国国内生产总值由 3679 亿元增长到 2017 年的 82.7 万亿元，年均实际增长 9.5%，远高于同期世界经济 2.9% 左右的年均增速。我国国内生产总值占世界生产总值的比重由改革开放之初的 1.8%上升到 15.2%，多年来对世界经济增长贡献率超过 30%。"① 目前，我国经济总量已超过 100 万亿元大关，稳居世界第二，人均 GDP 已超过 1 万美元，居世界中等偏上收入国家行列。这些成就的取得离不开改革开放的深入推进，离不开社会主义市场经济的深化发展。正是有这些厚实的物质基础，我们才能在举办北京奥运会和世园会、上海世博会、上海进博会、北京服贸会等重大活动中为众多志愿者开展志愿服务提供诸如服装、餐饮、交通、培训等；正是有这些厚实的物质基础，我们才能在全国 500 多个试点县（市、区）建立新时代文明实践服务中心，才能更好弘扬

① 习近平：《在庆祝改革开放 40 周年大会上的讲话》，北京，人民出版社 2018 年版，第 11 页。

志愿者精神。例如，上海作为全国市场经济发展水平较高的地区，其就培育弘扬志愿精神方面投入了很多的财力物力。《党的十八大以来上海市志愿服务工作综述》一文显示，全市共“建成区、街镇两级志愿服务中心231家，市级志愿者服务基地127家”，在2016年和2017年两年时间里，“市、区两级财政累计投入经费达1.5亿元，其中市文化事业专项经费两年共计投入6930万元，为每个评估达标中心提供一次性补贴30万元。”①

市场经济促进了我国各方面各领域的发展，为培育弘扬志愿者精神拓展了实践场域。市场经济不仅促进了我国经济的快速发展，而且促使我国政治建设、文化建设、社会建设、生态文明建设、党的建设等各方面的发展。而这些领域的发展大大拓展了培育弘扬志愿者精神的实践场域，使志愿者精神成为时代精神的重要体现。在政治建设上，党的领导的不断加强，为志愿者精神注入了政治元素并为其培育弘扬提供了坚强领导核心，特别是党建引领志愿服务是志愿者精神发展的重要推动力；人民民主实践的发展尤其是全过程人民民主的推进，为志愿者精神发展提供了政治动力；依法治国尤其是党的十八大以来全面依法治国的推进，为志愿者精神的发展提供了法治保障。在文化建设上，社会主义文化大发展大繁荣、社会主义文化强国建设为志愿者精神发展注入了文化力量，文化下乡、雷锋精神的弘扬、社会主义核心价值观的培育践行为志愿者精神发展增添了文化含量。在社会建设上，社会主义和谐社会的构建以及社会治理的精细化为志愿者精神发展提供了广阔的空间，特别是近年来以“幼有所育、学有所教、劳有所得、病有所医、老有所养、住有所居、弱有所扶”为重点内容的民生保障，关系到人民的美好生活，是弘扬培育志愿者精神直接关涉的重点领域。在生态文明建设上，建设天蓝水绿山青的美丽中国，构建人与自然和谐共生的共同体，为志愿者精神发展描画了美丽图景。可以预见，通过参加生态环保志愿服务活动弘扬志愿者精神将是人民未来的一种绿色生活方式，这种方式是将来志愿服务的一种重要形态。

市场经济增强了人的主体意识和主体素养，为弘扬志愿者精神提供了主体条件。人是重要的市场主体，是推动经济社会发展的重要力量。企业作为市场主体是由人构成的。由此看来，人是根本意义上的市场主体。在我国由计划经济体制向市场经济体制转变的过程中，与之相伴随的是人也

① 《党的十八大以来上海市志愿服务工作综述》，上海志愿者网，http://www.volunteer.sh.cn/website/News/NewsItem.aspx?id=7507。

由“单位人”向“社会人”进行了转变。在计划经济体制下，国家管得过多，社会缺乏活力，人员、物资等要素不能自由流动，单位对个人的影响较大。在此情境下，人们的社会生活呈现单位化的特点，志愿组织基本没有。即使有些名义上的志愿活动，但这不是自愿性的，更多的是强制性的从众行为，此时的志愿者精神就无法表现出来。改革开放以后，我们逐步探索并形成了社会主义市场经济体制，社会管理逐渐走向法治化，处在社会中的个人、企业等市场主体自主性增强，包括一些志愿服务组织在内的社会组织得以成长。再加上对外开放的深入，国外志愿服务的经验做法传到国内。于是大量的志愿服务活动得以增加，志愿者精神培育弘扬成为常态。在市场经济条件下，人的自主性得以彰显，人的主体意识得以增强，人的综合素质得以提升，这些会无形中嵌入志愿者的行为实践，使得其身上体现的志愿者精神表现出强烈的人文关怀和高远的价值追求。

2. 市场经济给志愿者精神带来的挑战。如前所述，在我国，志愿服务组织的产生发展、志愿者精神的培育弘扬离不开市场经济的发展。但任何事物都有两面性，我们在看到积极性的同时，也要看清消极性的表现。从深层角度看，市场经济与志愿者精神之间存在着一定的张力。市场经济追求的是利益至上，市场主体关注的是自己利益的最大化。也就是说，市场经济下的个人或企业等市场主体往往把利益作为行为选择的价值标准，通过理性的计算来实现自我利益的最大化，这背后体现的伦理主张是个人主义。而志愿者精神是一种利他精神，是志愿者在具体的志愿服务中体现的精神风貌、道德品格等方面的总和。当志愿者在进行志愿服务的时候，他首先考虑的不是自己而是他人，受益的也是他人。换言之，志愿者参与志愿服务，弘扬志愿者精神，追求的不是个人利益而是集体利益，这背后彰显的道德追求是集体主义。市场经济与志愿者精神之间的这种内在张力，虽然在社会主义市场经济条件下能够得到一定的缓解，但毕竟社会主义市场经济必须遵循市场经济的一般规律，这就从根本上制约了志愿者精神最大化的弘扬。正因为如此，充分发挥我国社会主义制度的优势，在积极发挥市场经济积极作用的同时限制其消极作用，在此基础上大力加强中国特色志愿服务建设并弘扬培育志愿者精神，是应对市场经济给志愿者精神带来挑战的重要举措。

市场经济条件下利益格局的变化给志愿者精神带来较为严峻挑战。作为时代精神的重要构成，志愿者精神是党和国家倡导的为人民服务价值观的集中体现，是中华民族集体主义精神的时代传承。但不可否认的是，伴随我国社会主义市场经济的建立，特别是所有制关系和分配体制的变革，社会经济结构和利益格局也必然随之发生变化，商品交换原则渗透到社会生活的各方面，利益本位成为一些人的价值遵循，志愿者精神面临着较为严峻的挑战。对于那些秉承商品交换原则的人或经济实体来说，往往把自我利益或局部利益置于首位，追求微观和局部利益，没有集体观念和大局意识。甚至有的市场主体赋予金钱万能的含义，一切向“钱”看，他们只重实惠不讲理想，只讲索取不谈奉献，只看金钱不讲道德。这种利益至上的价值观念和行为方式是拜金主义产生的精神土壤，与社会主流价值观严重相违背。他们是金钱的奴隶，眼中无大局，心中无责任，肩上没有担当，只懂得从社会获得好处，不知道回报社会，更不明白离开国家、社会的帮助个体无法生存和发展的道理。这些利益至上的价值观念和行为，直接冲击着以利他为价值导向的志愿者精神，消解志愿者从事志愿服务活动的内生动力，侵蚀志愿者精神的崇高、向善等鲜明特质。

从志愿者精神的核心内涵看，“奉献、友爱、互助、进步”无不受市场经济的影响。作为志愿者精神的精髓，奉献处于首要位置，其核心意涵是付出不求报酬或名利的回报，心甘情愿付出时间、精力甚至财物。这种高尚无私的精神与市场经济利益至上的导向相矛盾，也深受其逐利精神的侵蚀。友爱是志愿者精神的底色，其强调的是人与人、人与自然、人与社会之间的友好善意，它超越了身份、职业、信仰、民族、国界和种族的差异，彰显的是平等温暖之爱。市场经济使一些人以自我为中心，利欲熏心，制假贩假、以次充好，销蚀着社会的友好信任和善意。互助是志愿者精神的要义，体现的是志愿者与受助者之间的良好状态，重在强调“互相帮助、助人自助”的精神指向。这既表明了志愿者的爱心传递和自我成长，也表现了受助者的心灵愉悦以及强化自强并回报社会的精神追求。而市场经济中有些人的自私自利只求自己安好，向社会索取，不讲帮助他人，为社会作贡献。进步是志愿者精神的趋向，志愿者精神一方面彰显了志愿者个人精神境界的提升、责任意识的涵养、能力水平的提高和家国情怀的形塑等方面的进步，另一方面也体现了社会公平正义的加强、社会治理水平的提升、社会良好风尚的养成等维度的推进。而市场经济发展造成的贫富差距、弱势群体、阶层鸿沟等尖锐问题影响着志愿者精神的培育弘扬。

看问题要看主流和主要方面。改革开放以来，我们正是通过社会主义市场经济体制的建立完善，才激发了人的主体意识和内在精神，才推动了社会的进步和国家的发展。市场经济的发展和完善本身就是一个缓慢的过程，出现问题是正常的现象，这也是市场经济发展规律的重要体现。因此，我们不能因问题否定成就，而要正视现实问题，积极分析并解决问题，进而实现更大的发展。基于此，在市场经济条件下培育弘扬志愿者精神，就要把握良好机遇，认清现实挑战，通过制度化法治化的举措从根本上助推志愿者精神的发展。

（三）网络信息化给志愿者精神带来的机遇和挑战

网络是一把“双刃剑”，它在给人们带来便利的同时，也造成了很多困扰。同样，对志愿者精神来说，网络带来的机遇与挑战并存是一个常态。特别是网络已全面深度融入人的日常生活、成为国家治理和数字化社会建设的重要手段的情况下，如何发挥网络的工具性价值，使其成为人过上美好生活的助手而不是让人成为网络的奴隶，使其成为国家发展、社会进步的利器而不是给国家、社会带来严峻挑战，是新时代弘扬培育志愿者精神必须要面对的重大问题。

1. 网络信息化给志愿者精神带来的机遇。网络丰富了志愿者精神弘扬的载体。培育弘扬志愿者精神离不开一定的载体。这些载体是承载、传递志愿者精神且能够为志愿者所运用的形式或实体。志愿者精神载体有不同的表现形态，其形式是丰富多彩的，如管理载体、活动载体、文化载体、大众传播载体等。作为一种新兴媒体形态，被称为 20 世纪最伟大发明的网络，是大众传播载体的一种表现形态。相较于传统的纸质版的报纸、杂志、书籍以及广播、电视等传播媒介，网络有着突出的优势和特点，这就决定了其作为传播载体的影响力是其他载体无法比拟的。当志愿者精神与网络结合起来，就意味着一种新载体形态的诞生即网络载体。这种载体突破了传统载体受容量、时空的限制，能够把图片、声音、视频、文字、音乐等要素统一起来，以一对一、一对多或多对一、多对多的模式向外传播，扩大了志愿者精神的覆盖面，提高了人们对志愿者精神的理性认知，深受人们的喜欢。随着技术的进步，网络载体也会随之发生变化，诸如微博、微信、抖音等新媒体更加契合人的需要且深度融入人的日常生活，这对弘扬培育志愿者精神产生了积极作用。总之，通过网络载体实现志愿者精神的分众化传播，提高受众的接纳度和认可度，对塑造清朗的网络空间、加强网络文明建设具有重要的意义。

网络扩大了志愿者精神的覆盖面。与报纸、期刊、书籍等传统媒介相比，网络新媒体凭借先进的技术条件和独特的传播优势，实现了传播手段、传播方式、传播模式等方面的革新。当网络有机融入志愿服务的策划、开展和宣传教育中，志愿者精神的弘扬如同插上了腾飞的翅膀，取得了历史性的发展。网络扩大志愿者精神的覆盖面，既是一个基于客观实际总结的事实判断，也是一个面向未来审视其发展的价值期许。网络扩大志愿者精神的覆盖面需要两个前提条件：一是网络必须应用到志愿服务之中，只有如此，志愿者精神弘扬才能借助网络本身具有的承载信息的海量性、信息传播的便捷性、传播手段的兼容性、传播方式的交互性等有利条件，扩大志愿者精神的覆盖面；二是受众群体网络素养的提高，只有如此，人们才能了解通过网络传递的志愿者精神。因此，为扩大志愿者精神的覆盖面，使志愿者精神成为人们精神生活的重要元素，需要加强网络基础设施建设，构建清朗的网络空间，精心打造志愿者精神的网络作品，让更多网民关注了解志愿者精神，进而通过躬身实践弘扬志愿者精神。试想，在目前我国网民规模达10.11亿、互联网普及率达71.6%的情况下[①]，如果互联网上有更多关于志愿者精神的优秀作品，有更多的网民真心了解并积极践行志愿者精神，那么我们国家的文明程度、民族的精神风貌、社会的整体气质是何等地让世人赞叹。

网络催生了志愿者精神弘扬的新形态。志愿者精神往往体现在志愿者参与的志愿服务活动中。在网络没有大范围应用之前，绝大多数志愿服务活动都是线下开展，此时志愿者精神弘扬的形式多是具体的现实的活动。但当网络成为国家治理的重要工具、成为人们日常生活中的必需品后，志愿服务就渐渐走进网络并成为常态化的工作，于是网志愿服务或线上志愿服务就成为志愿者参与志愿服务的一种经常化方式，成为相关部门、企事业单位、社会组织等主体管理、开展志愿服务必须关注的重要问题，这也是志愿者精神弘扬新形态的集中体现。从现实展现看，这些新形态表现为多种方式。一是内容丰富、形式多样的专业网站，如中国青年志愿者、中国志愿服务网、志愿中国、志愿北京、上海志愿者网及其开辟的微信公众号、微博平台等，这些网站和新媒体汇聚起了弘扬志愿者精神的强大合力，表现了志愿者的靓丽风采，是人们了解志愿者精神的重要渠道。二是一些图文并茂、声色俱全、动静结合的网络展览观，如在第35个国际志

---

① 李政葳：《我国网民规模超10亿——解读第48次〈中国互联网络发展状况统计报告〉》，《光明日报》2021年8月28日。

愿者日之际，由团中央青年志愿者行动指导中心和中国青年志愿者协会秘书处联合推出的全国志愿服务主题展，是一个旨在通过网络平台弘扬志愿者精神的由组织展、项目展、文化展、制度展和主题展五大版块构成的云展馆，该展馆是目前国内关于志愿服务最为权威、形象的网络展馆，是志愿者精神弘扬新形态的集中体现。三是具体的志愿服务活动，尤其是特殊时期线上志愿服务更彰显其珍贵的价值。例如，在我国疫情防控的关键时期，不仅有众多网友在线观看火神山、雷神山的建设，充当“云监工”，而且有一些诸如心理医生、教师等专业人士凭借自身的专业知识通过网络开展线上志愿服务。再如，2021 年“7・20 郑州特大暴雨”灾害中，河南籍上海财经大学李睿同学创建了《待救援人员信息》在线“救命文档”，用行动诠释了以“奉献、友爱、互助、进步”为内涵的志愿者精神的真谛。

2. 网络信息化给志愿者精神带来的挑战。志愿者精神是志愿服务实践的精神展现，是志愿者道德情操的外在表现，是社会主义精神建设的重要内容。网络给志愿者精神带来多方面的挑战，这可以从以下 3 个方面进行概括。

网络错误社会思潮侵蚀志愿者精神之“真”。志愿者精神是一种体现在志愿服务事业中的真精神，它蕴含真心、反对假意，志愿者进行志愿服务要真心付出，不求回报，在奉献中传递爱心；它注重真情、反对造作，开展志愿服务若没有情感的投入，只是就活动而活动，必然产生不了理想效果，甚至让人反感，结果可能是得不偿失，这要求从事志愿服务的各方主体要投入真实的情感，在交流中唤醒内在的情感力量；它强调真实、反对虚假，志愿者精神体现在国家治理的全过程，展现于政治、经济、文化、社会、生态文明等各领域，渗透于人们生活的各方面，本身就是一个真实的存在，来不得半点虚假，否则就会对党和政府形象造成不良影响；它体现真理、反对谣言，立足唯物史观审视志愿者精神，其彰显着马克思主义的科学真理，需要遵循法律法规，讲究规范，反对各种有关志愿者精神的谣言。然而，志愿者精神的这种真心、真情、真实和真理面临着网络不良社会思潮的侵蚀。历史虚无主义、价值虚无主义、普世价值等不良社会思潮，借助网络极力传播其思想主张，企图争夺话语权，制造思想迷雾，对弘扬志愿者精神造成不良影响。例如，作为志愿者精神的一种特殊类型，雷锋精神是我们大力提倡并积极践行的。每年的 3 月是学雷锋活动月，也是社会各界大力开展志愿服务的重要时段，但一些历史虚无主义者往往借此时机利用网络来虚无雷锋这一时代榜样，解构雷锋精神，这实际上也是对志愿者精神的侵蚀。对此我们应该聚焦弘扬志愿者精神面临的真问题，采取切实可行、富有成效的真办法，以期取得真效果。尤其是在疫情防控这样特殊的时期，弘扬志愿者精神要把组织开展志愿服务动员号召与安全有效组织实施结合起来，把舆论引导与氛围营造结合起来，依法依规对错误思想舆论、谣言进行引导治理，锻造志愿者精神之真。

网络不良信息消解志愿者精神之“善”。志愿者精神蕴含着善的精神品质，弘扬志愿者精神本身就是一个积善、求善的过程。善作为一个与恶相比较而存在的道德范畴，是日常生活中“好”字的学术化表达，其意蕴主要是在人与人、人与社会、人与自然的关系中表现出来的对他人、社会、自然的有价值的行为。志愿者精神作为志愿服务的精神凝练和价值表达，对志愿者和受众者双方都具有善的价值，对志愿者来说能够提升自己的道德素养，涵养精神境界，对受众者来说，能够感受到他人的善良和社会的温暖，唤醒内心的善意，传递善的力量，形成好的生活方式；志愿者精神之于社会的善的价值，不仅表现为能够传递社会温暖，凝聚社会力量，而且有利于塑造良好社会风尚，提升社会文明程度；志愿者精神之于自然的善的价值，主要是有利于维护自然环境，加强生态文明建设，构建人与自然和谐共生的命运共同体。志愿者精神之于个人、社会、自然的善，在网络时代遭受不良信息的消解。在利益的驱动下，网络虚假、诈骗、低俗等信息时有出现，这严重侵蚀着人们之间的信任度，污染着网络空间，影响着网民对美好生活的追求。特别是一些没有社会责任感的利益至上的自媒体，常常精心伪装，牟取私利，非行善而作恶，若浏览者没有较强的鉴别能力往往会误入歧途，被人利用，成为他人牟利的工具。由此，人们应不信谣传谣造谣，增强明辨是非的能力，传播正能量，自觉抵制网络不良信息，自觉净化网络空间，积极弘扬践行志愿者精神内在的善，争作网络文明传播志愿者。同时要加强制度建设，用法治保护志愿者的权益，对志愿者遭受网络责怪、网络暴力要敢于亮剑，避免志愿者出现志愿者流汗流血又流泪，这是对志愿者精神之善的最好保护。只有这样，才能塑造清朗的网络空间，彰显社会的公平正义。

网络亚文化的负面效应冲击志愿者精神之“美”。美具有多种表现形态，精神之美是其中一个重要方面。作为一种精神存在，志愿者精神具有精神之美的意蕴。从精神之美的向度看，志愿者精神首先体现了一种积极的人生追求。志愿者精神内蕴着正确的世界观、人生观和价值观这一人生的“总开关”，体现了志愿者的家国情怀和对社会的贡献，表明志愿者高尚的价值追求和对美好生活的向往。其次体现了一种强大的动力支撑。志愿者是志愿服务的参与者，是志愿者精神的弘扬者、践行者。当志愿者参与志愿服务之时，其内心就具有一种强大的内驱力，促使自身以昂扬的精神态度和真切的行动做好志愿服务工作，以理性宽容的态度审视志愿服务活动中的一些问题，并能够以建设性态度帮助解决问题。再者体现了一种温情的和谐之美。志愿者参与志愿服务，实质上是人的社会关系拓展的体现，彰显了社会交往之美，这集中体现在志愿者和受众者之间的语言交流、形体动作以及彼此之间的精神交融、心意相通等方面。然而，在“全民织网”的时代，志愿者精神之美受到了网络亚文化中负面效应的冲击。以网络恶搞、丧文化、二次元文化、祖安文化等为表现形式的网络亚文化，虽有积极性的一面，但其消极性的一面则比较明显：过度娱乐化，充斥着低俗恶俗，去中心化、碎片化，过度注重个人自我等，这对于网络素养不高、缺乏理性分析能力的部分青少年志愿者而言，致使他们的价值观逐渐偏离主流价值观，甚至误入歧途，走向违法犯罪的道路。显然，这与志愿者精神中奉献、友爱、互助、进步等价值理念相背离，导致网络社交关系的异化，冲击了志愿者精神之美。因此，我们要加强网络管理，提升人们的网络信息素养，清除网络亚文化存在的土壤，促进志愿者把网络身份认同和现实身份认同统一起来，推动志愿者精神的美化。

第七章 志愿者精神培育的困境与路径

当前，实现中华民族伟大复兴中国梦的伟大征程中，培育和弘扬与社会主义市场经济相适应、与中华民族传统美德相协调、与社会主义法律规范相统一的志愿者精神，是时代和历史赋予我们的神圣而庄严的使命。那么，在机遇与挑战并存的形势下，如何培育和弘扬志愿者精神呢？这是一项系统性很强的工作。首先分析当前我国志愿者精神面临的困境，并准确分析存在这些困境的原因；其次坚持正确的原则，这主要包括坚持民族性与世界性相结合、政府引导与个体自觉相结合、理论教育与实践深化相结合、集中化与日常化相结合、社会发展与个人发展相结合等科学的原则；最后要有科学、具体、可行的措施，这主要包括坚持和加强党的全面领导，创造良好的舆论文化环境，加强社会志愿服务体系建设，坚持学校教育、家庭教育与社会教育相结合，推广先进典型、形成示范效应和借鉴他国先进经验等。

一、志愿者精神面临的困境及原因

志愿者精神培育弘扬的效果如何，不仅和志愿者精神遇到的外部政治、经济、文化等宏观环境有关，而且与参加志愿服务不同主体的认知密切相联。如果说上一章分析志愿者精神面临的挑战侧重于外部环境影响的话，那么本部分探讨的志愿者精神面临的困境则更加注重其内部主体因素的影响。弘扬培育志愿者精神，既要把握其面临的困境，也要分析其存在困境的原因。只有这样，才能有效扩大志愿者精神的覆盖面，提升志愿者精神的影响力，进而促进社会进步。尤其需要指出的是，网络志愿服务作为当今志愿服务的一种常态形式，有着较大的影响力。但笔者调查显示，有 52.07% 的大学生没有参加过网络志愿服务，这说明线上志愿服务还没有得到人们足够的重视。

（一）志愿者精神面临的困境

困境是问题的体现。志愿者精神面临的困境是其在培育弘扬的过程中体现出来的问题，集中表现为整体认知浅层化、目标追求功利化、服务内容同质化、活动过程形式化、组织活动行政化等方面。

1. 整体认识浅层化。认识是行动的先导。但人的认识不是无中生有的，更不是天上掉下来的，而是根源于人的实践之中。认识有感性认识和理性认知之分，认识活动是一个复杂的过程。人们对志愿者精神的认识来源于人们直接或间接的志愿服务实践。由于志愿者的志愿服务实践随着时代和社会的发展变化而不断改变，这决定了人的认识不是固定不变的，而是不断变化的。但无论怎么变化，它都是人的认识规律的直接反映，都会对人的行动产生重要影响。

就一些人对志愿者精神的整体认识而言，存在着浅层化问题。其突出表现就是对志愿者精神的片面理解。例如，有人认为志愿者精神是一种高尚的精神，志愿服务是一种高尚的工作，自己达不到这么高的境界，所以参加不了。这种看法虽看到了志愿服务、志愿者精神高尚的一面，但没有认识到其和人的境界高低关系不大，只要付出自己的时间、知识、技能、体力等从事公益服务都是可以的。又如，有人认为志愿服务简单易行，没有什么技术要求，不需要专业知识，想参加就可以参加。这种观点只看了志愿服务简单的一面，没有看到志愿服务复杂的一面。志愿服务有很多类型，有些具有极强的专业性，需要专业的人去做才比较合适。正因为如此，我们出台了《志愿服务组织基本规范》的国家标准，颁布了《志愿服务条例》等制度化文件，加强对志愿者的相关培训。再如，有人认为当志愿者就是去做好事，是公益性的，所以志愿服务不需要经费投入。其实，为志愿服务提供物质保障，是世界上很多国家普遍的做法。近年来我国对一些诸如奥运会、世博会、重要会议、重要突发事件等重要活动的志愿服务投入还是很大的，但对日常性志愿服务的支持力度则是不够的甚至是缺失的。除了上述对志愿服务、志愿者精神的误读外，还有：志愿服务是无偿的，是政府、共青团等使用的廉价劳动力；参加志愿服务是单向的付出和奉献，个人不会有什么回报的；等等。这些误解或不充分的认识都是对志愿者精神整体认识浅层化的表现。在笔者的调查中，志愿者精神主要包括的内容，奉献占 97.52%，友爱占 92.15%，互助占 93.67%，进步占

79.2%，这也说明大学生对志愿者精神的内容尤其是对“进步”的认知还不够完整清晰。

另外需要注意的是，还有一种浅层化的认识就是站位不高，只看局部不看整体，仅从单一向度理解志愿者精神的价值意蕴。例如，笔者通过访谈参加志愿服务的大学生志愿者发现，作为志愿服务的重要参与者，他们对志愿者精神的理解不够全面。有的学生把参与志愿服务作为评选荣誉称号、获得奖学金的一个筹码，有的把参与志愿服务作为将来就业的一个加分项，有的学生参与志愿服务是为多认识一些人并提高自己的交往能力，等等。诚然，参与志愿服务活动，提高大学生的能力和素质，助力其成长成才，这是客观事实。但这些价值不仅对个人产生积极价值，同样对校园的文化建设和优良校风的形塑，对社会文明度的提升和良好道德风尚的弘扬，对国家治理尤其社会治理的推进和良好国家形象的建构等方面都具有重要的价值。可见，大学生只看到参与志愿服务对自身的意义，看不到其价值意蕴的多维延展，是对志愿者精神浅层化认识的具体表现。

2. 目标追求功利化。作为自愿、不计物质报酬而付出自己时间、精力、体力的人，志愿者参与的志愿服务活动，是无偿的公益活动，体现的是积极向上、无私奉献的社会正能量，彰显了现代社会的文明水平。作为传递爱心、抵御冷漠的友善之光，志愿者精神是凝聚社会力量的重要手段，是弘扬社会主义核心价值观的重要载体。然而，很久以来，围绕志愿服务、志愿者精神面临的功利化问题始终不断，始终是媒体、学界热议研究的重要论题。客观说来，参加志愿服务、弘扬志愿者精神，树立一定的目标本不是什么坏事，但当这些目标充斥着争取名声、获得荣誉、美化自己等内容时，就严重背离了志愿者精神，呈现目标追求功利化的倾向。调查结果显示，55.07% 的大学生认为功利主义是当前大学生参加志愿服务活动存在的主要问题。

就现实表现而言，目标追求功利化有很多表现：有些地方为了表面数据的好看，硬性要求相关单位在志愿服务管理系统中进行注册，追求所谓的“志愿者注册率”。有些单位为了追求志愿服务的参与率，以期望年终获得好的考核成绩，用行政手段明确要求单位人员必须参加志愿服务，造成“被志愿”“志愿者不自愿”的怪现象。有些城市为创建文明城市，在一些重要路口、社区等地方安排戴着各色袖章的志愿者进行文明交通、环境美化等方面的志愿服务，而检查组一旦撤离，志愿者的身影就消失得无影无踪。一些地方在学习雷锋活动月或重要节假日、重要活动日，安排很多交通志愿者，而平时则鲜有志愿者。对于部分高校组织的大学生志愿服务活动来说，目标追求功利化倾向比较普遍：有的高校为刷存在感，发新闻以显示人才培养的实践特点，在每年重阳节之际组织大学生志愿者去养老院进行志愿服务活动，以至于出现多批大学生志愿者到同一所养老院进行志愿服务的奇怪现象；有的大学生报名参加志愿服务是为了获得规定的报酬或志愿时长；“部分大学生参与志愿服务的动机，仅仅是为了获得必需的实践学分，为了获得‘漂亮’的履历，为了评先评优等功利目标的考量，使志愿服务活动沦为个人发展的工具和手段。”① 上述功利化倾向，消解了志愿服务活动的人文情怀，导致志愿者精神的价值功能丧失，是不科学的志愿服务动机。调查结果显示，在参加志愿服务的动机上，30.13% 的同学为评优评先和将来就业增加筹码，20.09% 的同学为了完成学校要求，顺利毕业，33.79% 的同学为了多认识一些朋友。

目标追求功利化倾向背后凸显的是对自身利益的关注和重视。重视追求利益是正常的、无可厚非的，也是志愿者的正当权益，马克思曾说：“人们奋斗所争取的一切，都同他们的利益相关。”② 但问题的关键是这个利益是谁的利益，是个人的私利，还是国家、民族的利益或社会公共利益。我们不但不反对志愿者的个人合法正当利益，反而会采取得力举措加以保护，我们反对的是借公利之名谋私利之实。正如毛泽东所言：我们并不是一般地反对功利主义，但是要“反对那种口头上反对功利主义、实际上抱着最自私最短视的功利主义的伪善者。”③ 对于志愿服务中功利化追求，如果不加以引导，任其发展，是对志愿服务活动本身、志愿服务对象和志愿者精神的亵渎。因此，我们要加以科学有效的价值引导，帮助志愿者坚定理想信念，树立正确的志愿服务动机，加大志愿服务专业化培训，大力推进志愿服务制度化、常态化，促使志愿服务事业行稳致远。

3. 服务内容同质化。志愿者精神体现在志愿服务活动之中，弘扬志愿者精神必须高质量开展好志愿服务活动，提供更多精准高效温情的志愿服务。但纵观志愿者参与的志愿服务，内容多聚焦在交通志愿服务、环境卫生整治、文明知识宣传、关爱空巢老人和弱势群体等方面，存在着服务内容同质化的问题。这一问题是志愿者精神在发展过程中出现的问题，反

---

① 杨威：《大学生志愿服务的三个乱象——让大学生志愿服务活动回归初心》，《人民论坛》2018 年第 19 期。

② 《马克思恩格斯全集》第 1 卷，北京，人民出版社 1995 年版，第 187 页。

③ 《毛泽东选集》第 3 卷，北京，人民出版社 1991 年版，第 864 页。

映了志愿者精神弘扬的实践困境。若不能很好地解决该问题，势必降低志愿服务的质量，影响志愿者精神弘扬的效果。

服务内容同质化问题的背后是相关主体创新意识不强的体现，是思维方式不革新的反映。中国特色社会主义进入新时代，我国正迈向全面建设社会主义现代化强国、实现中华民族伟大复兴的伟大征程。作为党和国家事业的重要组成部分，新时代志愿服务取得了长足的进步和重大的成就，但其内容同质化显然与时代发展、国家进步、人民期待不协调。具体看来，志愿服务内容同质化与人民对美好生活的追求不匹配。在新时代的历史方位下，“我国社会主要矛盾已经转化为人民日益增长的美好生活需要和不平衡不充分的发展之间的矛盾。”[①] 人民美好生活需要是多维度的，除了高质量的物质文化生活外，还包括民主、法治、公平、正义、安全、环境等方面。这就给新时代志愿者服务提出了更高的要求，也是其内容拓展的基本指向。志愿服务内容同质化与国家治理的要求不相符。推进国家治理体系和治理能力现代化是新时代全面深化改革的重要目标。国家治理是一个系统性很强的浩大工程，涉及政治、经济、文化、社会、生态、党的建设等各领域，体现在内政外交国防、治党治国治军、改革发展稳定等各方面，需要国家、政党、社会、企事业单位、社会团队、个人等多主体协同发力。这为新时代志愿服务的开展提供了发力方向，是志愿服务内容优化的实践导向。志愿服务内容同质化与新时代我国的国际交流不相适应。重视志愿服务的国际交流是我国推进志愿服务的重要经验。作为一种文化现象，志愿服务在推进文化国际交流、展现国家美好形象、传递价值理念等方面有着重要作用。特别是在我国日益走近世界舞台中央的关键时期，通过以“请进来”与“走出去”相结合的方式推进志愿服务的国际交流，则显得十分必要和关键。这为提升志愿服务质量、形成志愿服务品牌、打造最美的“中国名片”指明了方向，也是志愿服务内容与方式革新的重要驱动力。

志愿服务内容同质化背后反映的是志愿服务供给与需求不平衡之间的矛盾，体现了品牌意识和质量意识的欠缺。在新发展阶段下，要克服志愿服务内容同质化现象，需要树立新发展理念，加强沟通协调，坚持线上与线下相结合，统筹需求与供给，多开展菜单式、精准化等有特色有温度有

---

① 习近平:《决胜全面建成小康社会　夺取新时代中国特色社会主义伟大胜利——在中国共产党第十九次全国代表大会上的报告》，北京，人民出版社 2017 年版，第 11 页。

效果的志愿服务，努力打造文化志愿服务品牌，防止大呼隆、走形式，否则会导致社会资源的浪费，造成不良社会影响。

4. 活动过程形式化。开展志愿服务，弘扬志愿者精神，需要一定的与内容相契合的形式，否则活动无法开展，精神无法展现。但当形式无限翻新，变成五花八门的表演，脱离了依托的内容，形式就容易沦为形式主义，其结果是活动失去本来意义，成为一些人装点门面的工具，这不仅是对志愿服务对象的不尊重，更是对志愿者精神的亵渎，同时还对社会良好风尚的营造带来了不良影响。尤其是移动互联网时代，人人都有麦克风，当有关志愿服务沦为形式主义的信息被上传到网络，就可能急速传播，无限放大，成为热点舆论事件。例如，近年来，致力于打造网络志愿服务平台的水滴筹，不时陷入舆论危机，其原因多是以志愿服务之名行牟利之实，严重侵蚀了志愿服务的公信力，造成了公众的不信任感。调查结果显示，61.54% 的大学生认为形式主义是当前大学生参加志愿服务活动存在的主要问题。

志愿服务过程形式化虽只是个别情况，但其体现则贯穿于活动设计、组织、开展、宣传、评价的各流程。在活动设计上，方案写得很漂亮，用词华而不实，假大空充斥其中，甚至有的方案彩色打印出来，拍照宣传以吸引眼球。在活动组织上，热衷在关注度较高的诸如学习雷锋活动日、国际志愿者日等时间节点组织活动，有的志愿服务特别是网络志愿服务渗透着商业的气息，一些商业机构借“志愿服务”之美名，招募志愿者开展所谓的志愿服务活动，实质上是牟取商业利益。这种把志愿服务当牟利工具的行为是十分有害的，也是相当危险的。在活动开展上，根本不考虑实际、不追求效果，热衷走过场、不入心，抓眼球、赚流量，凑热闹、重形式，缺乏持久性。有的地方在文明城市、卫生城市、旅游城市等创建之时，安排大量志愿者走向街头、走进社区，评选专家一旦撤离，志愿者就销声匿迹了；有的高校组织大学生志愿者利用寒暑假到乡村开展支教活动，出现时间较短或扎堆到同一所学校的情况，这既浪费了社会资源，又消耗了志愿服务双方的精力时间，达不到既有的目标要求；有的学生为在综合测评、奖学金评定、出国保研、就业推荐等方面获得更好机会，竟通过网络购买志愿服务证明，这种弄虚作假的行为是损害社会公平正义、亵渎志愿者精神的无德行为，它虽满足了个别人的私心并获得了私利，但更为重要的是对其他真心做志愿服务的大学生造成了伤害。在活动宣传、评价上，有的不求活动效果求宣传，拍美照然后在朋友圈各种晒，同时以新闻稿的形式发到内部网站上，虚夸活动情况；有的评价不重质量重数量，不问动机问次数，缺乏科学评价指标体系，不能全面衡量志愿服务的意义和效果。

活动过程形式化表面上看是形式主义的问题，不仅深层揭示了志愿服务的“异化”现象，反映部分志愿服务组织者、志愿者的价值观与科学的价值观存在偏差，而且表明了志愿服务制度化、常态化建设存在短板，特别是既有法律法规政策文件的落实更为关键。只要我们心有信仰，坚守初心，坚持正确的服务动机，自愿而不求回报地无私奉献，并以刚性的制度约束志愿服务行为，定能避免形式主义，彰显志愿者精神的价值引领功能。

5. 活动组织行政化。我国是一个具有悠久行政传统的国度，并在长期的发展实践中形成了独具特色的传统行政文化，特别是大多数知识分子始终抱有“学而优则仕”的政治理想。深受我国历史文化传统的影响，随时代变化而产生发展的志愿服务组织受行政的影响比较大。从志愿服务活动的动员、组织到实施、评价，无不打着行政化的烙印。要客观看待志愿服务活动组织行政化现象，它既在一定的时期促进了志愿服务的发展，但又随着时代的变迁限制了志愿服务的发展。如何利用活动组织行政化的优势，克服其劣势，是新时代推动志愿服务发展，弘扬志愿者精神必须处理好的一个重要问题。调查结果显示，34.79% 的大学生认为官僚化、行政化是大学生参加志愿服务存在的重要问题。

志愿服务活动组织行政化的现实表现有很多方面。首先，党和国家对志愿服务提出了明确的要求。志愿服务作为党和国家的一项重要事业，是在党的领导和政府的推动下不断发展进步的。志愿服务要服务党和国家发展大局，坚持以人民为中心的发展思想，培育践行社会主义核心价值观，促进社会文明进步，帮助解决人民群众的切身实际问题，这是新时代国家对志愿服务提出的明确要求。其次，在志愿服务动员上，体现了明确的行政化倾向。据统计，“截至 2020 年 3 月 16 日，我国实名注册志愿者总数达到 1.69 亿人，志愿团体 116.36 万个，累计志愿服务时间 22.68 亿小时。”① 这些数字说明了我国志愿服务事业的蓬勃发展。但其中有些志愿者是在行政命令下进行注册的，属于“被志愿者”，并不是自愿进行的。再

① 《特别的日子，重温习近平对这支队伍的关爱与勉励》，央视网，https://news.cctv.com/2020/12/04/ARTI7td0HOkr2g7DkKVhwfWy201204.shtml。

次，志愿服务活动的开展体现着行政化倾向。有的地方完全靠行政命令向各机关单位分配人员数量，要求大家必须参与志愿服务，并把是否完成任务作为年终考核的重要依据。由此造成“被志愿者”内心产生抵触情绪，只出工不出力，走过场、搞形式，背离了志愿者精神的价值指向。最后，在志愿服务管理上，行政化倾向也比较明显。与国外相比，我国对志愿服务组织的管理采取的是注册登记制度，实行的是以政府管理为主的模式。党的十八大以来，我们不断完善对志愿服务组织的管理，逐步形成了“党建引领、统一登记、各司其职、协调配合、分级负责、依法监管的中国特色社会组织管理体制”[①]。但这一良好的管理体制要落实贯穿好,还需要在实践中不断努力。从志愿服务管理的实践看，行政指令、行政干涉在一些地方、部分单位还是客观存在的，这容易导致志愿服务陷入形式主义的泥潭。

志愿服务活动组织行政化，是我国志愿服务产生发展的一个客观现象。我们既不能拿西方的标准来衡量我国的情况，也不能对其一概否定，而应根据我国的基本国情，客观分析其利弊，坚持发扬其积极作用，反对低效率的行政化管理，反对形式主义、官僚主义。在实现中华民族伟大复兴的伟大征程中，志愿服务活动的组织开展要充分发挥好新时代文明实践中心的作用，这是新时代志愿服务组织管理创新的重大举措，能够把分散的资源集中起来，提升志愿服务的高效率、集约化、精准性。

（二）志愿者精神面临困境的原因

困境、问题是结果的展现，而其背后必有一定的原因。这些原因不是单一维度的，而是多种因素综合作用的结果，是内因与外因、宏观与微观、历史和现实、理论和实践等多向度的表现。概括起来，可以从主观与客观两个角度进行分析。调查结果显示，关于志愿服务存在问题的原因，45.45% 的人认为是个人的知识水平和能力不够强，34.94% 的人认为是学校不重视，40.98% 的人认为是不良社会风气的影响，62.02% 的人认为是制度不健全，30.79% 的人认为是经费投入不够，13.66% 的人选择其他原因。这个结果就体现了主观原因与客观原因的并存。

1. 主观原因。志愿者精神是一种主体精神，是志愿者参与志愿服务

① 《民政部关于印发〈“十四五”社会组织发展规划〉的通知》，中华人民共和国中央人民政府网，http://www.gov.cn/zhengce/zhengceku/2021-10/08/content_5641453.htm。

活动时基本素质、精神风貌、道德情操、价值品格的集中彰显。志愿者精神弘扬存在问题的原因是多方面的，其中主观原因是一个重要方面。志愿者的主体意识、主体素质和主体境界是影响志愿者精神弘扬培育的重要因素，是解码志愿者精神面临困境的独特视角。

在主体意识方面，志愿者的独立自主意识是透视志愿者精神面临困境的基本向度。在正常情况下，人作出行为选择之前，在思想意识上必须先有一个独立自主的判断，这个判断是基于客观环境、自身利益的综合考量。“自主的人能够认识并且善于确定自己的目标，不仅能够成功地控制外部环境，而且能够控制自己的冲动。”① 志愿者参加志愿服务是志愿者经过独立自主的深思后作出的一种自愿、不求回报的行为实践，这体现了志愿者鲜明的主体意识。在具体的志愿服务活动中，若志愿者不能很好地发挥着这种自主性或这种自主性得不到尊重，那么志愿者参与志愿服务活动的获得感不仅得不到有效提升，甚至还可能引发志愿者的反感和抵触，进而对弘扬培育志愿者精神产生不利影响。因此，开展志愿服务活动，弘扬培育志愿者精神，就要求志愿者进行自我教育，提升自我组织、管理、发展的能力和水平，形成独立发现问题、分析问题、解决问题的自主性，进而能够敏锐观察到志愿服务的价值和限度，并能够在志愿服务项目策划、活动开展等方面提出建设性意见和建议。当然，尊重志愿者的自主性，并等于放任自流，不加管理和约束，而是在尊重其独立人格和选择空间的基础上，进行价值观教育和制度化约束，否则就会背离弘扬培育志愿者精神的初心。

在主体素质方面，志愿者的体力、知识、能力等综合素质是理解志愿者精神面临困境的关键指向。志愿者参加志愿服务是需要热情和爱心的，但只有热情和爱心是不够的，还需要志愿者具有较强的综合素质。在某种程度上讲，志愿者精神弘扬存在的一些问题是和志愿者综合素质不过硬密切相关的。正是由于个别志愿者体力、知识、能力等某一方面的欠缺，造成志愿服务效果不理想和志愿者精神弘扬受限。调查结果显示，45.54%的大学生认为个人的知识和能力不够强是造成大学生参加志愿服务活动存在问题的主要原因。在新的时代条件下，国家发展、民族复兴、人民幸福更加需要志愿服务的作用发挥，更加需要志愿者的无私奉献。这就需要志

① ［苏］伊·谢·科恩：《自我论》，佟景韩译，北京，生活·读书·新知三联书店1986年版，第407页。

愿者锻造自身的时代势能，适应时代发展，把握时代脉搏，明确自身肩负的时代使命和责任，在时代发展中定位自己；提升理论素养，主动学习马克思主义理论特别是作为马克思主义中国化最新理论成果即习近平新时代中国特色社会主义思想中关于志愿服务重要论述的核心要义，以此武装头脑、指导实践；增强心理承受力，不应以消极、颓废、躺平、佛系等心态去做志愿者，而应以理性平和、积极向上的阳光心态去面对志愿服务中的不被理解、不被接纳，努力塑造具有志气、底气、骨气的精神人格。总之，志愿服务是一项专业化程度较高的工作，志愿者须具有与之相匹配的综合素养，否则问题仍然继续存在，阻碍志愿服务事业的发展进步。

在主体境界方面，志愿者的人生境界、道德修养、精神追求是分析志愿者精神面临困境的重要理路。不同的人由于生活环境、学习经历等方面的差异，其人生境界也必然不同。著名哲学家冯友兰先生提出了"一本天然的'自然境界'，讲究实际利害的'功利境界'，'正其谊，不谋其利'的'道德境界'和超越世俗、自同于大全的'天地境界'"[①]。据此审视不同的志愿者，其参加志愿服务活动的境界层次清晰显示出来，功利化是一些人参加志愿服务的动机所在。这一问题是和志愿者人生境界没有进一步提升有关。由此，在志愿服务实践中锤炼志愿者的道德品质，明确其道德追求，增强其道德修养，提升其道德实践能力，是破解志愿者精神面临困境的有效之道。对于新时代志愿者来说，只要其人生境界提高了，道德修养增强了，其精神追求必然会更加高远和笃定。这样，现实中志愿服务存在的很多问题也就能够看得更加清晰明了，解决起来思路就更具针对性，措施更具可操作性。否则只能就问题看问题，最后很多问题反复出现，极大影响志愿者精神的弘扬与培育。

2. 客观原因。整体审视志愿者精神面临的困境原因，除了志愿者的主体意识、主体素质和主体境界等主观因素外，还有宏观环境、自身发展和制度运行等客观因素。只有全面把握主客观原因，才能看清志愿者精神面临困境的深层逻辑，也才能提出更具针对性的措施。

宏观环境的影响。任何个人、任何活动都离不开特定的宏观环境。志愿服务事业作为党和国家事业的重要组成部分，志愿者作为志愿服务活动的直接参与者，都是在自身所处的时代环境下发展的。正如马克思所说："人们自己创造自己的历史，但是他们并不是随心所欲地创造，并不是在

① 转引自张西立:《从冯友兰的"人生四境界"说起》,《学习时报》2018 年 9 月 12 日。

他们自己选定的条件下创造，而是在直接碰到的、既定的、从过去承继下来的条件下创造。”[①] 总体看来，对志愿服务活动及志愿者产生影响的宏观环境主要包括经济环境、政治环境、文化环境、社会环境和大众传播媒介环境等。我国经济制度及经济生活条件的变化特别是社会主义市场经济体制的建立和完善，政治制度及其制约下的现实政治状况的变化，社会意识形态以及与之相适应的制度和组织机构的建设，以报纸、电视、网络等为代表的大众传媒的变革，对人的思想品德、价值追求、行为实践等方面产生了广泛而复杂的影响，这必然也对志愿服务和志愿者产生深刻而重要的影响。但宏观环境不是固定不变的，而是随着时代变迁而不断变化，这种变化慢慢就会投射到志愿服务和志愿者自身，对其固有的理念、思维以及采取的载体手段、方法路径等产生较大的冲击。若不能及时拓展视野，转化思路，适应并跟上这种变化，出现问题困境则是必然的。面对这种宏观环境的影响，我们应立足现实，秉承整体视野，不断创新，使志愿者精神成为时代发展的重要推动力。

志愿者精神的自身发展。作为一种体现于志愿服务活动之中的精神，志愿者精神的产生、发展有着自身的规律。我国志愿者精神的发展变迁直接体现在志愿服务的发展变化中，深受国家经济社会发展水平的制约和政策文件的影响。1955 年 8 月和 10 月，北京上海两地成立青年志愿垦荒队分别奔赴边疆地区和江西，这开创了我国青年志愿服务的先河。1963 年 3 月，毛泽东发出了“向雷锋同志学习”的号召，自此学习雷锋活动在全国展开。1988 年，13 名来自天津和平区新兴街朝阳里社区的居民组成邻里互助小组，无偿为社区弱势人群提供服务；1989 年 3 月 18 日，全国第一个社区志愿者组织即新兴街社区服务志愿者协会成立，自此我国社区志愿服务拉开序幕。1993 年 12 月 19 日，共青团中央推出“青年志愿者行动”，两万余名铁路青年在京广路沿线为旅客送温暖，自此具有现代意义的我国青年志愿者行动揭开序幕。2001 年 3 月，我国开始实施注册志愿者制度。2008 年汶川大地震的发生和北京奥运会的举办，标志着我国志愿服务步入快速发展。2017 年 8 月国家颁发的《志愿服务条例》，表明我国志愿服务进入了崭新的发展阶段。改革开放以来特别是我国加入 WTO 以来，我国经济的高速增长和对外开放力度的加大，对我国志愿服务产生了重要影响。进入新时代，虽然经济发展进入新常态，但国家治理要求志

① 《马克思恩格斯文集》第 2 卷，北京，人民出版社 2009 年版，第 470~471 页。

愿服务要发挥更大的作用。另外，经济社会发展太快，人民需求更多样多元多变，志愿服务跟不上时代发展节拍，存在较大张力和鸿沟，这也是造成志愿服务面临困境的客观原因。

制度的运行逻辑。制度是管基础、管根本的，具有全局性、战略性的特点。志愿服务的发展、志愿者精神的培育弘扬需要完善的制度来保障。制度虽然是主观的产物，体现着人的认识水平和国家文明程度，但制度的建立、运行、完善是一个客观的过程，其背后是理论认识与实践推进互融互促规律的体现，人为干预是要遭受失败的。党的十八大以来，以习近平同志为核心的党中央高度重视志愿服务的发展和志愿者精神的培育弘扬，采取一系列举措强力推动了志愿服务深入发展，志愿者招募注册、培训管理，志愿服务记录制度、激励机制等制度不断完善。同时，党和国家相关部门，顺应时代之变，制定实施了《中华人民共和国慈善法》《关于支持和发展志愿服务组织的意见》《关于公共文化设施开展学雷锋志愿服务的实施意见》《志愿服务条例》《关于建设新时代文明实践中心试点工作的指导意见》《关于做好志愿服务组织身份标识工作的通知》《关于新时代文明实践志愿服务机制建设的实施方案》《志愿服务组织基本规范》《关于开展志愿服务促进中小企业发展的指导意见》《关于组织实施科技志愿服务“智惠行动”的通知》等一系列法律法规、文件政策，有力地推动了中国特色志愿服务制度的完善发展。由此看来，制度本身的运行有其自身规律，其制定、实施、修订、完善是一个过程。但人们对这些制度运行逻辑的理解不到位，把握不准确，也是造成志愿者面临困境的客观原因。

二、志愿者精神弘扬与培育的指导原则

原则，指的是指导人们思想和言行的理论规定和准则，它来源于人们对客观事物及其规律的认识和总结。这些认识和总结与当前的实践活动相结合便具备了方法论的意义，成为人们认识世界和改造世界的指导原则。培育与弘扬志愿者精神之所以需要在一定方法原则的指导下进行，是因为这些原则对志愿者精神培育与弘扬的实践活动起着导向和规范作用，确保这项活动能够沿着正确的方向进行。培育与弘扬志愿者精神既要遵循已经总结的基本经验，又要根据时代的发展变化，赋予这些经验以新的内容。具体来讲，培育与弘扬志愿者精神所要遵循的指导原则有以下方面。

（一）民族性与世界性相结合的原则

弘扬与培育志愿者精神，必须坚持民族性与世界性相结合、弘扬民族精神与借鉴他者相结合的原则。民族性与世界性相结合的原则，指的是在弘扬与培育志愿者精神的过程中，既要坚持志愿者精神与民族精神的一致性和继承性，又要注重我国志愿者精神与西方国家志愿者精神的交融性；既要坚持本国志愿者精神发展过程中所取得的实践经验，又要借鉴吸收其他国家在弘扬与培育志愿者精神方面的有益成果。

一方面，志愿者精神的弘扬与培育既要坚持与民族精神的一致性和继承性，又要注重与西方国家志愿者精神的交融性。我国志愿者精神具有本土化的特质，因为其产生于中国这块土地，所以深受中国文化的熏陶。作为中华民族思想观念的成果，我国志愿者精神的民族性体现在它对中华民族精神的传承和发展上。志愿者精神是中华民族精神与时代相结合的产物，是中华民族精神的时代化内容。这个时代化的内容与以爱国主义为核心的团结统一、爱好和平、勤劳勇敢、自强不息的伟大民族精神在内涵方面具有高度一致性（该点在第五章的第二目已经论述），是伟大创造精神、伟大奋斗精神、伟大团结精神、伟大梦想精神的鲜明体现。志愿者精神具有中华民族自身的特点，传承着中华民族的宝贵精神基因，因此弘扬与培育我国志愿者精神首先要坚持民族性，这也是尊重历史的必然要求。我国志愿者精神首先吸收的就是来自传统文化当中的营养成分，面对现实肯定不能割断它与历史的联系。倘若抛去传统、抛去民族性，我国志愿者精神的本质便会走向虚无，弘扬志愿者精神的实践也会迷失方向。同时，志愿者精神作为中华民族精神的时代化内容，面对的是开放性的时代环境，在经济全球化深入发展的今天，中西志愿者精神之间的交流已是不可避免。这种交流既有内容相通的地方，也有与所属异质文化相碰撞的地方。在冲击的威胁与发展的诱惑并存的情况下，中国志愿者精神在开放的背景下只有选择敢于面对他者的冲击，或者会痛，但也会勇敢地成长着。民族性能够给予中国志愿者精神以成长的自信。所以，在坚持民族性的前提下，中国志愿者精神要以开放的姿态迎接西方志愿者精神的挑战，吸收来自异质文化的精华为我所用。

另一方面，志愿者精神的弘扬与培育既要坚持本国志愿者精神发展过程中所取得的实践经验，又要借鉴吸收其他国家在弘扬与培育志愿者精神方面的有益成果。回顾我国志愿者精神的发展历程，可以从中得出一些经验启示。这些经验总结具有本土化的特色，是已经在实践中得到证实的有效力量，现阶段弘扬与培育志愿者精神自然要秉承既得经验，但对过去发展阶段中的经验借鉴并不意味着固守教条主义，这需要在结合现实状况的基础上对经验进行取舍与发展。在总结我们本土经验以保持自身优势的同时，也要积极借鉴其他国家在弘扬与培育志愿者精神方面的有益成果。虽然中西志愿者精神分属于不同的文化体系，分属两种不同的人生观，但是对社会进行志愿者精神的弘扬与培育都是实践层面的活动形式，抛开精神层面的实质区别，这些实践活动虽具有国别区分，但也有很多可以拿来为我所用的内容。这当然不是一般意义上的拿来主义，不是移植他国经验，而是结合我们的现实情况对他国经验有选择、有针对地提取有益成分为我所用，增强志愿者精神弘扬与培育的有效性。只有将民族性和世界性结合起来，才能更好地弘扬与培育志愿者精神。

（二）政府引导与个体自觉相结合的原则

弘扬与培育志愿者精神，必须要坚持政府引导与个体自觉相结合的原则。政府引导与个体自觉相结合的原则，指的是在弘扬与培育志愿者精神的过程中，既要注重发挥政府对志愿者精神的引导作用，又要注重提高社会成员个体践行志愿者精神的自觉性。

一方面，在志愿者精神弘扬与培育的过程中要注重政府的引导作用。从我国志愿者精神产生与发展过程和世界背景来看，政府在这个过程中的引导作用是有效的、必要的。也许在这个过程中，政府有做得不充分或不是很妥当的地方，但不能因此而否定其领导作用。回顾我国志愿者精神产生与发展的过程，可以看出官方的推动起了很重要的作用。弘扬与培育志愿者精神的效果要通过社会成员对志愿者精神的认同度、对志愿服务的参与度来体现，政府在这两个方面都发挥着重要作用。宣传是提升社会成员对志愿者精神认同度的重要方式，政府在宣传志愿者精神方面的主导作用是很突出的，仅以官方重要宣传媒介《人民日报》为例就可以看出这点。1990~2011 年，《人民日报》关于志愿服务为主题的相关报道就有 1.1 万余篇。对志愿者精神的宣传，也暗含着对主流意识形态的宣传、对核心价值观的宣传，政府通过对志愿者精神的宣传不仅提高了志愿者精神的社会认同度，而且牢牢把握住了舆论宣传的方向，确保志愿者精神朝着正确的方向发展。同时，志愿服务的参与度也是志愿者精神弘扬与培育效果的重要体现，政府在这个过程中通过进行社会动员来提高志愿服务的参与度。

共青团中央、残联共同实施的百万青年志愿者助残行动，共青团中央、中国青年志愿者协会等共同发起的抗击非典“志愿者爱心包”捐赠活动，共青团中央、教育部等共同发起的大学生志愿服务西部计划以及共青团中央实施的关爱农民工子女志愿服务行动等都具有社会动员的性质。政府通过广泛的社会动员，促使社会成员接受志愿者精神所代表的价值观和生活方式，社会成员在对志愿者精神进行认同的基础上践行志愿者精神，从而在实践中提升志愿服务的参与度。

另一方面，在志愿者精神弘扬与培育的过程中也需要社会成员个体的自觉参与。政府的引导与推动是志愿者精神得以弘扬的重要力量，同时社会成员的自觉参与也是重要途径。社会成员的自觉参与是社会发展和人类自身发展的需要，因为整个社会的发展最终还是需要作为社会成员的个人来推动的。社会成员之所以能够自觉参与志愿服务，是个体素质发展的内在需要与社会倡导共同作用的结果。不论是社会动员还是个体内在需要，这都需要经过个体对志愿者精神产生自觉意识，这种志愿者精神自觉意识能够使个体认识到“我”在做什么、“我”为什么要从事志愿服务、“我”要达到一种什么样的价值目标，能够使个体有目的、有计划地参与志愿服务。个体的自觉参与汇集到一起形成社会氛围，便会彰显出人民群众在社会发展中的创造力量。

（三）理论教育与实践深化相结合的原则

弘扬与培育志愿者精神，必须要坚持理论教育与实践深化相结合的原则。理论教育与实践深化相结合的原则，指的是在弘扬与培育志愿者精神的过程中，既要注重通过理论教育来加深社会成员对我国志愿者精神的认识和了解，又要注重个体在志愿服务中对志愿者精神的践行。仅仅拥有志愿者精神的情感和品质还远远不够，只有将对志愿服务的满腔热情转化为为人民服务的具体实践活动，才能真正体现出我国志愿者精神的价值。同时，通过实践活动又可以加深个体对志愿者精神的认知，志愿者精神是从实践当中凝练出来的，也只有在实践中它才能获得旺盛的生命力。只有将理论教育与实践活动相结合起来，才能更好地促进志愿者精神的弘扬与培育。

一方面，在弘扬与培育志愿者精神的过程中要进行理论教育。对志愿者精神进行弘扬与培育，首先要重视对社会成员进行志愿者精神相关的理论教育和灌输。个体只有在了解、认识志愿者精神之后才有可能接受志愿者精神，只有接受并内化志愿者精神才有可能践行志愿者精神。理论教育要发挥的基本作用就是使社会成员了解、认识志愿者精神，只有知之才能为之。对社会成员进行理论教育，不仅要让大家了解我国志愿者精神产生的理论渊源、发展的历史过程，了解志愿服务进展情况，而且要让他们了解到个人在这个过程中所起到的作用，树立社会责任感和民族责任感；不仅要让他们了解到中西志愿者精神相同之处，也要让他们了解到二者的本质区别，自觉地树立科学的人生观、价值观；不仅要让他们了解到志愿者精神建设已经取得的成绩，而且要让他们知道未来的美好生活还需要个体的努力，激发他们践行志愿者精神的意识与潜力。

另一方面，在弘扬与培育志愿者精神的过程中要注重鼓励社会成员参与志愿服务实践活动。志愿者精神来源于实践活动，是人们认识世界、改造世界的精神成果。这种精神成果指引着个体参与社会实践，同时接受实践的检验，个体的志愿服务意识也会在实践中得到新一轮的内化，逐渐在实践中形成志愿服务理念，形成一种稳定的理性力量支撑着人们前进。在弘扬与培育志愿者精神的过程中，不仅要注重理论教育的灌输作用，还要重视实践活动的再教育作用。这就要求我们引导社会成员将自己对志愿者精神的认识和觉悟体现在社会实践中，引导他们在志愿服务的实践中将志愿者精神外化为志愿行为的强大力量，将知行统一起来，在实践中接受意志的锻炼与精神的考验。理论教育与实践教育的统一必然造就出具有自觉的道德实践理性的社会个体，这样志愿者精神的弘扬与培育才能落到实处。

（四）集中化与日常化相结合的原则

弘扬与培育志愿者精神，必须坚持集中化与日常化相结合的原则。集中化与日常化相结合的原则，指的是在弘扬与培育志愿者精神的过程中，既要注重利用重大活动、节日来集中进行志愿者精神的弘扬与培育，又要注重在日常生活中强化人们对志愿者精神的认知与践行。

一方面，在弘扬与培育志愿者精神的过程中要坚持集中化原则。回顾我国志愿者精神发展的历史可以看出，利用重要节日和重大活动来弘扬和培育志愿者精神是我们的优势所在。1982 年中共中央办公厅建议将每年的 3 月作为“全民文明礼貌月”，由此将“学雷锋树新风”等活动制度化。1989 年年底，共青团中央决定将每年的 3 月 4 日即“向雷锋同志学习”的题词发表的前一天作为全国学雷锋日，从此以后每年的这一天都会组织系统的学雷锋主题活动，如 1990 年的学雷锋日就组织了以“学雷锋、迎亚运、做奉献”为主题的义务劳动。2000 年 3 月，共青团中央将每年的 3 月 5 日正式定为“中国青年志愿者日”，每年的这一天都会有主题志愿服务。比如，2003 年为纪念学雷锋活动开展 40 周年，全国掀起“弘扬雷锋精神、参与志愿服务”主题系列活动；2004 年 3 月在中华世纪坛启动了“志愿服务，迎接奥运——2004 北京迎奥运志愿服务活动”。此外每逢重大社会活动，官方会组织专门的志愿服务，同时公民个人也会自觉发起志愿者活动。比如，1993 年春运高峰期开展的“铁路青年志愿者学雷锋迎春运志愿活动”，2003 年为抗击非典发起的“志愿者爱心包”捐赠活动，2008 年北京奥运会志愿服务以及汶川大地震后群众自觉发起的志愿服务活动，2010 年中央文明办要求在全国深入开展的“迎世博迎亚运讲文明树新风”志愿服务活动。2017 年国际志愿者日前夕，北京延庆正式上线“延庆蓝”志愿服务系统。2020 年新冠肺炎疫情防控以来，成百上千的志愿者和服务队请缨到抗疫一线。这些每逢重大节日或重大事件发起的集中性的志愿服务活动有力地弘扬了志愿者精神。

另一方面，弘扬与培育志愿者精神的过程要坚持日常化原则。仅仅靠集中性的志愿服务来弘扬与培育志愿者精神是远远不够的，因为一年 365 天不可能每天都是节日、每天都有重大事件的发生，除去这些节日和重大活动日，剩下的是普通而平常的一天又一天。这就需要我们将集中化与日常化相结合。终身志愿者唐山十三义士之一宋志永在谈到他多年的志愿者生涯时说道：“不可能天天发生大灾大难，真正的志愿者精神也不应该只发生在大灾大难面前，而是应该体现在日常生活中。”[①] 被称为雷锋传人的郭明义就是在他平凡的生活中一点一滴地践行他的志愿者精神的。在一时一地中弘扬与培育志愿者精神并不难，难的是如何在日常生活中弘扬与培育志愿者精神，如何使社会成员在普普通通的日子里持之以恒地践行志愿者精神。目前，我们在志愿者精神日常化方面做得还不够，如何实现志愿者精神的常态化是我们需要解决的主要问题之一。因为，只有将集中化和日常化相结合才能真正提升志愿者精神弘扬与培育的效度，我们也期望社会上能够有越来越多的“永久牌”志愿者。目前，有些地方在积极探索志愿者精神弘扬的常态化，如福建省福州市委文明办、市信用办联合印发《福州市志愿者信用积分管理办法（试行）》，进一步健全志愿服务激励保

① 李俊义:《终身志愿者唐山 13 义士》,《人民日报》2011 年 6 月 25 日。

障机制，以此推进志愿者精神弘扬的常态化和日常化。

（五）社会发展与个人发展相统一的原则

弘扬与培育志愿者精神，必须坚持社会发展与个人发展相统一的原则。社会发展与个人发展相统一的原则，指的是在弘扬与培育志愿者精神的过程中，既要以促进社会发展为目标指向，又要以个人发展为价值指向。“进步”是我国志愿者精神的主要内容之一，这里的“进步”意为发展，发展作为志愿者精神的追求目标，其向度不仅包括国家、社会的发展，而且包括作为社会成员个体的进步与发展。

一方面，志愿者精神的弘扬与培育要以促进社会发展为目标。我国志愿者精神体现的是集体主义的价值观，这反映在处理个人利益、国家利益、集体利益三者关系上就表现为三者利益的兼顾与统一，当个人利益与国家利益、集体利益发生冲突时，个人利益要服从国家利益、集体利益，以集体利益和人民利益为重。与个人主义将个人利益作为一切活动的唯一目的不同，我国志愿者精神是工具理性与价值理性的统一，它主张社会是个人发展的手段和目的的统一。正是将社会当成发展的目标，国家利益、人民利益在我们这里是至高无上的，个人的价值取向应该与整个社会发展的方向相一致，个体才会将国家利益、人民利益看成最值得追求、最有意义的，也是最值得我们为之付出和奋斗的。在新的时代条件下，志愿者精神对促进国家治理体系和治理能力现代化、满足人民对美好生活的需求、推动共同富裕等社会大问题有着积极作用。因此，在弘扬与培育志愿者精神的过程中，要引导社会成员为社会做贡献、给他人以帮助，以此来促进社会的发展与进步。

另一方面，志愿者精神的弘扬与培育要以促进个人发展为价值指向。个人是志愿者精神的弘扬者、践行者。坚持以促进个人发展为价值指向来弘扬培育志愿者精神，必须坚持科学的人的全面发展观，克服“工具人”“道德人”“经济人”“政治人”的局限，“真正按照人的属性实现人的物质与精神、科技与人文、政治与道德、生理与心理、知识与能力等方面的全面发展，真正成为‘完整的人’。”[①] 在具体实践中，志愿者精神的弘扬与培育对个人道德素质的锤炼、交往能力的增强、社会情怀的塑造、精

---

① 张耀灿、郑永廷、吴潜涛、骆郁廷等:《现代思想政治教育学》，北京，人民出版社 2006 年版，第 142 页。

神境界的提升、价值观的培育等方面有着重要意义。实现人的个人发展与社会发展之间不是对立的，二者是统一的。个人应该为社会的发展做贡献，因为作为“大我”的社会可以成就作为“小我”的个体，只有社会得以发展，个人发展才能得到保障。同时，个人在为社会做奉献的过程中，个人的能力素质也会得到锻炼和提升。在弘扬与培育志愿者精神的过程中，不仅要号召个体来奉献社会，而且要创造良好的社会环境，使个人在志愿服务中提升自我。“坚持志愿服务与实现个人发展相统一，让人们在为他人送温暖、为社会做贡献的过程中经受锻炼、增长才干”[①]，只有社会发展与个人发展结合起来才能达到真善美的统一。

三、志愿者精神弘扬与培育的路径选择

在新的时代条件下，如何弘扬与培育志愿者精神是一项理论性和实践性都很强的基础性工程。它对培养时代新人、塑造健康人格、形塑良好社会风尚、推动社会治理、加强社会主义精神文明建设等方面具有重要意义。本部分基于对志愿者精神弘扬与培育面临的机遇和挑战、困境的整体把握，客观审视存在的主要问题及其背后的原因，提出具有较强指导性、操作性的基本路径。

（一）坚持和加强党的领导

在我国，党是领导一切的。作为我们事业的领导核心，中国共产党是国家发展、民族复兴、人民幸福的最根本保证。志愿者精神作为中国共产党精神谱系的重要方面，其弘扬与培育必须坚持和加强党的领导，这是历史积淀的基本经验，更是未来发展的必然要求。

坚持和加强党的领导，整合志愿服务的社会资源。党的领导是中国特色社会主义最本质特征和最大优势。我们国家之所以能够战胜一个又一个困难挑战，最根本的就在于有党的领导这一最大制度优势。在举办重大活动、应对重大挑战之际，党中央举旗定向，科学谋划，充分发挥强大的社会动员力和资源整合力，号召广大志愿者参与志愿服务，贡献智慧和力

① 《中央精神文明建设指导委员会关于深入开展志愿服务活动的意见》,《人民日报》2008年10月10日。

量。在新冠肺炎疫情防控中，广大志愿者响应党和国家号召，积极投入疫情防控的人民战争。正如习近平总书记所说：“广大志愿者等真诚奉献、不辞辛劳，为疫情防控作出了重大贡献。”[①] 全国人大及地方各级人大等国家权力机关要在党的领导下，制定相应的法律法规和地方性条例，为弘扬与培育志愿者精神提供法治保障。我国政府的支持与推动，是弘扬志愿者精神的重要力量。政府相关部门要在党的领导下贯穿落实好《志愿服务条例》，为弘扬志愿者精神提供制度保障。志愿者工作委员会是党和政府实现对志愿活动领导的专门机构，这就需要健全志愿者工作委员会的组织结构，充分发挥其在志愿服务的组织化、规范化上的促进作用；政府可以直接出资来支持志愿服务，或是出台一些有利政策来吸引社会成员参与志愿服务；各级文明委和新时代文明实践中心要对志愿服务进行统筹规划，结合各地实际设计、组织丰富多样的志愿服务活动，使群众乐于参与、便于参与，增强志愿服务的吸引力；党政领导也可以亲自参与志愿服务，为群众作出表率，党政领导的正面示范在社会上能够引起广泛的社会效应。

坚持党建引领，打造志愿服务品牌。以党建引领志愿服务，以志愿服务促进党的建设，是近年来在实践中探索形成的一种党建和志愿服务相融合的新形式，这既是把党的建设落到实处的重要举措，也是推进志愿服务常态化的实践探索。通过党建引领志愿服务，能够使志愿服务走在正确的道路上，体现红色基因的传承，能够让基层百姓直接感受到党的号召力和影响力，感受到全心全意为人民服务的真实性。以志愿服务加强基层党的建设，能够彰显志愿服务的丰富多样性，使党的建设充满温情和暖意，彰显人文情怀，进而增强人民的政治认同和价值认同。在具体实践中，以党建引领志愿服务建设，首先要强化党员示范作用。一个党员就是一面旗帜。要增强党员的党性修养，强化宗旨意识和责任意识，在志愿服务活动中践行初心使命，走进群众深入群众，为群众办实事解难事。其次要精心打造志愿服务品牌，突出自身特色。现在很多地方都在探索实践党建引领志愿服务，但真正形成品牌并具有持久性的并不多。因此，各基层党组织要立足自身实际，紧紧围绕人民对美好生活的向度精心打造志愿服务品牌，优化志愿服务项目，让志愿服务更具生命力和价值传导性。再者，坚持常态化，反对形式主义。党建引领志愿服务是彰显党的形象、增强志愿

① 《习近平关于统筹疫情防控和经济社会发展重要论述选编》，北京，中央文献出版社2020年版，第73页。

服务活力的重要抓手，要常态化进行下去，不能走过场、搞摆拍，否则会让人民群众反感。

（二）创造良好的舆论文化环境

要在全社会弘扬与培育志愿者精神，广泛普及志愿理念，需要在全社营造一种人人关心、支持志愿服务，人人踊跃参与志愿服务的良好氛围。这种氛围的形成需要良好的舆论文化环境作为支撑。良好的舆论文化环境可以引导不同的思想观念、不同的利益诉求形成和谐共存、良性发展的局面，能够使干群之间、不同社会阶层之间、本土与国际之间的多种舆论在共存之下实现均衡、协调发展，能够使主流思想观念得到社会认同、社情民意得以及时反映、社会心理得以健康发展，能够形成有效的舆论监督、正确的舆论导向、健康向上的舆论氛围。较好的舆论文化环境可以帮助人们选择正确的思维方式和生活方式，调节社会整合状态，提升公众的参与意识和参与能力。良好舆论文化环境的创造，需要从以下几个方面着手。

1. 推进社会主义核心价值体系建设。作为新时代坚持和发展中国特色社会主义的基本方略之一，坚持社会主义核心价值体系是党的十九大报告重点强调的内容，也是习近平新时代中国特色社会主义思想的重要组成部分。实践表明，社会主义核心价值体系宣传贯彻落实到位，思想舆论文化环境就比较好。新时代弘扬与培育志愿者精神，必须把志愿者精神与社会主义核心价值体系建设结合起来，引导人们对指导思想的认同、共同理想信念的认同、强大精神动力的认同、道德规范的认同，以此形成良好的社会舆论氛围。中央文明委下发的《关于深入开展志愿服务活动的意见》从指导思想的高度将社会主义核心价值体系建设作为开展志愿服务活动的根本。

要形成良好的舆论文化环境，就要推动社会主义核心价值体系建设。一是要坚持马克思主义的指导地位。对于现阶段来说，要坚持马克思主义的指导地位，就要“要把学习贯彻党的创新理论作为思想武装的重中之重，同学习马克思主义基本原理贯通起来，同学习党史、新中国史、改革开放史、社会主义发展史结合起来，同新时代我们进行伟大斗争、建设伟大工程、推进伟大事业、实现伟大梦想的丰富实践联系起来，在学懂弄通做实上下苦功夫，在解放思想中统一思想，在深化认识中提高认识，切实增强贯彻落实的思想自觉和行动自觉”[1]。二是要坚定中国特色社会主义共同理想。现阶段我国各族人民的共同理想是中国特色社会主义，这一共同理想促使人们形成对国家美好发展前景的社会认同，促使人们满怀热情和信心地投入实现美好前景的伟大事业。要使全社会形成坚定的共同理想，需要开展社会性的理想信念教育，使社会成员认识到中国特色社会主义是代表着最广大人民群众的根本利益，是“实现社会主义现代化和中华民族伟大复兴的必由之路,也是创造人民美好生活的必由之路”[2]。引导人们将个人理想与社会共同理想统一起来，形成建设中国特色社会主义的强大社会凝聚力；需要在理论和实践的高度结合中来回答社会领域中的热点和难点问题，帮助社会成员弄清楚关于重大思想理论问题的认识，与各种错误思想和腐朽思想划清界限。三是要进行民族精神教育和时代精神教育。以爱国主义为核心的民族精神和以改革创新为核心的时代精神是号召社会成员团结奋斗、激励人们锐意进取的精神力量。要通过民族精神教育使人们认识到民族利益、国家整体利益的重要性，鼓励人们为国家繁荣、民族复兴奉献出自己的力量；通过时代精神教育使人们保持积极向上的精神状态，在为国奉献中开拓进取、与时俱进。四是进行社会主义荣辱观教育，使人懂得什么是荣、什么是辱，知道什么能做、什么不能做，增强底线思维能力，努力营造“在全社会形成知荣辱、讲正气、作奉献、促和谐的良好风尚”[3]。

社会主义核心价值观是社会主义价值体系的高度凝练和集中表达，是社会主义核心价值体系的内核，反映着社会主义核心价值体系的丰富内涵和实践要求。创造良好舆论氛围，推进社会主义核心价值体系建设，弘扬志愿者精神，必须要在社会主义核心价值观建设上下功夫。要把培育和践行社会主义核心价值观融入国民教育和社会主义精神建设全过程，落实到经济发展实践和社会治理各方面，大力加强社会主义核心价值观宣传教育，全面开展涵养社会主义核心价值观的实践活动，使社会主义核心价值观内化于心，外化于行，固化于制。特别是要把深化学雷锋志愿服务活动

① 习近平:《在“不忘初心、牢记使命”主题教育总结大会上的讲话》,《人民日报》2020年1月8日。

② 《中共中央关于深化文化体制改革推动社会主义文化大发展大繁荣若干重大问题的决定》,《人民日报》2011年10月26日。

③ 《中共中央关于深化文化体制改革推动社会主义文化大发展大繁荣若干重大问题的决定》,《人民日报》2011年10月26日。

作为培育践行社会主义核心价值观建设的重要载体，建立健全志愿服务制度，围绕空巢老人、留守妇女儿童、困难职工、残疾人等群体，聚焦大型活动、环境保护、扶贫济困、应急救援等方面，在城乡社区组织开展各种形式的志愿服务活动，弘扬志愿者精神，形成我为人人、人人为我的良好社会氛围。正如习近平总书记所言："党的十八大以来，广大志愿者、志愿服务组织、志愿服务工作者积极响应党和人民号召，弘扬和践行社会主义核心价值观，走进社区、走进乡村、走进基层，为他人送温暖、为社会作贡献，充分彰显了理想信念、爱心善意、责任担当，成为人民有信仰、国家有力量、民族有希望的生动体现。希望广大志愿者、志愿服务组织、志愿服务工作者立足新时代、展现新作为，弘扬奉献、友爱、互助、进步的志愿精神，继续以实际行动书写新时代的雷锋故事。"①

2. 充分发挥大众传媒的舆论导向作用。大众传媒是现代社会人们进行信息交流的传播工具或手段，主要包括印刷媒介、电子媒介和数字媒介（也称新媒体），它具有传递信息、引导舆论等功能。在弘扬与培育志愿者精神的过程中，对志愿者精神进行广泛的社会宣传是一个主要的渠道，这给大众传媒提供了用武之地。大众传媒的迅速发展，既给志愿者精神的弘扬带来便利，同时也带来了挑战。一方面，丰富多样的大众传播媒介为志愿者精神宣传提供了可以根据需要选择的传播媒介，这大大有利于志愿者精神传播速度的加快、广度的扩展。另一方面，大众传播媒介发展，特别是新媒体的出现，为公民发表看法、表达意见提供便利的网络平台，但同时也给公众舆论场域带来很大的负面效应，如一些别有用心的人利用网络匿名化的特点用现实中存在的社会问题来攻击党和政府，一些缺乏网络责任感的人故意制造虚假信息引起社会不安、破坏社会稳定等，"网络暴民""网络推手"的出现等，这都给我们的舆论环境带来不同程度的消极影响。一些人在网上抛出"只有傻瓜才在追求物质的世界里去参与志愿服务"，一些人将个别志愿者身上存在的缺点无限夸大以毁坏志愿者群体健康的社会形象等，这都需要"充分发挥报刊、广播、电视、互联网、手机短信等大众传媒的作用，运用新闻报道、言论评论、公益广告等形式，普及志愿服务知识，宣传志愿服务活动的经验和志愿者的感人事迹，引导人们尊重志愿者和志愿者的劳动，营造有利于志愿服务的浓厚舆论氛

① 习近平：《弘扬奉献友爱互助进步的志愿精神　以实际行动书写新时代的雷锋故事》，《光明日报》2019 年 7 月 25 日。

围”[①]。具体来讲，要在重要报刊资料、电视电台、官方网站对能够体现我国志愿者精神的典型案例、权威性的有利言论或文件进行宣传；建议优秀志愿者个人开通微博、短视频、微信公众号平台，记录志愿历程与心得，与网友分享经验等。

3. 推出更多优秀的文艺作品和多彩的文化活动。优秀的作品、多彩的文化活动对人具有巨大的鼓舞作用，能够给人们身心带来愉悦，能够使人的情操得以陶冶。这些精神文化产品以润物细无声的方式来影响人们的思想观念和价值判断，通过对人们思想观念和价值观的默默引导来实现志愿者精神文化环境的优化。要推出更多优秀的文艺作品，这些文艺作品要从志愿服务实践中来选取素材、凝练主题，要实现激情迸发、旋律优美、形象感人、主旨突出、贴近生活的统一，通过对高尚精神品格的塑造和引导来抵制低俗文艺作品对人们的影响。比如，反映上海世博会志愿者风貌的公益电影《阳光笑脸》，电影讲述了世博志愿者“小白菜”们的泪水与付出、欢乐与收获，使人们对志愿者的无私与平凡有了亲切的感受，充满激情的主旋律感染着人们，呼唤着人们参与到志愿者的队伍中来；以还原汶川大地震中青年志愿者敢于担当、勇于奉献精神风貌的电影《生死时刻》，2020 年疫情防控中拍摄的《青春战疫》特别节目。这些影像资料中的青年志愿者面临生死考验时所作的正义抉择是用生命和责任为青春作上最完美的注脚，英雄式的悲壮能够激起人们强烈的情感反应，在强烈的情绪对比中选择对高尚精神的皈依。同时，也要设计一些形式多样的文化活动，如给社区居民送春联、迎新春活动，发动居民承办老百姓自己的网络春晚，开设农家书屋和读书月活动等。

（三）加强社会志愿服务体系建设

志愿服务体系建设是形成志愿服务社会合力的重要举措，也是弘扬志愿者精神的有力措施。2007 年，胡锦涛在党的十七大上指出：“深入开展群众性精神文明创建活动，完善社会志愿服务体系，形成男女平等、尊老爱幼、互爱互助、见义勇为的社会风尚。”[②] 这是党中央文献中第一次提出社会志愿服务体系建设。之后，胡锦涛在《北京奥运会、残奥会总结表彰

---

① 《中央精神文明建设指导委员会关于深入开展志愿服务活动的意见》，《人民日报》2008 年 10 月 10 日。

② 《高举中国特色社会主义伟大旗帜，为夺取全面建设小康社会新胜利而奋斗》，《人民日报》2007 年 10 月 16 日。

大会上的讲话》以及《中华人民共和国国民经济和社会发展第十二个五年规划纲要》都再次强调建立完善社会志愿服务体系。可以看到，党中央的文献对社会志愿服务体系的强调，大都与群众性精神文明创建活动相联系，并且在“志愿服务体系”前多是加上“社会”二字，这说明志愿服务是群众性事业、社会性事业，这个伟大的事业需要全社会来共同努力。弘扬与培育志愿者精神当然需要有完善的志愿服务体系作为支撑，这也是志愿者精神大众化的一个重要途径。目前，我们国家的志愿服务体系还不完备，社会志愿服务体系的完善需要在管理体制、支持系统、保障网络等方面作出改善，这样才能使志愿服务的社会力量得以充分展现。加强社会志愿服务体系建设需要从以下几个方面着手。

1. 建立一支多层次的志愿者队伍。这支志愿者队伍应该是根据社会需要组成的不同类型志愿者的有机结合。民政部要积极扩展社区志愿者队伍，工会要积极扩展职工志愿者队伍，共青团组织要充分发挥青年志愿者队伍的庞大活力，妇联组织要不断充实巾帼志愿者和家庭志愿者队伍的力量，老龄组织要发动老年人参与志愿服务。同时，除了这些党政部门主导下的志愿者队伍，广大人民群众在享受社会志愿服务所带来的便利的同时也要自觉主动参与志愿服务，参与各种民间志愿者队伍，或者组建志愿者组织。个体不仅可以通过加入志愿者队伍来参与志愿服务，同时也可以组建志愿社团来参与志愿服务，扩大志愿服务的社会力量。个体组建志愿社团，可以借助网络的力量。一句“贾君鹏，你妈喊你回家吃饭”就足以引起80后、90后的青年对于儿时生活的集体追忆，可见网络的力量之大。网民通过QQ群、论坛、网站、微博等网络媒介发起志愿服务所形成的网络志愿者已经成为志愿者队伍不可或缺的一支力量。

2. 健全优化志愿服务体系。作为各志愿服务要素构成的有机统一整体，志愿服务体系主要涉及志愿者、志愿服务组织者和管理者、志愿服务项目、志愿服务对象、志愿服务平台、志愿服务制度、志愿服务文化等要素。健全优化志愿服务体系，首先要完善志愿服务工作体系，建立高效专业的志愿服务管理机构，统筹志愿服务活动，政府相关部门加大志愿服务监管和支持力度，形成良好的志愿服务工作机制。其次要健全志愿服务组织体系。志愿服务开展得如何，组织很重要。一方面要依托新时代文明实践中心，构建覆盖城乡各层面的志愿服务组织体系，动员各种社会力量参与志愿服务活动，鼓励机关事业单位、企业、社区等主体建立志愿服务队伍，号召更多青年参与志愿服务活动；另一方面要遵循志愿服务规律，把志愿服务运行的各环节统筹起来，精心组织好每一次志愿服务活动，避免组织混乱和思想不统一。调查结果显示，61.4% 的大学生建议要注重大学生参加志愿服务的组织管理。再次要打造志愿服务项目体系。各地方、各志愿服务组织和机构要站位高远，坚定让人民过上美好生活的理想，了解人民群众的真实需求和呼声，结合实际精心设计有特色、有内涵的志愿服务项目群；要精心设计项目内容，策划项目实施，以生动活泼、喜闻乐见的形式在人民群众中宣讲，并通过项目实施让人民群众真切感受到项目的真善美，吸引群众参与志愿服务；要构建项目团队，建立一支有爱心、愿奉献、素质高的志愿者团队，选好志愿者骨干，提升团队成员素质，讲好志愿服务故事；要加强对项目的评估，在项目实施过程中不断完善项目，注重项目的延伸和深化，不断提升人民群众的获得感和幸福感。最后要健全志愿服务支持体系，这是志愿服务能否持久高效开展的重要因素，也是化解志愿者后顾之忧的关键举措。健全志愿服务支持体系要在经费支持、信息技术支持、法律专业支持、培训支持、制度支持等方面下功夫，努力形成系统完善的支持体系。

（四）坚持学校教育、家庭教育与社会教育相结合

弘扬与培育志愿者精神，就是社会成员在志愿者精神的熏陶和感染之下，将志愿者精神内化为个人的思想观念并外化于支持志愿服务、参与志愿服务行为的过程。在这个过程当中，系统的教育是帮助社会成员实现内化和外化统一的关键环节。志愿者精神归属于社会意识的范畴，这种社会意识虽然可以在小部分先进社会成员当中自发产生，但要在全社会形成志愿服务意识需要通过教育灌输来实现，因为人的素质差别等因素的影响，志愿服务意识不可能在全体社会成员中共同发生。教育在提高人的素质、塑造人的高尚品格当中的作用是非常重要的，所以，志愿者精神的弘扬与培育离不开系统的教育。这种教育既包括学校教育，也包括家庭教育和社会教育。

1. 加大学校教育力度。2008 年河北省的一次覆盖全省的调研显示 80% 的“80 后”愿意或已经参与过志愿服务，在申请参加奥运会志愿者的 112 万人当中年轻人是主要力量，报名参加亚运会亚残运会志愿服务的人数中有近 70% 的在校大学生。杭州 2022 年第十九届亚运会自 5 月 22 日正式启动赛会志愿者全球招募以来，通过线上、线下广泛的动员宣传，得到了青年群体，特别是高校学生积极响应。2022 年北京冬奥会有

900余名志愿者，他们主要来自北京本地的7所高校，参与共计27个业务领域的52个岗位的服务，涉及疫情防控、验证、接待、住宿、餐饮、广场区等方方面面[①]。可见，青年人在志愿服务中的重要作用。从我国目前志愿者队伍的构成来看，青年大学生是践行志愿者精神的主力军，青少年是志愿者队伍的后备军和生力军，这两个群体大都处于国民教育体系之中，学校自然就成为开展志愿者精神教育的主要阵地。因此，要弘扬与培育志愿者精神必须要加大学校教育的力度。1996年党的十四届六中全会决议将志愿服务看作加强青少年思想道德教育的实践途径，2004年《中共中央国务院关于进一步加强和改进大学生思想政治教育的意见》对志愿服务、公益活动在大学生思想政治教育中的重要作用作了强调，2008年《关于深入开展志愿服务活动的意见》在谈到如何普及志愿理念、弘扬志愿者精神时指出："要把志愿精神作为未成年人思想道德建设和大学生思想政治教育的重要内容，纳入学校的教育教学，体现到课堂教学、课外活动和社会实践中，不断增强广大青少年的志愿服务意识。"[②]将志愿服务作为学生参与社会实践的重要途径贯穿在课堂教学、课外活动、社会实践中去，可以看到学校教育对志愿者精神的关注度、弘扬度日益上升。

加大学校教育的力度，一是要将我国志愿者精神作为思想品德课、思想政治理论课的重要内容体现在课堂教学中。课堂教学是进行志愿者精神教育、普及志愿知识的重要途径，也是帮助学生认识志愿者精神的重要渠道。可以在课堂上将志愿服务在国外的情况与国内的情况进行对比讲述，可以将我国志愿者精神的产生、发展历程、现实状态通过直观、有趣的方式展现给同学，如教师可以在坚持主题性的前提下通过感人的志愿者实例引导学生思想的升华，也可以请对学生有高度感染力的同辈优秀志愿者在课堂上作主题演讲等。二是要将我国志愿者精神与学校的课外活动和社会实践相结合。丰富多彩的课外活动与形式多样的社会实践是学生成长的重要舞台，这个舞台可以将课堂知识加以深化、在实践中得以检验和践行。学校可以组织学生观看反映志愿者精神的优秀文艺作品，如《志愿者之歌》《阳光笑脸》等；可以将社会实践活动与成人预备期志愿服务活动结合起来，组织学生参加力所能及的志愿服务活动，并将学生在志愿服务中的表现与其德育评分和学分挂钩；可以利用年轻人追赶时尚潮流的心态，

① 任珊：《900余名志愿者下月进"村"上岗》，《北京日报》2021年12月5日。

② 《中央精神文明建设指导委员会关于深入开展志愿服务活动的意见》，《人民日报》2008年10月10日。

用作为时尚生活方式的志愿服务来吸引学生参与志愿服务，可以开展以“让志愿服务成为青年时尚”为主题的大型公益展示和志愿服务活动，为青年人认识志愿者精神、参与志愿服务提供平台。

2. 加强家庭教育和社会教育的力度。这里的家庭教育和社会教育主要指的在社区中进行的志愿者精神教育。随着中国社会管理体制从单位制到社区制的转变，随着城镇化的发展很多农村也开始走向社区制，社区制给志愿服务提供了又一个广阔的发展空间。除了共青团组织领导下的中国青年志愿者队伍外，社区志愿者队伍是最庞大的力量。因为对于社区中的居民来说，他们所在的社区就是一个小社会，这个小社会的志愿服务状况跟社区中的小家庭密切相关，所以这里将家庭教育与社会教育放在一起进行论述。2000 年刘云山在谈到社区志愿者队伍的建设时曾强调要将思想道德教育贯穿始终，也就是说要注重社区中的志愿者精神教育，促进社区中志愿者精神的弘扬与培育。进行家庭教育和社会教育，可以通过家长参与志愿服务对子女产生潜移默化的影响，鼓励社区居民参与社区的文化、教育、卫生、环保、救助、扶老等志愿服务，在社区中形成扶危济困、互帮互助的和谐氛围，使居民在日常生活中感受到志愿者精神所带来的便利，促使居民在享受服务的同时积极参与志愿服务。以高校青年志愿者和社区志愿者带动整个社会成员参与志愿服务，形成全员参与的和谐局面，形成弘扬与培育志愿者精神的社会合力。

（五）推广先进典型、形成示范效应

榜样的力量是无穷的。榜样与模范和典型同义，它是指可资学习和效仿的人或事。作为一种人格范式，榜样身上承载着一定时期社会成员的共同理想与追求、凝聚着较多的道德元素，它通过感染和激励他人对整个社会产生教化作用。社会上的先进集体、先进人物无一不具备崇高的道德性，不管是王进喜、雷锋，还是孔繁森、李素丽，不管是历届感动中国年度人物还是道德模范，作为社会上各行各业的先进典型，他们身上无一例外地在平凡中体现着伟大的精神和崇高的道德品质，这些先进典型在社会上能够起到道德示范作用。这些来自平凡世界中的道德榜样能够使人们受到感染和激励，人们对先进典型的向心力有利于整个社会道德水平的提升和社会风气的好转与优化。所以，我们党在道德建设上向来都很重视先进典型的榜样示范作用，及时挖掘社会上涌现出来的先进集体和先进人物以塑造道德榜样，满足社会发展对于高尚精神和道德的需要。回顾我们的榜

样史可以看到，20世纪60年代我们的精神榜样是铁人王进喜和雷锋，80年代是张海迪和赖宁，90年代是徐虎和李素丽，但是进入21世纪我们的精神榜样是谁呢？如果让我们说出现在的精神榜样，估计很多人都会很茫然。有人说现在的中国人已经没有什么精神榜样了，这样的说法是没有根据的。大家感到茫然的原因并不是没有精神榜样可寻，而是这样的榜样模范在21世纪比比皆是，不知道说哪个更好，那些劳动模范、感动中国人物、道德楷模难道不是我们的精神榜样吗？在这支道德榜样队伍中，志愿者是一道亮丽的风景线。在庞大的志愿者队伍中，总会有一些人、一些事触动着我们，这些人和事成为志愿者中的先进典型，对整个社会起到模范引领作用。所以，弘扬与培育志愿者精神，也需要树立先进典型以形成示范效应。

具体来说，一是做好志愿者先进典型的宣传。人们对先进典型在社会上的号召力和感染力是深有感触、有目共睹的。要弘扬志愿者精神，自然需要发挥志愿者中先进分子的榜样示范作用。这些志愿者榜样们，是从志愿服务的普通与坚持中凸现出来的崇高与伟大，因为他们来源于平常的生活和普通的人群，所以他们的形象具有亲和力；因为他们在平凡中坚持奉献而具备的高尚精神，所以他们极具感染力。对于这些志愿者中的先进分子，我们抓住时机做好宣传，树立先进典型，以形成人人关心志愿服务、人人参与志愿服务的社会效应。丛飞、郭明义就是众多先进志愿者中的榜样典型。获得2005感动中国十大人物、中国百名优秀青年志愿者、深圳市五星级义工等荣誉称号的丛飞，原本是一位歌手，但作为志愿者、爱心大使的丛飞远比作为歌手的丛飞具有知名度，因为他竭尽所能地扶危济困、无私奉献的平凡人生感动了全体国人。从参加四川成都为失学儿童重返校园的慈善义演，将身上仅有的2400元现金全部捐献给这些失学儿童时，丛飞就成为一名真正的志愿者，开始了他的志愿人生路。为了给贫困失学儿童筹集学费，他经常不辞辛苦组织、参与公益演出，并到一些贫困山区举行慈善义演，“每到一地，丛飞都要认领资助当地几个贫困学生，从1995年到身患癌症住院的前一年，丛飞资助的孩子已经有178名。丛飞本可以过上富裕的日子，但丛飞的家只有58平方米，非常俭朴。有时为了及时给山区的孩子们交学费，丛飞还向一些朋友借钱，前后共欠下了17万元的债务。2005年5月，丛飞被诊断为胃癌晚期，就在这生死攸关的半年里，丛飞坚持参加各类慈善义演65场，捐款数万元。累计下来，丛飞的义工服务时间3600多个小时，无私捐助失学儿童和残疾人超过 150 人，捐款金额超过 300 万元。”[①] 被称为雷锋传人的郭明义，是辽宁鞍钢集团的一名普通的技术工人，曾获得部队学雷锋标兵、全国无偿献血奉献奖金奖等荣誉称号。他还有 3 个绰号——郭大傻、郭大侠、郭大使，因为十几年来他坚持每天提前两小时上班，为公司无偿奉献一万多个小时；1994 年从不到 600 元的家庭月收入中拿出 200 元救助第一名失学儿童开始，到 2010 年的 16 年间，郭明义“已捐款 12 万多元，先后资助 180 多名特困家庭学生，仅汇款单就有 140 多张，差不多花去了他全部收入的 1/3”[②]，为此他成为鞍山市希望工程形象大使；1990 年以来，他共进行 55 次无偿献血以为他人生命的挽救备不时之需，为此他成为鞍山市无偿献血形象代言人；以他名字命名的“郭明义爱心团队”组建一年来吸引了 5800 多人成为矿山志愿者。他以自己平凡的生命诠释着我国志愿者精神，以他的人格魅力和道德力量感染着人们来为社会作奉献。郭明义的微博开通后，在两个月内收听该微博的粉丝就超过 100 万，这足以显示榜样的号召力和吸引力。不管是丛飞们还是郭明义们，他们作为传统美德和社会主义精神文明的实践者、传播者，他们通过生命和奉献所谱写的动人乐章拨动着人们的心弦，指引着人们在为社会作奉献的道路上前进，吸引着无数中华儿女对志愿者精神的认可与践行。

二是让明星参与志愿服务。追崇时尚、关注热点，是现代人的特点之一。明星在大众文化的潮流中总是能够吸引观众的眼球，他们的衣着打扮、一举一动都有可能成为社会关注的热点，形成巨大的社会效应。丛飞、郭明义们所代表的是普通群众中成长起来的道德榜样，我们通过抓住这样的正面典型来对社会进行榜样教育的过程中，是为人们提供模型，号召人们来学习、模仿；明星们所代表的在一定领域内享有较高知名度的特殊人群，如演艺界明星、商界明星、政界明星，通过这些已经成名的人来为志愿者精神作榜样宣传，更容易取得明星效应。再加上很多人都以追星、追偶像为一种时尚潮流，特别是很多年轻人热衷于追星，利用明星参与志愿服务来宣传志愿者精神的影响可能更快、更广、更直接。追星也要看追的是什么星，我们要树立的明星志愿者是一种正面的星，能够指引大众向着健康向上的方向发展的星，能够代表社会道德发展需要的星。通过对名人参与志愿服务的宣传，无疑可以引起更大的社会效应。

---

① 《全国十大助人为乐模范候选人——丛飞》，《人民日报》2007 年 9 月 1 日。

② 《新时期的道德模范——郭明义（时代先锋）》，《人民日报》2010 年 9 月 19 日。

参考文献

著作类：

[1]《马克思恩格斯全集》第 2 卷，北京，人民出版社 1957 年版。

[2]《马克思恩格斯全集》第 3 卷，北京，人民出版社 1960 年版。

[3]《马克思恩格斯文集》第 1、第 3、第 8、第 9、第 10 卷，北京，人民出版社 2009 年版。

[4]《马克思恩格斯选集》第 2 卷，北京，人民出版社 2012 年版。

[5]《列宁全集》第 1 卷，北京，人民出版社 1984 年版。

[6]《列宁全集》第 32 卷，北京，人民出版社 1985 年版。

[7]《列宁全集》第 37、第 38、第 39 卷，北京，人民出版社 1986 年版。

[8]《列宁专题文集　论马克思主义》，北京，人民出版社 2009 年版。

[9]《毛泽东选集》第 2、第 3 卷，北京，人民出版社 1991 年版。

[10]《邓小平文选》第 1、第 2 卷，北京，人民出版社 1994 年版。

[11]《江泽民文选》第 1~3 卷，北京，人民出版社 2006 年版。

[12]《习近平谈治国理政》第 1~3 卷，北京，外文出版社 2017、2018、2020 年版。

[13] 习近平:《论坚持党对一切工作的领导》，北京，中央文献出版社 2019 年版。

[14] 习近平:《论党的宣传思想工作》，北京，中央文献出版社 2020 年版。

[15] 习近平:《论坚持人民当家作主》，北京，中央文献出版社 2021 年版。

[16] 习近平:《在庆祝中国共产党成立 100 周年大会上的讲话》，北京，人民出版社 2021 年版。

[17]《习近平关于实现中华民族伟大复兴的中国梦论述摘编》，北京，中央文献出版社 2013 年版。

[18]《习近平关于社会主义文化建设论述摘编》，北京，中央文献出版社 2017 年版。

[19]《习近平关于社会主义社会建设论述摘编》，北京，中央文献出版社 2017 年版。

[20]《习近平关于青少年和共青团工作论述摘编》，北京，中央文献出版社 2017

年版。
[21]《习近平关于统筹疫情防控和经济社会发展重要论述选编》，北京，中央文献出版社 2020 年版。
[22]《习近平关于网络强国论述摘编》，北京，中央文献出版社 2021 年版。
[23] 中共中央文献研究室编：《三中全会以来重要文献选编》，北京，人民出版社 1982 年版。
[24] 中共中央文献研究室编：《改革开放三十年重要文献选编》（上、下），北京，中央文献出版社 2008 年版。
[25] 中共中央文献研究室编：《十六大以来重要文献选编》（上、中、下），北京，中央文献出版社 2005、2006、2008 年版。
[26] 中共中央文献研究室编：《十七大以来重要文献选编》（上、中、下），北京，中央文献出版社 2009、2011、2013 年版。
[27] 中共中央文献研究室编：《十八大以来重要文献选编》（上、中、下），北京，中央文献出版社 2014、2016、2018 年版。
[28] 中共中央文献研究室编：《十九大以来重要文献选编》（上、中），北京，中央文献出版社 2019、2021 年版。
[29]《法治社会建设实施纲要（2020—2025）》，北京，人民出版社 2020 年版。
[30]《中华人民共和国国民经济和社会发展第十四个五年规划和 2035 年远景目标纲要》，北京，人民出版社 2021 年版。
[31]《中共中央关于党的百年奋斗重大成就和历史经验的决议》，北京，人民出版社 2021 年版。
[32] 教育部思想政治工作司组编：《加强和改进大学生思想政治教育重要文献选编（1978—2008）》，北京，中国人民大学出版社 2008 年版。
[33] 中央文明办组织编写：《社会主义精神文明建设概论》，北京，人民出版社 2005 年版。
[34] 中共中央文献研究室编：《毛泽东邓小平江泽民论世界观人生观价值观》，北京，人民出版社 1997 年版。
[35] 共青团中央、中共中央文献研究室编：《毛泽东邓小平江泽民论青少年和青少年工作》，北京，中国青年出版社 2003 年版。
[36] 中共中央宣传部编：《毛泽东邓小平江泽民论弘扬和培育民族精神》，北京，学习出版社 2003 年版。
[37] 中共中央宣传部编：《毛泽东邓小平江泽民论思想政治工作》，北京，学习出版社 2000 年版。
[38] 中国共产主义青年团中央团校编：《马克思　恩格斯　列宁　斯大林论青年》，

北京，中国青年出版社 1980 年版。
[39]《中共中央关于社会主义精神文明建设指导方针决议》，北京，人民出版社 1986 年版。
[40] 本书编写组编：《思想道德与法治》，北京，高等教育出版社 2021 年版。
[41] 安国启主编：《志愿行动在中国：中国青年志愿者行动研究》，北京，中央文献出版社 2002 年版。
[42] 徐中振：《志愿服务与社区发展》，上海，上海三联书店 1998 年版。
[43] 李亚平、于海编选：《第三域的兴起——西方志愿工作及志愿组织理论文选》，上海，复旦大学出版社 1998 年版。
[44] 秦晖：《政府与企业以外的现代化——中西公益事业史比较研究》，杭州，浙江人民出版社 1999 年版。
[45] 何增科主编：《公民社会与第三部门》，北京，社会科学文献出版社 2000 年版。
[46] 丁元竹、江汛清：《志愿活动研究：类型、评价与管理》，天津，天津人民出版社 2001 年版。
[47] 丁元竹主编：《建设健康和谐社会》，北京，中国经济出版社 2005 年版。
[48] 丁元竹、江汛清、谭建光主编：《中国志愿服务研究》，北京，北京大学出版社 2007 年版。
[49] 北京奥运会志愿者工作协调小组办公室编：《志愿北京：2005 志愿服务与人文奥运国际论坛成果集》，北京，人民出版社 2005 年版。
[50] 北京志愿者协会编著：《走近志愿服务》，北京，中国国际广播出版社 2006 年版。
[51] 北京志愿者协会编著：《志愿者　你准备好了吗》，北京，中国国际广播出版社 2006 年版。
[52] 北京志愿者协会编著：《志愿者组织与管理》，北京，中国国际广播出版社 2006 年版。
[53] 徐庆群：《他们在行动：中国志愿者纪实》，北京，中国青年出版社 2006 年版。
[54] 上海市慈善基金会、上海慈善事业发展研究中心编：《志愿服务与义工建设》，上海，上海社会科学出版社 2007 年版。
[55] 田军主编：《志愿服务理论与实践》，上海，立信会计出版社 2007 年版。
[56] 江汛清主编：《与世界同行——全球化下的志愿服务》，杭州，浙江人民出版社 2005 年版。
[57] 张钟汝、顾青编著：《助老服务志愿者手册》，北京，中国社会出版社 2008 年版。
[58] 冯英、张惠秋、白亮编著：《外国的志愿者》，北京，中国社会出版社 2008

年版。
[59] 朱健刚:《行动的力量——民间志愿组织时间逻辑研究》，北京，商务印书馆 2008 年版。
[60] 谭建光:《志愿中国：亲历与思考》，北京，人民出版社 2008 年版。
[61] 李刚编著:《慈善大视野》，北京，中国社会出版社 2010 年版。
[62] 谭建光主编:《中国农村志愿服务发展报告》，北京，人民出版社 2010 年版。
[63] 沈杰主编:《志愿行动：中国社会的探索与践行》，北京，人民出版社 2009 年版。
[64] 侯玉兰、唐忠新主编:《社区志愿服务理论与实务》，北京，中国社会出版社 2009 年版。
[65] 共青团北京市委员会、北京青年研究会:《志愿者形象及其社会影响》，北京，人民出版社 2009 年版。
[66] 上海青年志愿者协会编:《志愿服务与和谐社会——上海青年志愿者行动研究》，上海，中国福利会出版社 2009 年版。
[67] 本书编写组编著:《社区志愿者手册》，北京，中国社会出版社 2010 年版。
[68] 穆青主编:《志愿服务理论与实践研究》，北京，北京理工大学出版社 2010 年版。
[69] 王焕清、谭建光主编:《广州亚运会志愿服务研究》，广州，广东人民出版社 2010 年版。
[70] 民政部社会工作司编:《社会工作与志愿服务关系研究》，北京，中国社会出版社 2011 年版。
[71] 佘双好主编《志愿服务概论》，武汉，武汉人民出版社 2013 年版。
[72] 陶倩:《当代中国志愿者精神的培养 研究》，上海，上海人民出版社 2013 年版。
[73] 郑朝静:《大学生志愿精神培育》，北京，社会科学文献出版社 2013 年版。
[74] 陶倩:《新时代中国特色志愿服务发展研究》，北京，社会科学文献出版社 2018 年版。
[75] 许莲丽:《新时代中国志愿服务理论与实践的新探索》，北京，人民出版社 2018 年版。
[76] 卓高生:《大学生志愿精神作用机理及实证研究》，北京，中国社会科学出版社 2016 年版。
[77] 卓高生:《当代中国公益精神及培育研究》，北京，社会科学文献出版社 2018 年版。
[78] 钱理群:《论志愿者文化》，北京，生活・读书・新知三联书店 2018 年版。
[79] 罗国杰主编:《中国精神文明建设 20 年》，郑州，中州古籍出版社 1998 年版。

[80] 罗国杰主编:《中国伦理思想史》(上、下卷),北京,中国人民大学出版社2008年版。
[81] 罗国杰主编:《中国伦理学百科全书·伦理学原理卷》,长春,吉林人民出版社1993年版。
[82] 罗国杰主编:《中国革命道德:简编本》,北京,中共中央党校出版社1999年版。
[83] 罗国杰:《建设与社会主义市场经济相适应的思想道德体系》,北京,人民出版社2011年版。
[84] 张耀灿、郑永廷、吴潜涛、骆郁廷等:《现代思想政治教育学》,北京,人民出版社2006年版。
[85] 宋志明、吴潜涛主编:《中华民族精神论纲》,北京,中国人民大学出版社2006年版。
[86] 吴潜涛:《伦理学与思想政治教育》,郑州,河南人民出版社2003年版。
[87] 吴潜涛主编:《思想理论教育热点问题》,北京,高等教育出版社2006年版。
[88] 吴潜涛等:《当代中国公民道德状况调查》,北京,人民出版社2010年版。
[89] 刘建军等:《信仰的呼唤——社会主义市场经济条件下的信仰问题研究》,北京,人民出版社2011年版。
[90] 刘建军:《马克思主义信仰论》,北京,中国人民大学出版社1998年版。
[91] 王树荫、王炎:《新中国思想政治教育史纲(1949—2009)》,北京,人民出版社2010年版。
[92] 戴木才:《中国特色核心价值观的传统.现实与前景》,南宁,广西人民出版社2011年版。
[93] 王易、邱吉主编:《当代大学生热点问题调查报告》,北京,中共党史出版社2010年版。
[94] 周红云主编:《社会治理》,北京,中央编译出版社2015年版。
[95] 孔德元等编著:《政治社会学》,北京,高等教育出版社2011年版。
[96] 王海明:《伦理学与人生》,上海,复旦大学出版社2009年版。
[97] 本书编写组编:《伦理学》,北京,高等教育出版社、人民出版社2012年版。
[98] 王海明:《伦理学导论》,上海,复旦大学出版社2009年版。
[99] 杨叔子等:《弘扬与培育民族精神研究》,北京,经济科学出版社2009年版。
[100] 任平:《交往实践的哲学——全球化语境中的视域》,昆明,云南人民出版社2003年版。
[101] 任平:《走向交往实践的唯物主义》,北京,人民出版社2003年版。
[102] 刘忠礼主编:《社会主义精神文明研究概览》,北京,红旗出版社1996年版。

[103] 周向军等:《精神文明发展规律论》，济南，山东人民出版社2005年版。
[104] 王之波主编:《马克思主义哲学原理》，长春，吉林人民出版社2006年版。
[105] 梁树发主编:《马克思主义哲学原理》，北京，中国人民大学出版社2003年版。
[106] 李德顺等:《马克思主义哲学范畴研究》，北京，中国社会科学出版社2010年版。
[107] 金炳华主编:《马克思主义哲学大辞典》，上海，上海辞书出版社2003年版。
[108] 李淮春主编:《马克思主义哲学全书》，北京，中国人民大学出版社1996年版。
[109] 刘敏主编:《世界近现代文明》，哈尔滨，哈尔滨地图出版社2006年版。
[110] 邵培仁:《传播学》，北京，高等教育出版社2000年版。
[111] 俞可平:《社群主义》，北京，中国社会科学出版社1998年版。
[112] 宋希仁主编:《西方伦理思想史》，长沙，湖南教育出版社2006年版。
[113] 罗军飞、李好:《灾难与救助——灾难管理中民间志愿者组织研究》，湘潭，湘潭大学出版社2010年版。
[114] 吴于廑、齐世荣主编:《世界史 近代史编》(下卷)，北京，高等教育出版社1992年版。
[115] 陈志尚主编:《人的自由全面发展论》，北京，中国人民大学出版社2004年版。
[116] 刘建新:《马克思现代性批判视域中的人的全面发展》，北京，人民出版社2009年版。
[117] 陈小鸿:《论人的自由全面发展》，北京，人民出版社2004年版。
[118] 袁贵仁、韩庆祥:《论人的全面发展》，南宁，广西人民出版社2003年版。
[119] 罗洪铁主编:《人才学原理》，成都，四川人民出版社2006年版。
[120] 齐鹏飞主编:《中华人民共和国史》，北京，中国人民大学出版社2009年版。
[121] 章开沅、朱英主编:《中国近现代史》，开封，河南大学出版社2009年版。
[122] 郭大钧主编:《中国当代史(1949—2007)》，北京，北京师范大学出版社2009年版。
[123] 徐宪江主编:《百年中国实录(1911—2009)》，北京，中共党史出版社2010年版。
[124] 旷晨、潘良编著:《我们的1950年代》，北京，中国友谊出版社2006年版。
[125] 旷晨、潘良编著:《我们的1960年代》，北京，中国友谊出版社2006年版。
[126] 旷晨、潘良编著:《我们的1970年代》，北京，中国友谊出版社2006年版。
[127] 旷晨、潘良编著:《我们的1980年代》，北京，中国友谊出版社2006年版。
[128] 雷锋:《雷锋全集》，北京，人民武警出版社、华文出版社2003年版。
[129] 雷锋:《雷锋全集》，北京，华文出版社2012年版。
[130] 王延平主编:《西方社会病》，北京，人民日报出版社1992年版。

［131］张孝宜主编:《人生观通论》，北京，高等教育出版社 2001 年版。
［132］齐振海等:《共产主义人生观教育概论》，北京，北京师范大学出版社 1983 年版。
［133］郑永廷等:《人的现代化理论与实践》，北京，人民出版社 2006 年版。
［134］肖贵清等:《中国特色社会主义文化论》，北京，中共党史出版社 2006 年版。
［135］邓伟志、胡申生主编:《和谐文化导论》，上海，上海大学出版社 2007 年版。
［136］杨立新:《当代中国先进文化建设论》，北京，中国社会科学出版社 2004 年版。
［137］唐代兴:《文化软实力战略研究》，北京，人民出版社 2008 年版。
［138］本书编写组编:《建设和谐文化与构建和谐社会》，北京，学习出版社 2006 年版。
［139］光明日报理论部编:《和谐文化建设专家谈》，北京，光明日报出版社 2006 年版。
［140］童世骏:《文化软实力》，重庆，重庆出版社 2008 年版。
［141］沈壮海主编:《软实力　真实力——为什么要提高国家文化软实力》，北京，人民出版社 2008 年版。
［142］叶启绩等:《当代中国社会主义意识形态与文化和谐发展研究》，北京，人民出版社 2010 年版。
［143］段京肃:《大众传播学——媒介与人和社会的关系》，北京，北京大学出版社 2011 年版。
［144］徐正主编:《传播学的博弈：数字媒体环境下的舆论引导研究》，杭州，浙江大学出版社 2011 年版。
［145］冯一粟主编:《大众传媒导论》，北京，科学出版社 2010 年版。
［146］邹秀春:《道德榜样论》，北京，北京出版社 2010 年版。
［147］［古希腊］柏拉图:《柏拉图对话集》，王太庆译，北京，商务印书馆 2004 年版。
［148］［古希腊］亚里士多德:《尼各马可伦理学》，廖申白译注，北京，商务印书馆 2003 年版。
［149］［古希腊］亚里士多德:《政治学》，吴寿彭译，北京，商务印书馆 1965 年版。
［150］［古罗马］西塞罗:《论老年　论友谊　论责任》，徐奕春译，北京，商务印书馆 1998 年版。
［151］［德］伊曼努尔·康德:《道德形而上学原理》，苗力田译，上海，上海人民出版社 2005 年版。
［152］［英］达尔文:《人类的由来》（上、下册），潘光旦、胡寿文译，北京，商务印书馆 1983 年版。
［153］［美］弗洛姆:《爱的艺术》，李健鸣译，上海，上海译文出版社 2008 年版。
［154］［法］托克维尔:《论美国的民主》，董果良译，北京，商务印书馆 2009 年版。

[155] [美] 塞缪尔·亨廷顿:《文明的冲突与世界秩序的重建》，周琪等译，北京，新华出版社 1999 年版。
[156] [美] 曼纽尔·卡斯特:《认同的力量》，曹荣湘译，北京，社会科学文献出版社 2006 年版。
[157] [俄] 克鲁泡特金:《互助论　进化的一个要素》，李平沤译，北京，商务印书馆 2009 年版。
[158] [德] 费希特:《论学者的使命　人的使命》，梁志学等译，北京，商务印书馆 1984 年版。
[159] [英] 亚当·斯密:《道德情操论》，蒋自强等译，北京，商务印书馆 1997 年版。
[160] [英] 约翰·洛克:《政府论》，杨思派译，北京，中国社会科学出版社 2009 年版。
[161] [美] 汉娜·阿伦特:《人的境况》，王寅丽译，上海，上海人民出版社 2017 年版。
[162] [美] 安东尼·奥姆罗:《政治社会学导论》，张华青等译，上海，上海人民出版社 2006 年版。
[163] [英] 休谟:《人性论》(上、下册)，关文运译，北京，商务印书馆 1980 年版。
[164] [意] 马志尼:《论人的责任》，吕志士译，北京，商务印书馆 1995 年版。
[165] [美] 柏忠言编著:《西方社会病——吸毒、自杀和离婚》，张蕙兰助编，北京，生活·读书·新知三联书店 1983 年版。
[166] [美] 斯蒂芬·弗兰佐:《社会心理学》，葛鉴桥等译，上海，上海人民出版社 2010 年版。
[167] [法] 皮埃尔·布迪厄等:《实践与反思——反思社会学导引》，李猛等译，北京，中央编译出版社 1998 年版。
[168] [德] 尤尔根·哈贝马斯:《交往行为理论》，曹卫东译，上海，上海人民出版社 2004 年版。
[169] [美] 贝尔:《社群主义及其批评者》，李琨译，北京，生活·读书·新知三联书店 2002 年版。
[170] [美] 桑德尔:《自由主义与正义的局限》，万俊人等译，南京，译林出版社 2001 年版。
[171] [美] 约瑟夫·奈:《软力量——世界政坛成功之道》，吴晓辉、钱程译，北京，东方出版社 2005 年版。
[172] [美] 鲍尔斯、金迪斯:《合作的物种：人类的互惠性及其演化》，张弘译，杭州，浙江大学出版社 2015 年版。

[173] [美] 艾里希·弗洛姆:《软力量——世界政坛成功之道》，孙恺祥译，北京，人民文学出版社 2018 年版。

期刊论文类:

[1] 罗国杰:《雷锋精神与建设社会主义精神文明》,《青年研究》1982 年第 2 期。
[2] 罗国杰:《树立正确的世界观、人生观和价值观》,《中国特色社会主义研究》1996 年第 3 期。
[3] 罗国杰:《为建设有中国特色的社会主义文化而奋斗》,《道德与文明》1997 年第 6 期。
[4] 罗国杰:《论社会主义道德建设的体系结构及其之间的相互关系》,《道德与文明》1998 年第 3 期。
[5] 罗国杰:《论雷锋精神的生命力》,《高校理论战线》2003 年第 3 期。
[6] 许启贤:《社会主义市场经济需要雷锋精神》,《道德与文明》2003 年第 3 期。
[7] 夏伟东:《主体意识与雷锋精神》,《郑州大学学报（哲学社会科学版）》1991 年第 1 期。
[8] 夏伟东:《略谈为人民服务的先进性要求和广泛性要求》,《中国党政干部论坛》1997 年第 1 期。
[9] 陈瑛:《雷锋精神万古长青》,《高校理论战线》2003 年第 3 期。
[10] 吴潜涛:《爱国主义精神及其在公民道德建设体系中的地位》,《学校党建与思想教育》2004 年第 11 期。
[11] 吴潜涛:《大力弘扬“一方有难.八方支援”的社会主义互助精神》,《思想政治工作研究》2008 年第 7 期。
[12] 刘建军:《“为人民服务”的命题史考察》,《马克思主义研究》2011 年第 7 期。
[13] 刘建军:《论思想政治教育的个人价值》,《教学与研究》2001 年第 8 期。
[14] 王文承:《评对雷锋精神的异议和误解》,《社会科学研究》1990 年第 4 期。
[15] 陈树文:《谈谈与“为人民服务”相关的几个认识问题》,《中国特色社会主义研究》2000 年第 3 期。
[16] 戴木才:《雷锋精神在今天的道德意义》,《高校理论战线》2003 年第 3 期。
[17] 陈立思:《建立和谐社会：志愿服务的历史使命和发展机遇》,《中国青年政治学院学报》2005 年第 4 期。
[18] 段忠桥:《马克思提出过“五种社会形态理论”吗？——答奚兆永教授》,《教学与研究》2006 年第 6 期。
[19] 王易:《用社会主义荣辱观塑造当代大学生》,《北京教育（高教版）》2006 年第 6 期。

[20] 王志军:《论志愿精神之于和谐社会》,《当代青年研究》2006 年第 5 期。
[21] 李图强:《志愿者与志愿精神：和谐社会的重要内在动力》,《探索与争鸣》2008 年第 11 期。
[22] 丁元竹:《志愿精神是公民社会的精髓》,《人民论坛》2008 年第 15 期。
[23] 陶倩、刘海云:《志愿精神的德性分析》,《上海大学学报（社会科学版)》2008 年第 1 期。
[24] 李培超、皮湘林:《构建和谐社会语境下的志愿精神的意义解读》,《广西民族大学学报（哲学社会科学版)》2009 年第 3 期。
[25] 刘少杰、王建民:《市场经济条件下的志愿者精神》,《社会科学研究》2009 年第 3 期。
[26] 曹刚、任重远:《为己与利他的中道——志愿精神的伦理解读》,《广西民族大学学报（哲学社会科学版)》2009 年第 3 期。
[27] 黄富峰:《论志愿者精神的伦理内涵》,《东岳论丛》2009 年第 5 期。
[28] 张亮、刘力永:《马克思社会形态学说的当代审视》,《教学与研究》2009 年第 11 期。
[29] 余蓝:《大学生志愿精神培养的障碍性因素分析》,《当代青年研究》2009 年第 12 期。
[30] 沈杰:《志愿精神在中国社会的兴起》,《中国青年政治学院学报》2009 年第 6 期。
[31] 陶东风、吕鹤颖:《雷锋：社会主义伦理符号的塑造及其变迁》,《学术月刊》2010 年第 12 期。
[32] 郑小九:《雷锋精神：制造的，还是生成的？》,《学校党建与思想教育》2010 年第 12 期。
[33] 王欢、梅红、陈勇:《和谐社会视野中志愿精神的发展研究》,《教学与研究》2010 年第 4 期。
[34] 张洪彬、张澍军:《生命实践的视界：作为一种德性形式的志愿精神》,《思想教育研究》2011 年第 3 期。
[35] 张洪彬、张澍军:《论志愿精神与道德的内在关联》,《东北师大学报（哲学社会科学版)》2011 年第 3 期。
[36] 马海韵:《中国公民志愿精神：价值愿景、成长现状及培育路径》,《南京社会科学》2011 年第 12 期。
[37] 李建华、肖彦:《志愿者精神中的利他与己他两利之辩》,《求索》2011 年第 4 期。
[38] 李茂平:《志愿服务对集体主义道德原则的彰显与弘扬》,《伦理学研究》2011

年第 3 期。
[39] 秋石:《中国社会的道德主流是进步、光明、向善的》,《求是》2012 年第 1 期。
[40] 曾琰:《公共精神:志愿精神培育的内核》,《思想理论教育》2012 年第 15 期。
[41] 张亚月:《志愿精神与雷锋精神的关系辨析及整合前景》,《思想理论教育》2012 年第 15 期。
[42] 陶倩、肖炳南:《大学生志愿精神培养的理论思考》,《思想教育研究》2012 年第 11 期。
[43] 颜睿:《志愿精神的文化渊源与现代价值》,《思想理论教育》2013 年第 15 期。
[44] 卓高生:《当代国内志愿精神研究回顾与展望》,《中国特色社会主义研究》2014 年第 2 期。
[45] 田丽娜:《论志愿精神与社会主义核心价值观的契合性》,《思想教育研究》2015 年第 9 期。
[46] 郑朝静:《论社会主义核心价值观引领下的高校志愿精神培育》,《思想教育研究》2015 年第 5 期。
[47] 魏娜、刘子洋:《论志愿服务的本质》,《中国人民大学学报》2017 年第 6 期。
[48] 王莹、尚琳琳:《志愿服务的道德属性及其在国家治理中的作用》,《道德与文明》2018 年第 1 期。
[49] 李玮、林伯海:《新时代中国志愿精神的内涵特点与培育践行》,《学习与实践》2018 年第 10 期。
[50] 李玮、林伯海:《中国志愿精神培育的社会环境优化》,《江西社会科学》2018 年第 3 期。
[51] 刘子实、郭欣媛:《公民志愿精神的培育离不开社会环境的优化》,《人民论坛》2018 年第 18 期。
[52] 严惠敏、许益锋、陈鸿佳:《改革开放以来大学生志愿服务的特点与新时代发展趋向》,《思想理论教育》2018 年第 4 期。
[53] 谭建光:《中国志愿服务:从青年到社会——改革开放 40 年青年志愿服务的价值分析》,《中国青年研究》2018 年第 4 期。
[54] 严惠敏、陈鸿佳:《改革开放 40 年来大学生志愿服务的发展与启示》,《当代青年研究》2018 年第 5 期。
[55] 魏娜、王焕:《国内外志愿服务研究主题演进与热点比较研究——基于 2008—2018 年的数据分析》,《中国行政管理》2019 年第 11 期。
[56] 张红霞:《论大学生志愿服务的育人功能及其实现路径》,《思想理论教育导刊》2019 年第 1 期。
[57] 张拥军:《新时代高校志愿服务育人功能及实现路径探析》,《思想教育研究》

2019 年第 6 期。
[58] 陆士桢、李泽轩:《论新时代中国特色志愿服务的新格局》,《中国青年社会科学》2019 年第 5 期。
[59] 金艳、朱煜:《大学生志愿精神的新时代意蕴》,《学校党建与思想教育》2019 年第 2 期。
[60] 李敏:《深入推进志愿服务制度化建设》,《中国特色社会主义研究》2019 年第 3 期。
[61] 高地:《关于新时代大学生志愿精神培育的整体性思考》,《思想教育研究》2020 年第 5 期。
[62] 谭建光:《论青年志愿服务的"双功能":助人与育人》,《中国青年社会科学》2020 年第 2 期。
[63] 贺志峰、张网成:《志愿服务的社会信任功能实证分析》,《中国青年社会科学》2020 年第 2 期。
[64] 方航、陈前恒、张佑辉:《志愿服务参与对幸福感的影响》,《青年研究》2020 年第 2 期。
[65] 谢晓娟、柳杨:《从抗击疫情中的志愿服务看新时代中国精神》,《思想政治教育研究》2020 年第 2 期。
[66] 马超:《找准志愿服务与青年价值观培育的结合点》,《人民论坛》2020 年第 18 期。
[67] 陆士桢:《中国特色志愿服务理论与实践体系构建研究》,《中国青年社会科学》2021 年第 6 期。
[68] 肖雅月、张晓东:《志愿服务的伦理之维》,《江苏社会科学》2021 年第 1 期。
[69] 陆士桢、蔡康鑫:《社会治理现代化视野中的志愿服务运行与管理》,《中国青年社会科学》2021 年第 6 期。
[70] 邹宇春、李建栋:《青年爱国主义思想与志愿服务研究》,《青年研究》2021 年第 3 期。
[71] 冯旺舟、戴芸芸:《新时代高校志愿服务融入社区治理的困境与重塑——基于大数据的视角》,《中国青年社会科学》2021 年第 3 期。
[72] 陶倩、蒲菁斐:《抗击新冠肺炎疫情志愿服务提升社会文明新高度》,《社会主义核心价值观研究》2021 年第 1 期。
[73] 王春林:《青年志愿者互动现象解析:以"二人互动论"为分析框架》,《中国志愿服务研究》2021 年第 1 期。
[74] 崔岩、张宾:《价值观对个体志愿服务参与的影响》,《中国志愿服务研究》2021 年第 1 期。

[75] 唐欣羽、汤华萌、郭静智等:《善良的“隐忧”如何抚平：抗疫志愿者心理创伤修复的情境性支持路径》,《中国志愿服务研究》2021 年第 1 期。

报纸类：

[1] 习近平:《给华中农业大学“本禹志愿服务队”回信》,《光明日报》2013 年 12 月 6 日。
[2] 习近平:《给“郭明义爱心团队”回信：勉励他们以实际行动书写新时代的雷锋故事》,《光明日报》2014 年 3 月 5 日。
[3] 习近平:《用青春激情打造最美“中国名片”》,《光明日报》2014 年 7 月 1 日。
[4] 李克强:《发挥青少年的生力军作用》,《人民日报》1997 年 7 月 18 日。
[5] 刘云山:《思想道德教育要贯穿始终》,《人民日报》2000 年 2 月 29 日。
[6] 刘云山:《大力弘扬志愿精神　广泛开展志愿服务》,《人民日报》2008 年 9 月 9 日。
[7] 刘云山:《大力弘扬志愿精神　广泛开展志愿服务》,《人民日报》2008 年 9 月 9 日。
[8] 陈原:《优美的“中国名片”——十八大以来我国志愿服务综述》,《人民日报》2014 年 12 月 5 日。
[9] 张哲浩、董城:《社会主义核心价值观建设与学雷锋志愿服务工作座谈会召开》,《光明日报》2015 年 3 月 25 日。
[10] 吴潜涛:《爱国主义精神是公民道德建设的旗帜》,《中国教育报》2004 年 10 月 28 日。
[11] 吴潜涛:《道德楷模的时代价值》,《中国教育报》2006 年 5 月 9 日。
[12] 吴潜涛:《准确理解社会主义核心价值体系的科学内涵》,《人民日报》2007 年 2 月 12 日。
[13] 吴潜涛:《榜样的力量是无穷的——论充分发挥道德模范的示范带头作用》,《人民日报》2007 年 10 月 17 日。
[14] 吴潜涛:《雷锋精神：永不褪色的旗帜》,《中国教育报》2012 年 3 月 9 日。
[15] 吴潜涛:《雷锋精神是对公民道德的高度自觉》,《北京日报》2012 年 4 月 9 日。
[16] 李长春:《在全国精神文明建设工作表彰大会上的讲话》,《人民日报》2009 年 1 月 22 日。
[17] 卢雍政:《志愿精神赞》,《人民日报海外版》2008 年 6 月 9 日。
[18] 卢雍政:《发展志愿服务事业 促进社会和谐进步》,《人民日报》2009 年 8 月 13 日。
[19] 董京泉:《时代精神的光辉体现》,《人民日报》1996 年 10 月 8 日。

[20] 胡果:《志愿服务今天如何认识你(时政广角)》,《人民日报》2003 年 6 月 26 日。
[21] 中国青年志愿者协会:《推进志愿服务事业　为构建社会主义和谐社会作贡献——“志愿服务与社会发展”论坛专家观点摘编》,《人民日报》2005 年 3 月 30 日。
[22] 陆晓禾:《和谐社会道德建设的目标》,《文汇报》2005 年 05 月 30 日。
[23] 曹争光:《志愿精神与和谐社会》,《人民日报》2005 年 10 月 14 日。
[24] 张原:《志愿精神靠什么弘扬》,《人民日报》2007 年 12 月 5 日。
[25] 丁元竹:《奥运志愿者 . 志愿精神与人类文明》,《文汇报》2008 年 7 月 13 日。
[26] 李培超:《志愿精神与公民意识》,《中国教育报》2008 年 8 月 19 日。
[27] 陈晓春等:《志愿者精神，中国的又一枚金牌——“回望北京奥运会：之一》,《新华日报》2008 年 8 月 26 日。
[28] 柯柄生:《愿志愿者精神永存》,《中国教育报》2008 年 9 月 6 日。
[29] 丁元竹:《志愿精神是一种重要的社会软实力》,《文汇报》2009 年 4 月 14 日。
[30] 支玲琳:《志愿者精神，如何持续发展》,《解放日报》2009 年 5 月 12 日。
[31] 甘葆露:《志愿服务是雷锋精神的时代发展》,《北京日报》2010 年 3 月 9 日。
[32] 刘维涛:《志愿服务:成为生活方式有多远？》,《人民日报》2010 年 5 月 5 日。
[33]《推动志愿服务在全社会蔚然成风——中央文明办负责同志就志愿服务工作答记者问》,《人民日报》2010 年 12 月 5 日。
[34] 马兴宇等:《中国志愿者：一道文明风景线》,《光明日报》2010 年 12 月 5 日。
[35] 廖胜华:《践行社会主义核心价值体系的有效形式——广州亚运会 . 亚残会志愿者工作的成功启示》,《光明日报》2011 年 1 月 20 日。
[36] 宋佳东:《论志愿精神的弘扬》,《光明日报》2011 年 2 月 20 日。
[37] 赵静杰、王西:《志愿服务的社会功能与发展途径》,《人民日报》2011 年 12 月 1 日。
[38]《大力培养全社会志愿服务文化自觉——中央文明办负责同志就志愿服务工作答记者问》,《人民日报》2011 年 12 月 5 日。
[39] 丁元竹:《把志愿精神融入社会生活》,《光明日报》2014 年 12 月 18 日。
[40] 谭建光:《构建中国特色志愿服务新格局》,《光明日报》2014 年 12 月 18 日。
[41] 莫于川:《推动志愿服务法治化》,《光明日报》2014 年 12 月 18 日。
[42] 陶倩、肖炳南:《志愿精神的层次结构》,《光明日报》2013 年 10 月 26 日。
[43] 张树伟:《志愿者精神是教师的闪亮徽章》,《中国教育报》2014 年 10 月 17 日。
[44] 周玮:《打造培育和践行社会主义核心价值观阵地》,《光明日报》2016 年 12 月 26 日。

[45] 王鹏、王思北、孙少龙:《在民族复兴伟业中书写志愿服务新篇章——习近平总书记致中国志愿服务联合会第二届会员代表大会的贺信指明方向、鼓舞人心》,《人民日报》2019 年 7 月 15 日。

[46] 俞海萍:《参与志愿服务，拥抱新时代社会文明之光》,《光明日报》2019 年 3 月 16 日。

[47] 丁雅诵:《志愿服务，怎样避免“一阵风”》,《人民日报》2017 年 7 月 13 日。

[48] 曲一琳、龚亮、周晓菲:《志愿精神：微光可成炬 大爱映苍穹》,《光明日报》2021 年 1 月 27 日。

[49] 杨昊:《践行志愿精神　贡献智慧力量》,《人民日报》2021 年 8 月 22 日。

[50] 孙海华:《志愿精神流淌　盛会青春飞扬》,《中国青年报》2021 年 9 月 28 日。

[51] 孙亚慧:《志愿服务在冬奥》,《人民日报海外版》2021 年 11 月 24 日。

[52] 尹晓燕:《志愿服务搭建融入社会的“绿色通道”》,《工人日报》2021 年 12 月 15 日。

[53] 张玺、李云阳:《志愿之光温暖一座城》,《工人日报》2021 年 12 月 25 日。

外文文献:

[1] Adam A.Powell: Empathy, instrumentality, and volunteer motivations: an applied examination of the empathy-altruism hypothesis [D]. Univ of Kansas, 2005.

[2] Francis Henry Mclaughlin III: Volunteerism and life satisfaction: A test of activity theory with a national sample of older Americans [D]. Univ of The Pennsylvania State,1984.

[3] Zeynep Guven: The effect of immigration on volunteer status: developing social capital in heterogeneous communities [D]. Univ of Washington: Georgetown, 2009.

[4] Kisha Chantelle Krishna:Nation-building through international volunteerism: A case study of Singapore [J]. sociology and social policy, 2004, 24,1/2.

[5] Ramsey: College evangelists and foreign missions: the student volunteer movement1886–1920 [D]. Univ of California,1988.

[6] Elizabeth Largent Norman. Contributing factors to meaningful service-learning and intention for future volunteerism: a case study at a community college [D]. Univ of Oklahoma graduate college, 2009.

[7] Susan Eckstein. Community as gift-giving: collectivistic roots of

volunteerism [J]. American Sociological Review, 2001, 66(6):829–851.
[8] James Petras. Volunteerism: The great deception [J]. Economic and Political Weekly, 1997, 32(27):1587–1589.
[9] Robert J. Fisher. The effects of recognition and group need on volunteerism [J]. The Journal of Consumer Research,1998, 25(3):262–275.
[10] Sabrina Oesterle. Volunteerism during the transition to adulthood: A life course perspective [J]. Social Forces, 2004, 82(3):1123–1149.
[11] Wood Robert E. Volunteerism and word development: pathway to a new world' by Allen Jedlicka [J]. Journal of Developing Areas, 1992, 26(2):264.
[12] Nakata Toyokazu. Budding volunteerism [J]. Japan Quarterly, 1996, 43(1):22.
[13] Dennis W.Hettman. Volunteerism and social interest [J]. 1990, 46(3):298.
[14] Linda Enga Fujikawa. Illuminating pathways of harmony: integration of international education and volunteerism [J]. Managerial Law, 2005, 47(3/4):29.
[15] Jon Hendricks. Volunteerism and socioemotional selectivity in later life[J]. Journals of Gerontology, 2004, 59(5):251–257.
[16] Wanda Vrasti. No good deed goes unrewarded: the values/virtues of transnational volunteerism in Neoliberal Capital [J]. Global SocietyVolume 28, Issue 3. 2014:336–355.
[17] Mohd Ramlan: Social Interaction as Constituent for Youth Volunteerism. 2014 3rd International Conference on Economics and Finance Research.
[18] Smith Megan K.Principles and popularity: the interplay of moral norms and descriptive norms in the context of volunteerism. [J]. British Journal of Social PsychologyVolume 51, Issue 4. 2012:762.
[19] Ian I. Llenares J.Volunteerism influences on student resilience and gratitude. [J]. Journal of Psychology in AfricaVolume 30, Issue 3. 2020:211–216.
[20] Angellar Manguvo. The role of volunteerism on social integration and adaptation of African students at a MidWestern University in the United States [J]. Journal of International StudentsVolume 3, Issue 2. 2013:117–128.

索　引

后　记

课题结项的成果终于要面世了。这期间有课题获批公示时的欣喜与忐忑，有写作过程中的亢奋激昂与辗转反侧，也有等待送审结果时的不安与确幸。在这一段旅程即将画上句号时，感慨颇多！

完成本研究的五年，是中国特色志愿服务飞速发展的五年。党和政府引领推动着志愿服务的发展，习近平总书记把志愿服务与"两个一百年"奋斗目标、建设社会主义现代化国家联系起来，指明了志愿服务赋能社会主义现代化建设和国家治理体系与治理能力现代化的发展方向。在服务国家发展大局的过程中，志愿服务的体系化、制度化得到推进，呈现出健康发展的良好态势。在此背景下，研究志愿者精神的价值得以凸显。我以博士论文为基础，获批人生中第一个国家社科基金后期资助项目《思想政治教育视域下的志愿者精神研究》，并出版同名专著。这个过程体现出我作为青年思政课教师从学科的角度关注社会现实并尝试进行理论研究的担当与热忱，也体现了一名新时代女性的坚韧与坚守。这部著作是我近几年来在思想政治教育学科方面进行学习和思考的阶段性成果，但由于学识、能力和精力的限制，本研究不够细致深入，尚存在一些不足，我会继续向优秀的专家学者们学习，也乐意与各位同行进行交流，敬请批评指正！

这部专著的出版，得到了老师们的指导和帮助。我的硕士导师罗洪铁老师是我进入学术领域的引路人，他总能在我们最需要帮助的时刻伸出援手，在人生的关键阶段指点迷津。有些人温暖了你的一生，也激励着你的一生，罗老师就是这样的人。感谢罗老师！我的博士导师吴潜涛老师，是我做该选题的直接启发者和指导者，还记得吴老师说："首先要搞清楚的就是你的研究对象是思想政治教育中的志愿者精神，而不是其他学科，思想政治教育要解决的根本问题就是人的世界观、人生观、价值观的问题。"虽然吴老师表面看来很严厉，但他在心里一直关注着、关爱着我们，在关键时刻总能给予指引和指导。感谢吴老师！我的爱人蔡中华先生，是同学、同事，也是并肩作战的精神伴侣。在写作期间，我们有过面红耳赤的争论，有过意见一致的平和，有过焦灼状态下的小酌。感谢蔡先生对我的督促、鼓励与陪伴，给予我的无限包容！半生倏至，后半生一起继续battle！感谢乖巧可爱的女儿为我留出时间进行写作！也感谢从未摆烂并咬牙坚持的自己！最后，感谢评审专家，他们对书稿提出了许多宝贵的修改意见，使书稿质量得以进一步提升。在著作出版过程中，学习出版社给予大力支持，付出辛勤劳动，他们热情细致、一丝不苟的工作态度令人钦佩，在此向他们一并表示衷心的感谢！

是终点，也是起点。愿下一段课题旅程亦充满汗水与惊喜！

潘 静

2022.12.28